深圳市电子行业协会
深圳市软件行业协会 重点推荐

元宇宙

Metaverse

底层逻辑

Underlying Logic

主　编　吴　刚　蔺静茹

副主编　谭瑞琥　沈　晔　张　毅

参　编　赵欣然　吴　涛　杨　帆　蔺婧宇　陈　铭

机械工业出版社
CHINA MACHINE PRESS

本书首先带领读者体验一个当前著名的经典元宇宙项目 Decentraland，让读者直观地了解元宇宙是什么样子，然后深入浅出地解析元宇宙的五大底层构造逻辑，包括元宇宙的时空逻辑、元宇宙的社会逻辑、元宇宙的经济逻辑、元宇宙的治理逻辑，以及元宇宙的发展逻辑。

本书全面整理了元宇宙赖以发展的前沿技术及其背后的驱动规律，适合元宇宙领域的从业者、元宇宙项目的技术带头人和创业团队，元宇宙产业政策的制定者，以及对元宇宙感兴趣、希望深入理解元宇宙到底是什么的广大读者阅读。

图书在版编目（CIP）数据

元宇宙底层逻辑 / 吴刚，蔺静茹主编. —北京：机械工业出版社，2022.12
ISBN 978-7-111-72227-4

Ⅰ. ①元… Ⅱ. ①吴… ②蔺… Ⅲ. ①信息经济–研究 Ⅳ. ①F49

中国版本图书馆 CIP 数据核字（2022）第 235421 号

机械工业出版社（北京市百万庄大街 22 号　邮政编码 100037）
策划编辑：王　斌　　　　　　责任编辑：王　斌
责任校对：史静怡　梁　静　　责任印制：单爱军

北京新华印刷有限公司印刷

2023 年 3 月第 1 版 • 第 1 次印刷
169mm×239mm • 14 印张 • 1 插页 • 326 千字
标准书号：ISBN 978-7-111-72227-4
定价：89.00 元

电话服务	网络服务
客服电话：010-88361066	机 工 官 网：www.cmpbook.com
010-88379833	机 工 官 博：weibo.com/cmp1952
010-68326294	金 书 网：www.golden-book.com
封底无防伪标均为盗版	机工教育服务网：www.cmpedu.com

RECOMMENDED ONE

中国软件行业承载着几代软件人的共同努力，从 20 世纪 60 年代艰难起步，一路栉风沐雨、砥砺前行，发展至今，支撑着我国经济社会的全面数字化进程。

信息技术革命引发了人类社会的重大变革。在知识经济高速发展的今天，移动互联网、大数据、云计算、物联网、人工智能、区块链等新兴技术正突飞猛进，由此生发的新能源、新材料、智慧健康、元宇宙等新兴产业将引领未来经济发展。在这场数字化的变革中，软件发挥着核心作用，世界正在被重新定义。

元宇宙是个新兴概念，元宇宙不仅关联物质世界和虚拟世界，还在重构着新的经济体系，借着元宇宙的新概念，我们可以从多个维度来思考未来数字世界的发展轨迹和可能的应用场景。

元宇宙本质上是对现实世界的虚拟化、数字化过程，需要对内容生产、经济系统、用户体验以及实体世界内容等进行大量改造，是在共享的基础设施、标准及协议的支撑下，由众多工具和平台不断融合、进化而最终成形的。所以，元宇宙的发展必将是循序渐进的，作为一种多项数字技术的综合集成应用，元宇宙场景从概念到真正落地需要经历技术融合突破的漫长过程。

本书作者吴刚博士是我的一位老朋友，他不但是我在武汉大学的校友，也是深圳市软件行业协会和深圳市信息技术应用创新联盟的特聘专家，他在先进云计算、大数据、区块链、人工智能等领域都有多年的深耕和突出贡献。

作者在本书中讲述了元宇宙的前世今生，带领读者沉浸式体验了当前最经典的元宇宙 Decentraland，并对元宇宙的核心特征和底层逻辑进行了解构。抛开市场和资本热捧的繁华表象，作者对这一新兴概念的底层逻辑，由下而上进行了层层解析，站在科研学者和行业专家的角度，以严谨的语言深入浅出地引领读者进行了一次科学探索元宇宙之旅，带领读者去思考、去想象。这正是本书的精髓所在。

这本《元宇宙底层逻辑》无论在技术逻辑阐述还是在内容组织结构上都是可圈可点的，作者深入讲解和分析了元宇宙的时空、社会、经济、治理以及未来发展的五大逻辑。相信无论是元宇宙的专业从业者、行业投资者，还是普通的兴趣爱好者，都可以通过本书有所收获。

　　诚如吴刚博士所言：随着科技的发展，人类的梦想将不断地转化为现实。

　　江山代有才人出，各领风骚数百年。期待吴刚博士及其团队继续深耕科技创新应用，为深圳软件产业的发展，做出更大贡献。特作此序以表敬意！

深圳市软件行业协会副会长兼秘书长

深圳市信息技术应用创新联盟秘书长

中国软件行业协会副秘书长

郑　飞

RECOMMENDED TWO
推荐序二

2020 年是人类社会到达虚拟化的临界点，随着新技术的发展，非接触式文化的形成加速，人类成为生存在现实世界与数字世界中的"两栖物种"。

2021 年是元宇宙元年。2021 年的元宇宙产业，风险投资蜂拥而入。元宇宙是未来，充满了机遇和挑战。"泡沫"也许会接踵而来，但技术发展已然势不可挡。

2022 年，中国科技巨头向"元宇宙"进发，形成百舸争流之势。元宇宙有望成为下一代互联网的模式，带来颠覆式的体验和跨空间协作商机，加速实体经济与数字经济深度融合，推动人类社会走向以数字空间为第二维度的文明新纪元。

元宇宙是个新的概念，同时也是一个不断清晰、不断完善的概念，时间和参与者将不断丰富它的含义。这本《元宇宙底层逻辑》回顾了元宇宙发自幻想的前生、充满激情的今世，和引领世界大幅革新的未来。本书深入和全面地剖析了元宇宙赖以发展的大量前沿科技及其背后的驱动规律，从元宇宙的时空逻辑、社会逻辑、经济逻辑、治理逻辑和发展逻辑 5 个维度，自下而上对元宇宙进行解构，对元宇宙中的商业模式、重构分配、组织形态、产业关系等方面进行论证分享，使读者对元宇宙的认识和理解更上一层楼。这本书可读性强，展现了作者在前沿信息技术和元宇宙应用领域的坚实底蕴，对元宇宙产业的深层次思考，以及对人类文明未来发展的展望和期待，很有实用价值。

从政府角度来看，元宇宙不仅是重要的新兴产业，也是需要重视的社会治理领域。政府可以通过参与元宇宙的形成和发展过程，前瞻性地考虑和应对其发展所带来的相关问题。

从企业角度来看，虽然元宇宙仍处于行业发展的初级阶段，然而无论是底层技术还是应用场景，各类产业在元宇宙都具有巨大的可开拓空间，已有越来越多的互联网巨头争相加入这一赛道，未来元宇宙必将是一个辽阔和多层次深入延展的市场。

从投资角度来看，元宇宙科技自身特点的影响，会加速天使、VC、PE 的聚合与投资前移。新产品和应用的落地必将带来产业链爆发的机会。2022 年 10 月，《中国元宇宙发展报告（2022）》显示，中国元宇宙上下游产业产值超过 4000 亿元，未来五年，国内元宇宙市场规模至少将突破 2000 亿元大关。普华永道预计，2030 年元宇宙市场规模将达到 1.5 万亿美元。摩根士丹利预计，未来元宇宙潜在市场空间将超 8 万亿美元。

技术渴望新产品，资本寻找新出口，用户期待新体验。我非常欣喜地看到，作为协会 AI+区块链首席专家，作者从科学严谨的角度出发，站在企业、政府、投资多个维度上，做了深入浅出的分析讲解，带领读者进行真实体验，其知识含量丰富，干货内容满满，让人受益良多。元宇宙已经开篇，世界正随着元宇宙的发展而改变。正如本书前言中提到的那样：我们要做的是将元宇宙带入一个正确的轨道，让其健康成长、稳健发展。

深圳市人工智能产业协会法人、执行会长

深圳市南山区数字经济产业协会执行会长

范丛明

推荐序三

RECOMMENDED THREE

2021 年 10 月 28 日，Facebook 公司官宣更名为 Meta，元宇宙概念红透世界，火遍全球。不少国家、地区的政府和企业纷纷出台有关政策措施，推出相关产品服务，对元宇宙发展进行战略布局。

麦肯锡公司 2022 年 6 月发布了一份名为《在元宇宙创造价值》的研究报告：到 2030 年，全球元宇宙市场规模有望增长至 5 万亿美元。其中，元宇宙在电子商务领域产生的价值最高(2.6 万亿美元)，领先于虚拟学习(2700 亿美元)、广告(2060 亿美元)和游戏(1250 亿美元)等其他领域。

据《链新》统计，目前中国已有很多地方颁布了元宇宙相关支持性政策，出台的元宇宙专项政策有 19 个，涉及 11 个省，有城市开出 2 亿元的最高奖励补贴，有城市则以户口、安居补贴、企业可"拎包入住"等贴心服务，吸引高端元宇宙人才。

2022 年 7 月 8 日，上海发布《上海市培育"元宇宙"新赛道行动方案(2022—2025 年)》，提出到 2025 年元宇宙相关产业规模达到 3500 亿元，带动全市软件和信息服务业规模超过 1.5 万亿元、电子信息制造业规模突破 5500 亿元；培育 10 家以上具有国际竞争力的创新型头部企业和"链主企业"；打造 100 家以上掌握核心技术、高能级高成长的"专精特新"企业；打造 50 个以上垂直场景融合赋能的创新示范应用；推出 100 个以上引领行业前沿的标杆性产品和服务；推动建设各具特色的"元宇宙"产业园区，打造一批创新服务平台，加快"元宇宙"产业人才育引，优化生态环境。

2022 年 8 月 26 日，世界元宇宙大会在北京举行。中国工程院院士曹建国表示，20 世纪 90 年代，仿真领域就开展了虚拟样机设计、三维数字模拟，之后的虚拟现实技术，以仿真的方式使人置身于一个沉浸、交互的虚拟世界中。仿真是元宇宙的鼻祖，是元宇宙的技术基础和重要支撑。元宇宙是与现实世界映射、交互的虚拟世界，是仿真的拓展、深化，是人在回路中的仿真，更追求人的感受，讲究视觉、听觉等效果。

北京理工大学校长、中国工程院院士龙腾指出，元宇宙代表新一代信息技术与数字社会、数字内容等深度融合的未来发展方向，在空间扩展、虚实相生、认知演化等方面引领创新途径，是典型的聚合性、颠覆性、创造性的综合体，也是人类面对环境、疫情、冲突等重大挑战的全域探索。

中国工程院院士李伯虎特别提到工业元宇宙。他说，工业元宇宙是元宇宙在工业领域的落地与拓展，是新型工业数字空间、新型工业智慧互联网系统、数字经济与实体经济融合发展的新型载体，可以加速形成虚实互动的智能制造新模式，提升工业价值创造，重构数字工业发展新生态，推动工业互联网向未来高级形态发展。

2022 年 9 月 28 日，中国科协、全国工商联共同主办"元宇宙——未来互联网产业发展方向"专场活动。中国工程院院士谭建荣在题为"元宇宙从概念到产业"主旨报告中指出，元宇宙是虚拟世界和数字空间，有虚拟化身、真实体验、时空倒流三个特点，可以从时空性、真实性、独立性、连接性四方面理解。其中，身份、朋友、沉浸感、低延迟、多元化、随时随地、经济系统和现代文明，是其八大要素。它不仅是三维可视化和虚实共生，而且是身临其境、自然交互、平行执行，是3D 技术的一个升华，未来将在能源、农业、金融投资、房地产、职业教育等众多领域有广泛的应用空间。

深圳大学前校长谢维信教授在《深圳特区报》"湾区深音"栏目中提到，元宇宙是推动我们社会进步的新工具，是需要经济基础的，需要有 5G、6G 的通信设备，需要有区块链的技术，需要有强大的算力，同时需要有很好的人机交互的设备。目前元宇宙的关键技术是数字孪生技术，该技术三大软件平台都在美国，中国在这方面落后 5~10 年。深圳要组织力量创造自己的元宇宙超大型软件平台，才能在元宇宙发展中勇立潮头。

麻省理工学院 Martin Nie 博士近日在与我交流时谈到，元宇宙的本质架构愿景其实就是四维世界的展现，元宇宙内部社会系统的框架结构，不能用交易的思维去构建(当下设计的交易架构，都是三维思维去探究四维的理念，应该倒过来，在四维的社会体系架构下，如何从三维的模式过渡到四维)。人人都是 IP 服务商单元，人人又可以享受 IP 在现实中的服务体系，因为人的大部分需求是现实中的体验。

尽管如此，元宇宙从概念到定义，从定义到技术，从技术到应用，从应用到产业，还有一段相当长的路要走。正如本书"前言"所述："目前的元宇宙正处于其发展阶段的早期，未来的元宇宙或路漫漫其修远。"

本书系统介绍了元宇宙的前世今生，对元宇宙的核心特征和底层逻辑进行了解构，深入分析了元宇宙的时空、社会、经济、治理和发展的五大逻辑。对元宇宙感兴趣的朋友，想投资元宇宙产业的创业者和企业家，制定元宇宙技术和产业发展政策的政府相关部门负责人，都会从这本书中得到启发和帮助。

书中讲述的一些内容，仍处于理论层面和探索阶段。不同国家对相关技术、知识产权、国家安全、隐私保护、数字货币、通证代币有不同的法律规定。有的内容，目前在我国和一些国家还处于法律的禁区。敬请读者和从业者，特别留意，格外重视。

　　创新与投资一样，同样存在各种风险。

深港发展研究院执行院长

同为数码科技股份有限公司独立董事

北京大学粤港澳大湾区知识产权发展研究院高级研究员

黎奇峰

P REFACE

一

当我们初次接触元宇宙时，会被其独特而非凡的真实感所打动。高拟真和交互性的三维空间环境和三维立体事物让我们身临其境。美轮美奂的元宇宙三维虚拟空间带给我们超凡的全新体验。

元宇宙可以提供无穷大的空间，但是却无法提供无穷多的时间。元宇宙允许人们拥有"超能力"，用有限的时间来探索无限的空间，这个超能力就是对运动法则的改造能力。然而，这种改造不是任意的，必须符合时空中的交互逻辑并保留一定的传统认知和习惯。比如一个人不应该同时存在于多个空间，他也不能和另一个自己进行合作。

元宇宙的本质是一个由代码环境和数字化身构建的数字虚拟世界。作为从现实世界扩展而来的虚拟世界，元宇宙是人类以数字化存在的方式。

数字化身是我们进入元宇宙后可以操控的一个具有真实感的数字人。这个数字人本质是个替身，受真人驱使。数字化身是达到面对面效果的前提。现实中的人们通过数字化身观察元宇宙的天下，除了观察场景，也在观察其他用户。

元宇宙中的一切事物皆为虚拟，但不包括操作。操作可能在模拟某种行为，但操作本身是真实的。

元宇宙中的化身是无限寿命体。它不会衰老，会青春永驻。用代码构建的元宇宙空间与外界隔绝。在元宇宙内发生的一切，物理上不会对外界产生影响，但逻辑上未必。

无论有多少个元宇宙，元宇宙内又有着多少个子宇宙，它们的时间是简并的。用户进入的元宇宙其背后的主体还是在现实世界。

元宇宙可以使用平行空间，让一个地址容纳无限多的人。

互联网时代创造了陌生的交往，元宇宙时代创造了陌生的社会。元宇宙时代，合作者之间变得越来越陌生，但合作却越来越高效。

元宇宙可以超越空间限制，让人们可以共享环境。这将深刻改变人们相互沟通和互动的方式。

元宇宙以商业的形式创建，以社会的形式存在。元宇宙社会也是人类的聚集体。

身份系统是社会文明的标志，元宇宙使用自主身份作为社会的根基，使用基于数据的信用机制作为构建社会信用体系的基石。

元宇宙中的一切事物皆为虚拟，但并不虚无。虚拟与虚无的区别在于是否输出真实的价值。

元宇宙的经济底层运行在数字技术之上，可谓是真正的"数字经济"。数字经济极大降低了经济运行的成本，提升了经济运行的时效性和便利性。区块链技术的应用更提升了元宇宙数字经济基础的可靠性。

数字货币是元宇宙数字经济的基本要素。

智能合约是元宇宙数字经济的引擎，也是元宇宙社会信任机制的保障，是元宇宙高效运行的基础设施。

元宇宙是个全球化的社会实体，元宇宙的经济影响力会"溢出"到现实世界。元宇宙需要在顶层设计时考虑好其"经济模型"。

去中心化自治组织（DAO）是相关人群自己管自己的事情的治理方式。DAO形成"代码即规则"的不需要信任的可信管理机制，提升了治理的质量和效能。

元宇宙将实现中心化的项目管理模式向去中心化的 DAO 社区管理模式过渡，使元宇宙真正被全社会所拥有。

目前的元宇宙正处于其发展阶段的早期，未来的元宇宙或路漫漫其修远。我们尚处于一个定义元宇宙时代的阶段，要做的是将元宇宙带入一个正确的轨道，让其健康成长，稳健发展。

本书一开始就给元宇宙进行了明确的定义：它是人类为满足生活和生产的需要，使用信息科技，在数字空间对现实世界进行抽象模拟而形成的世界社会系统。

事实上，这个定义已经说到了元宇宙最终将走向虚实结合的时代，人类社会的生产生活需要一定是落在实处的。

从解决当前尚有欠缺的"沉浸感"开始，到不断构建元宇宙世界的"内容"，再到 DAO、经济体、产业化的完善，经过标准化、规模化、结构化和体系化，最后成为虚实两界融合共生的生产力载体，元宇宙将与现实世界一起推动人类社会文明体系的进步。

二

本书共 7 章。

第 1 章，首先系统介绍了元宇宙的前世今生，并从游历当下最经典的元宇宙 Decentraland 开始，带领读者在元宇宙的真实环境中一起沉浸地体验。从建立 Web3.0 自主身份开始，到成为 DAO 成员参与管理元宇宙中的事务，让读者快速认知最为真实的元宇宙。

第2章，对元宇宙的核心特征和底层逻辑进行解构，让读者进一步理解元宇宙是什么，是怎么运作的，应该如何参与，可以从中获得什么。

第3~7章，分层次解析了元宇宙各个层面的构造和其背后的底层逻辑。深入地讲解和分析了元宇宙的时空、社会、经济、治理以及发展的五大底层逻辑。

对于那些对元宇宙的内在逻辑感兴趣的朋友来说，本书可以提供全面的视角帮助您真实体验和更好地理解元宇宙。

对于那些想挺进元宇宙产业，参与元宇宙事业的创业者和投资人来说，本书可以为您提供必要的知识和有帮助的启发。

对于从事元宇宙政策制定和把控未来技术发展方向的科技政策制定者，本书可以为您提供对元宇宙深层次的理解和宏观上的把握。

技术革命将人类的梦想不断化为现实。以2021年为开局之年的元宇宙将掀起下一代空间数字化的革命，开启"人造世界"的时代。我们不知道元宇宙未来会发展成什么样子，但无论如何，元宇宙已经开篇，世界也将跟着元宇宙的发展而改变。

三

感谢深圳市电子行业协会、深圳市软件行业协会、深圳市人工智能产业协会的各位领导对本书的大力支持，以及多位同行专家给予的启发，这对本书的构思成形具有莫大的帮助。

本书由吴刚、蔺静茹主编，谭瑞琥、沈晔、张毅担任副主编，赵欣然、吴涛、杨帆、蔺婧宇、陈铭参与编写，项目团队成员胡晓豪、廖海山、陈诗雨、吴家益、韦相连也为本书的出版做出了贡献，本书能最终完成离不开各位伙伴的辛勤付出和共同努力。

特别感谢机械工业出版社的编辑王斌（IT 大公鸡），他对本书的结构和内容提出了很多宝贵的建议，专业而耐心地支持着本书的写作，让本书得以顺利出版。

由于作者水平有限，书中疏漏之处在所难免，请读者批评指正，如有任何问题或者交流需求都可以通过以下方式与作者联系：

电子邮件：pkuwugang@hotmail.com

编　者

2022 年 9 月于深圳

目 录

CONTENTS

第 6 章 元宇宙的治理逻辑 / 151

第 7 章 元宇宙的发展逻辑 / 187

第1章
认识元宇宙

　　说到元宇宙，很多人都很好奇：元宇宙（Metaverse）到底是什么？元宇宙是怎么产生的？元宇宙会带给我们怎样的超凡体验？如何在元宇宙中生存，成为元宇宙中的"高净值"人士，乃至成为元宇宙的"顶级公民"？

　　本章将详细讲述这些内容，并通过玩转当前最为知名的元宇宙——Decentraland，带领读者身临其境地体验元宇宙，从而正确认识什么是元宇宙。

1.1　元宇宙是什么

　　元宇宙是人类为满足生活和生产的需要，使用信息科技，在数字空间对现实世界进行抽象模拟而形成的世界社会系统。该系统包含构成世界的要素，包括时空、天地、山水、道路、建筑、人类、花草树木等。

　　元宇宙是一个人造的数字化世界。这个世界中的所有物体连同时空都是数字化的，由计算机程序产生，不是现实中的具有物理结构的物体。

　　元宇宙是一个社会系统，对所有人开放，可多人互动，每个人都可独立自主参与。

　　元宇宙是一个服务系统，具有为人服务的目的性，一切要素围绕着人类的生活或生产活动运转。

　　元宇宙是对现实世界的抽象模拟。它带有创想但不是凭空想象，模拟现实但不是对现实世界的单纯复制。它是按现实世界中人们习惯的和可理解的方式打造的新世界。

　　这里涉及"元"的含义。

　　"元"（Meta）是什么？

Meta 是个词缀，它来源于"Matter"的口语化和词缀化，或者与之同源。"Matter"的动词含义是"有关"。例如，在科技词汇中"Meta"用于化合物或者医学症状的词缀命名。

在信息技术领域，"元"（Meta）代表的是外延"关系"。比如"元数据"（Metadata）指的是关于某个数据的数据，不包括该数据的内容。熟知 HTML 的人都知道，每个 HTML 网页的页头都有一串 Meta 标签，用来存储与网页相关的信息，但它不是网页内容信息，不会展示在客户界面上。这些 Meta 标签可以协助搜索引擎更好地工作。

"元宇宙"（Metaverse）一词由尼尔·斯蒂芬森在其科幻小说《雪崩》中发明。在此之前，关于"虚拟世界"的科幻概念已经流行多年。但是《雪崩》中的元宇宙和《真名实姓》《黑客帝国》等影视作品中的虚拟世界很不相同。前者以人的外部世界为基础，个体通过简单联网加入的方式进入虚拟世界；后者是基于"脑机接口"，通过意识连接或意识入侵进入主观世界，以人的内心世界为基础。科幻小说中的"元宇宙"更倾向于基于客观联网构成的外延关系建立的社会实体，而非基于个体主观意识的梦境世界的联网。

元宇宙中的"元"是一种外部抽象映射关系。这种映射并非完全镜像的映射，而是经过加工处理，将与人们生活生产相关的对象主体及相互关系映射到数字化宇宙，再将这些主体间的相互作用重构。

"元宇宙"是以现实宇宙为本体，在虚拟空间建立的具有独立特性的镜像体。这个镜像体并非一一映射的复制体，而是以更为抽象的方式映射的变构体。

元宇宙是对现实世界的抽象模拟。

1.2　从前世到今生

科技让一切皆有可能。经过大师们高超卓越的工程打造，再由一代又一代人孜孜不倦地改进优化，人类将一个个的梦想变成了现实。元宇宙是一个非常典型的例子。元宇宙最初发自于科学幻想，在硬科幻文学作品中形成雏形，被现代科技所实现。接下来将介绍元宇宙的前世与今生，认识这个承载着人类梦想的新生事物。

1.2.1　元宇宙的前世

在元宇宙的产生过程中，有两样事物起到了重要的推动作用，它们是"科幻"和"游戏"。"科幻"提出了元宇宙的设想，"游戏"为元宇宙的登台提供了试验场。

1. 硬科幻创造了元宇宙概念

如前所述，元宇宙一词源自指英文词汇 Metaverse，诞生于尼尔·斯蒂芬森（Neal Stephenson）于 1992 年出版的科幻小说《雪崩》（*Snow Crash*）。这部小说描绘了一个由计算机程序建立的庞大虚拟现实世界，环绕这个虚拟世界的赤道长65536 千米，主干道就是赤道。现实生活中的人们用一种投影设备进入此地。确切地讲是计算机上装了一个广角镜头，可以控制三原色光束投影到使用者戴的目镜上，在两个镜片产生区别投影，形成三维效果，同时隔断对现实世界的感知。在虚拟世界，每个人都要有个数字化身，来表达和控制世界中的"自己"。化身可以是各种形状，实际使用正常人的形象居多。在虚拟世界中，人们购买土地，建立自己的事业，赚钱、游乐、相互交流、合作、竞争，体验与现实世界不同的生活。故事的情节穿梭于现实和虚拟世界。

考虑到小说出版的时候（1992 年）万维网创建才两年，世界刚有超文本传输协议（HTTP）、超文本标记语言（HTML）、网站、网页服务器、网页浏览器，《雪崩》便开始了对互联网科技未来可能性的猜想。这是典型的"硬科幻"作风。

何为"硬科幻"？

先说说"科学幻想"，"科学幻想"是在尊重大多数现有科学逻辑的基础上的幻想。

随便幻想是很容易的，比如你可以幻想将晚上天空的月亮拿下来做台灯。这类挑战大众科学常识的幻想不被认为是"科学幻想"，顶多是"玄幻"。"科学幻想"至少要符合人们的日常知识。比如漫威系列中人物的超能力，都有一定的科学依据可以解释，像钢铁侠的动力来自核物理科学。

"硬科幻"是更为严格的"科学幻想"，追求科学理论的准确性和细节性。和"硬科幻"相比，一般的科幻明显比较"小儿科"，比如漫威系列中人物的一些超能力经不起稍微深入的推敲。比如浩克的变身，体积和质量短时间变大了很多倍，但是浩克并没有预先进食，这些质量从何而来呢？变小的时候又到哪里去了？作为娱乐作品，漫威跳过了这些细节，大众也根本不在意这些细节。而"硬科幻"在科学性上则要严谨得多，比如《三体》中的纳米线切割巨轮，以纳米级别的纤细度加上巨轮的质量和惯性，只要纳米线自身强度足够，巨轮就会像豆腐掉落在紧绷的细丝上一样被切割。这是经得住推敲的技术创想，具有启发意义。

虽然"硬科幻"和"科幻"仅一字之差，但要从"科幻"升级为"硬科幻"对作者的要求却大幅度提高。作者需要有深厚的科技知识和逻辑思辨能力。比如《三体》中如下一段描述：

　　审问者：最后一个问题，也是最重要的：迄今为止，三体世界发送到地球的只有电波吗？

　　叶文洁：几乎是的。

　　审问者：几乎？

　　叶文洁：现在这一轮三体文明，宇宙航行速度达到光速的十分之一，这个技术飞跃发生在几十个地球年前，这之前他们的宇航速度一直徘徊在光速的几千分之一，他们向地球发射的小型探测器，现在还没走完半人马座与太阳系之间的距离的百分之一。

　　审问者：这里有一个问题，已经出发的三体舰队如果以十分之一光速航行，四十年后就应该到达太阳系，但为什么你们说需要四百年呢？

　　叶文洁：确实如此。由大型宇宙飞船组成的三体星际舰队质量巨大，加速十分缓慢，十分之一光速只是它们能够达到的最高速度，在这个速度上只能巡航很短的时间，就要开始减速。另外，三体飞船推进的动力是正反物质的湮灭，飞船前方有一个巨大的磁力场，形成一个漏斗形的磁罩，用于收集太空中的反物质粒子，这种收集过程十分缓慢，经过相当长的时间，才能得到供飞船进行一段时间加速的反物质数量，因此舰队的加速是间断进行的，很长时间的收集后才能进行一次。所以，三体舰队到达太阳系所需的时间是小型探测器的十倍。

　　再来看下面一段《雪崩》中的描述：

　　镜头下方的计算机内部有三束激光——分为红、绿、蓝三色。这些激光颇具强度，足以发出明亮的光芒，但不会强到灼穿你的眼球，烤焦你的大脑，烧透你的前额，摧毁你的脑叶。就像每个人在小学里学过的那样，这三种颜色的光能够以不同的强度组合在一起，制造出阿弘能看到的任何颜色。

　　这样一来，计算机内部就能发出一道细细的光束，可以是任何颜色，通过上方的广角鱼眼镜头射到任何方向。计算机中的电子镜面让这束光在阿弘的目镜上来回扫描，很像电视机中的电子束扫过显像管的内壁。由此形成的图像就悬在阿弘的双眼和他所看到的现实世界之间。

　　只要在人的两只眼睛前方各自绘出一幅稍有不同的图像，就能营造出三维效果。再将这幅立体图像以每秒七十二次的速率进行切换，它便活动起来。当这幅三维动态图像以两千乘两千的像素分辨率呈现出来时，它已经如同肉眼所能识别的任何画面一样清晰。而一旦小小的耳机中传出立体声数字音响，一连串活动的三维画面就拥有了完美的逼真配音。

　　所以说，阿弘并非真正身处此地。实际上，他在一个由计算机生成的世界里：

计算机将这片天地描绘在他的目镜上，将声音送入他的耳机中。用行话讲，这个虚构的空间叫作"超元域"。阿弘在超元域里消磨了许多时光，让他可以把"随你存"中所有的烦心事统统忘掉。

很少有其他类型的小说会把科学细节表述得如此透彻。

"硬科幻"最能打动人的是融入其中的技术创想。这些技术创想也许在未来某天就会成为"现实"。某种意义上说"硬科幻"是对当前最新科技成果的预判，越过实现的难度，直接预测数十年后的世界会是什么样子。以下举一些曾经是"科学幻想"而如今已经是"现实"的例子。

- 手机：1966 年，在科幻片《星际迷航》（*Star Trek*）中第一次出现了翻盖手机式的通信设备。三十年后，摩托罗拉率先推出了翻盖手机并将它命名为"StarTAC"，也是在向该科幻片致敬。
- 雷达：1911 年，"科幻杂志之父"雨果·根斯巴克（Hugo Gernsback）发表了科幻小说《拉尔夫 124C 41+》（*Ralph 124C 41+*），描述了雷达技术甚至提供了设备图纸。1934 年，美国海军展示了脉冲雷达（Pulse radar）系统。该小说还描绘了视频通话、录音机和太阳能。
- 直升机：1886 年，世界著名科幻作家儒勒·凡尔纳（Jules Gabriel Verne）发表了《征服者罗比尔》（*The Clipper of the Clouds*），描述了"信天翁号"飞行器，启发了现代直升机发明者伊戈尔·西科尔斯基于 1939 年设计并制造了 VS-300 型直升机成功升空。
- 虚拟现实：1935 年，斯坦利·G.温鲍姆（Stanley G. Weinbaum）发表了科幻小说《皮格马利翁的眼镜》（*Pygmalion's Spectacles*）。1968 年，著名计算机科学家伊凡·苏泽兰（Ivan Sutherland）发明了第一款符合 VR 理念的 VR 设备。
- 信用卡：1888 年，爱德华·贝拉米（Edward Bellamy）的小说《回顾》（*Looking Backward*）中描述了主人翁沉睡 113 年后在 2000 年醒来，发现每一个人都在用信用卡买东西。事实上也是如此。
- 元宇宙：1992 年，尼尔·斯蒂芬森的科幻小说《雪崩》首次提出了元宇宙，描述了这个基于虚拟现实的互联网后继者。2021 年，元宇宙第一股 Roblox 上市，被认为开启了元宇宙的"元年"。

可以看出，"硬科幻"的作者其学识和技术创造力一点也不逊于后来能够实现其想象的人们，只是由于时代的超前，他们无法获得之后的技术信息。也就是说，倘若"硬科幻"发表的时间点之后出现了崭新的技术，这个技术所有的发展逻辑都不会出现在该小说中。

元宇宙底层逻辑

《雪崩》中的元宇宙与今天我们讲的元宇宙相比明显缺了一块，这就是 2009 年出现的区块链分布式账本技术。元宇宙中的其他技术，包括 VR 技术、互联网技术、人工智能技术、大数据、物联网等或多或少都是 1992 年之前的技术的延续，因此都可以在科幻小说中找到影子。所有基于区块链的概念、技术和场景都没有在《雪崩》中出现，包括加密数字货币、智能合约、NFT、DAO、Web3 身份、分布式金融等。

既然除了区块链技术外的其他技术在 2009 年之前就已经有了，《雪崩》也给出了可以没有区块链的元宇宙，为何元宇宙没有在更早的时候诞生呢？

实际上，元宇宙的创世阶段主要依托两大新技术：VR 和区块链。其他的技术或者已经普适化，比如互联网、云计算等，或者在渐进性地演进成熟中，比如5G/6G、人工智能、物联网。区块链技术在发展十余年之后对元宇宙的全面支撑作用毋庸置疑。具有争议的是 VR 中的"脑机接口"。

脑机接口被很多人认为是元宇宙未来的 VR，将替代目前的 VR 眼镜等设备。

脑机接口最初也是来自硬科幻。1981 年出版的科幻小说《真名实姓》（*True Names*），作者是美国数学家和计算机专家弗诺·文奇（Vernor Vinge）教授。他在小说中创造性地构思了一个通过脑机接口进入虚拟世界的方式。教授使用几个简单的电极让人与超级计算机矩阵及其网络通过意识直接相连，免去了一切输入设备。这套设想后来被《神经漫游者》和《黑客帝国》沿用，它们都是早于《雪崩》的描写虚拟世界的科幻小说或剧本，而且要早于互联网的诞生。但即便进入 21 世纪甚至 2010 年，赛博朋克们在想象力上依然摆脱不了脑机接口模式，比如《异次元骇客》《感官游戏》《源代码》。人们从直觉上认为脑机接口比 VR 眼镜要"酷"得多。

脑机接口当然比 VR 眼镜要"酷"，无论从设备的简洁性还是从效果的深入性，前者都明显优于后者。在科幻界主流看来，比《真名实姓》晚了 11 年的《雪崩》像是个退步，业界主流几乎无视了《雪崩》元宇宙的存在，大家都跟随文奇教授的脑机接口概念前进，《三体》是个例外。

脑机接口不太可能应用在元宇宙。有以下几个理由：

第一，脑机接口不适合元宇宙。文奇教授撰写《真名实姓》是在 1981 年，互联网要到 1990 年才具雏形，文奇教授没有办法借鉴互联网分布式多中心网络拓扑，他容易想到的是人的"神经网络"，不可避免地将个体中心网络系统做先入为主的理解。这类科幻的主基调是对人的大脑及神经系统的结构和工作方式的类比扩展：整个超级计算机矩阵（Matrix）系统如同一个庞大的大脑，那些通信网络犹如人的神经，人们用意识进入其中，而不是操作。元宇宙是以多中心为形态特征的社会群体，社区开放，人们相互独立，虚拟空间和现实世界之间有一个"绝缘"的分界面，人们通过操作"化身"交流互动。这些都与"脑机接口"不大兼容。

第二，脑机接口目前尚无实现的前景。虽然说起来简单，脑机接口其实解决的是生物和计算机的数据交互。我们都知道计算机的数据如何存储，如何传输。但是我们不知道生物的相对应部分。进入 21 世纪，我们才知道生物种群内传递数据的部分，即基因信息，这部分由碱基对编码，目的是保存种群信息，使种群不会因为个体的消亡而丢失制造方法。但这个层面的数据在这里用不上。我们需要的是个体大脑或者神经系统中的信息，这个人的想法，他的记忆。比如当一个人记住了卡片上的一句话，那么在他的身体里一定会存在这句话，否则他无法在第二天把它取出来。而这些数据存在哪里以及以何种方式存在我们至今对此一无所知。另一方面，硬科幻中对脑机接口实用化的设定是在 50 年至 100 年之后，按这个进度估计，当脑机接口实用化的时候，元宇宙时代可能早已经过去了。

第三，脑机接口的使用风险比 VR 大得多。假如我们实现了人的神经系统和互联网的接通，说明我们不仅仅可以通过互联网感知外界，也会被外界通过互联网直接侵入神经系统。

回到梦想照进现实这一主题。如果将"硬科幻"比作人类的预期和梦想，科技定会陆续将它实现，并且会实现得更好。

比如 1966 年，《星际迷航》中不仅"发明"了翻盖式手机，还"发明"了个人移动设备——三录仪，用来收集并存储工作人员访问过的星球的数据。而两者集成一下就是现在的智能手机。显然智能手机比《星际迷航》中设想的未来设备要好用得多。其他的诸如相控阵雷达 vs 脉冲雷达、扫码支付 vs 信用卡支付等。现实必将超越梦想，元宇宙也是如此。

2. 游戏打开了元宇宙时空

在元宇宙的诞生过程中，除了硬科幻，游戏也起到了重要作用。游戏为元宇宙提供了试验场。

从 20 世纪 70 年代到 90 年代，出现了大量的开放世界游戏。这些游戏本身的开放世界也形成了元宇宙的早期基础。2003 年出现的一款名为《第二人生》（Second Life）的游戏，是对《雪崩》的首次致敬。它在理念上部分解决了人们在现实世界中所面临的窘境。人们在现实世界中有件痛苦的事情是不能快速调整自己的身份，而在虚拟世界当中，人们可以通过拥有分身来实现这一点，《第二人生》通过分身给了人们过一种新生活的可能。这个分身，等同于《雪崩》和元宇宙中的"化身"（Avatar）。

有不少人觉得游戏没有什么价值，是虚幻的，不产生实际产品和效益，是浪费时间。但实际上游戏在全世界范围内存在，还形成了行业和产业链。

首先，游戏能够满足人们放松与娱乐的需要。游戏可以作为模拟现实，大大降低获得深度信息和技能的成本。比如现代飞行员在登机前需要进行很多时长的模拟器飞行，这比直接上飞机练习节省不少资源。

有时候我们把模拟归入"工作"或者"学习"，不算"游戏"。这看具体什么场合，主次如何定义。寓教于乐的教学方法和 P2E（边玩边赚）的工作方法正在模糊这类分界线。

游戏是文明社会的产物，是有价值的产品，为文明贡献着自己的力量。当然，沉溺游戏是不足取的。既损害健康，又在逃避现实，是对自己、对家人的不负责任。

元宇宙是游戏的近亲，它们都有共同的基因，"虚拟"。从某种意义上说，元宇宙最先是以游戏为主题呈现的。无论是元宇宙第一股 Roblox，还是经典元宇宙如 Decentraland、The Sandbox 等，在具备元宇宙的形式之前都是游戏平台。目前只有在 Decentraland 元宇宙中有较大比重的非游戏类应用。

元宇宙早期的应用取决于该应用本身的可虚拟程度，在这方面游戏是与其最兼容的，游戏中不仅仅是人物场景，连互动都是虚拟的；其次是三维影视或视频，有虚拟（3D 影像），但少了互动。再次是数码艺术和音乐。天然具有虚拟性的应用进入元宇宙成本最低。

使用数字孪生技术后元宇宙将纳入更多的非虚拟应用。随着 VR 设备的发展，传感器反馈功能的增强，元宇宙会融入越来越多的生产性应用。

1.2.2　元宇宙的开篇

不管"硬科幻"有多"硬"，多有预见性，仍然是想象力层面的东西。而"游戏"要想华丽升级成为"元宇宙"，必须打开边界，打开中心化封闭的商业模式。因此，真正称得上翻开历史性新篇章的一刻，是一个真实元宇宙项目的登场，以及接踵而来的元宇宙应用局面的打开。

元宇宙的开局之年是 2021 年。

2021 年 3 月，元宇宙项目罗布乐思（Roblox）正式在纽约交易所上市，成为元宇宙第一股。2021 年 10 月，美国社交媒体巨头脸书（Facebook）宣布将公司名称从"脸书"（Facebook）更名为"元"（Meta），"元宇宙（Metaverse）"一词迅速全球化并被家喻户晓；2021 年 5 月，微软首席执行官萨蒂亚·纳德拉表示公司正在建设"企业元宇宙"；2021 年 8 月，海尔发布制造行业的首个"智造元宇宙"平台；2021 年 11 月，虚拟世界平台 Decentraland 公司发布消息称巴巴多斯将在元宇宙设立全球首个大使馆；2021 年 12 月，百度发布的首个国产元宇宙产品"希壤"

正式开放定向内测。在 2021 年，全世界网民的关注度都被元宇宙一词占据，从概念的提出到项目落地，似乎互联网向元宇宙的变革已是一种趋势。从此，2021 年被称为元宇宙元年。

元宇宙从之前的慢热到一下子跨入大众视野看似突然，其实是有其必然性的。2019 年，5G 通信技术得到突破性进展，更快的网速可以满足更多人参与集体活动，也能满足更沉浸式的参与活动体验。而自 2019 年末开始，产生了大范围、高频度的线上交互的需求，从居家办公到线上授课，人们开始重新评估和思考互联网社交网络的未来走向。随之就是 2021 年 9 月，微软的 CEO 在演讲中提出了"企业元宇宙"的概念，脸书的 CEO 扎克伯格也同样提出过"元宇宙会议室"的概念，这些概念都因整个社会对线上办公的需求而触发，而其前提是高速网络和高端设备以及区块链人工智能等技术已经为元宇宙做好了准备。

世界的发展需要两个轮子，一个是需求，一个是科技。多数情况下，需求先行，掌握着方向盘。如果需求太超前，看不见科技，唯有眺望远方，把梦想写成一篇"硬科幻"，等待后人实现。

也有相反的时候，科技因科技而先行。如果这时候遇见需求，便会爆发产业革命。

从脸书（Facebook）宣布更名为"元"（Meta）开始，互联网中参与讨论元宇宙的人数不断攀升，有人提出要实现元宇宙概念中的即时性就必须发明一款高端的VR 眼镜，就像是电影中一样随时随地带上眼镜就能够进入元宇宙。也有人说获得高沉浸感才是重点，应该打造一台能够将人类的意识与网络同步的设备，让人类真正进入元宇宙。在这个由元宇宙所引发的全民讨论时期，也有许多值得参考的观点相继提出，逐渐完善元宇宙的概念。元宇宙第一股的 Roblox 率先提出元宇宙的八大特征。

- Identity/身份。
- Friends/朋友。
- Immersive/沉浸感。
- Anywhere/随时随地。
- Low Friction/低延迟。
- Variety of Content/内容多样。
- Economy/经济。
- Safety and Digital Civility/安全与数字文明。

这八大特征是人类首次对"元宇宙"概念的归纳总结，它们很可能不正确，或者逻辑也不一定清晰，但是至此元宇宙成为市场关注的焦点，人们认为它将掀起下一代互联网的革命，开启 Web3.0 时代。

作为元宇宙的开端，2021 年为未来元宇宙的发展开启了方向。元宇宙正在整合各种先进技术走向更为先进，各种硬件软件项目发力向前，比如比 5G 更快的通信技术，用以确保元宇宙级别的"沉浸感"；人工智能自主学习为元宇宙带来更具真实交互感和人性化的服务；扩展现实技术能够接入更多体感反馈和微操作通道，实现高真实感的沉浸空间。

无论如何，元宇宙已经开篇，世界将跟着元宇宙的发展而改变。

1.2.3　当今的元宇宙

今天，当人们讨论元宇宙的时候，大家一致认为目前的元宇宙世界还处在非常初级的阶段。

现在的元宇宙在很多方面还不健全。区块链基础设施作为元宇宙的支撑尚待成熟。从 Roblox 到 Axie Infinity，再到 The Sandbox，"链游"成为目前元宇宙中一枝独秀的快速成长产业。尽管"边玩边赚"P2E（Play to Earn）的元宇宙"游戏"新理念让玩家产生了极大的兴趣，但从产业端而言，依旧很难摆脱传统中心化的商业思维模式。当前的"链游"普遍缺乏价值输出，其"边玩边赚"的"赚"字到底从哪里体现依然不明确。

基础设施方面，比特币的交易网络和以太坊的智能合约以及 IPFS 存储系统要想适应元宇宙，还需要在底层进行改良，包括账本字段、账本容量、上链速度、上链成本、合约规范、侧链、跨链、多链协同、激励机制、全节点分化等，这些在未来都有可能影响元宇宙的构造。

比特币以其超高的创始声誉、起步最早和长期的价值积累（通过工作量证明机制"挖矿"），拥有目前最高价值的可信度，并成为区块链概念的代表。但是未来比特币区块链难以适应元宇宙的需求，原因是其没有智能合约。事实上，现在的比特币区块链可以提供的功能对于其他区块链来说已经不够完善，也就是说在功能方面并非不可替代。

与比特币相反，以太坊已经成为元宇宙的骨架，未来的需求不会少。以太坊的问题是现有的能力赶不上需求，以及中心化的趋向。"效率低""交易费高"是首当其冲的缺点，未升级的以太坊主链早已不堪重负。在解决现实问题方面，以太坊一如既往的积极进取。以太坊主链一直在尽其所能改进底层设施，不久还将彻底改用新的基于权益的共识机制，升级后的以太坊将大幅降低"交易费"，提升效率，更适于 DAO 机制。与此同时，以太坊社区还发展了很多技术分区，着手解决各种扩展需求，并不断取得实效。可以说，元宇宙诞生之前，区块链的发展聚焦在主链和共识上；元宇宙诞生之后，区块链的发展聚焦于以太坊去中心化应用。但以太坊将使用的新的 POS 共识机制加上天量的预挖矿以太币将把这个区块链系统推向中心化，这对于以太坊和元宇宙来说是件祸福难料的事。

"星际文件系统" IPFS 将成为"元宇宙"的基础外设之一，对 NFT 的存储需要由它来完成。IPFS 是一个出色的文件系统，在继承了 P2P 文件共享系统所有的算法和架构设计之后，提出了单点获取文件的地址协议，这使 IPFS 成为元宇宙的基础设施。

实际上，元宇宙的出现正在使区块链链圈生态出现深刻的变化，因为元宇宙需要一个具备智能合约功能的统一的底层区块链系统。

政策面上，当元宇宙概念火遍全球的时候，各国政府对元宇宙纷纷进行了战略布局，政府和业内人士一起制定标准和实施指导方针，向民众推广元宇宙概念，力争抢占先机。日本经济产业省于 2021 年 7 月发布了《关于虚拟空间行业未来可能性与课题的调查报告》，对虚拟空间行业进行了调查分析；2021 年 5 月，韩国信息通信产业振兴院联合 25 个机构和企业成立"元宇宙联盟"，希望通过政府和企业合作的方式构建元宇宙的生态系统。2021 年 11 月，首尔政府制定了第一个元宇宙中长期的政策文件"首尔基本计划"，建立"元宇宙首尔"的元宇宙平台；我国在元宇宙领域也作了相关布局：杭州发布 XR 产业发展计划，无锡发布《太湖湾科创引领区元宇宙生态产业发展规划》，提出打造国内元宇宙生态产业示范区，北京表示推动组建元宇宙新型创新联合体，成都成立元宇宙产业联盟，上海市印发的《上海市电子信息产业发展"十四五"规划》中也提到对元宇宙的产业布局，厦门发布的《厦门市元宇宙产业发展三年行动计划（2022—2024 年）》提出力争到 2024 年使该市的元宇宙产业生态初具雏形。

平台方面，元宇宙平台的大量涌现使元宇宙生态初具雏形。其中以 Decentraland、The SandBox、CryptoVoxel 等平台最为知名。各平台发行的数字代币价格反映了元宇宙概念的火爆程度。Decentraland 中使用 MANA 作为项目代币，在 2021 年 11 月 29 日，MANA 代币达到最高市值 81.46 亿美元，单个 MANA 币价格在 4.465 美元上下，相比 2020 年同期流通市值增长 78 倍左右，单个代币价格增长大概 78 倍左右；The SandBox 中使用 Sand 币作为项目代币，在 2021 年 12 月 27 日，达到最高市值 62.01 亿美元，单个 Sand 币的价格在 6.744 美元，相比 2020 年同期流通市值增长 269 倍左右，单个代币价格增长 177 倍左右。

项目方面，目前以 P2E（边玩边赚，Play to Earn）类元宇宙项目比较容易吸引用户打开市场。如果项目方不打算向平台那样打造整个元宇宙世界，通常会聚焦在某个场景，利用趣味性加上收益能力来吸引用户。Axie Infinity 便是一款经典的 P2E 游戏。

Axie Infinity 一度风靡全球。在菲律宾乃至东南亚，不少人通过玩这款区块链游戏赚钱，玩家的收入水平甚至高于当地人的平均工资。这款游戏就是 P2E 模式。P2E 强调用户在游戏里的劳动成果都属于其个人。按照《Axie Infinity 白皮书》的介绍："Axie Infinity 是一个以精灵宝可梦为灵感而创造出的世界，任何玩家都可以通过娴熟的游戏技巧和对生态系统的贡献来赚取代币。玩家可以为控制自己的宠物进行战斗、收集、养成并建立一个精灵王国。"

值得注意的是，现在的 P2E 游戏声称在游戏中所有的劳动创造所获取到的收入都属于用户自己，这是带有欺骗性的。许多 P2E 游戏其实并非真正的 P2E 游戏，而是 P2P2E 游戏，即"Pay-to-Play-to-Earn"，先付费后玩再挣钱的游戏。

P2P2E 游戏和 P2E 游戏在底层逻辑上截然不同。P2P2E 游戏本质上是将资金从一部分参与者手中转移到另一部分参与者手中，项目方获取转账费，参与者需要先付费，Axie Infinity 游戏就是一例。P2E 游戏是项目方将某项工作设计成游戏的呈现方式，利用参与者的劳动完成工作，形成价值，再将收益通过奖励回馈给参与者，属于"工作"机制，参与者加入无需出钱，比如淘宝的"果园"，你通过介绍朋友为淘宝做了推广工作，带来了消费，你自己也在一定程度上增加了消费，这些收益中的一部分被作为玩家奖励免费回馈给了你。

抛开元宇宙处于初级阶段的事实，如今的元宇宙的发展正在与时俱进，许多领域正在与其产生融合，取得了一系列新进展，仅 2022 年 5 月一个月内，元宇宙领域就发生了多个热点事件。

在伦敦举行了一次别开生面的全球税务执法联席会与密码学专家和数据科学家的会议，讨论了如何使用 NFT 等数字资产跟踪和预防税务犯罪，特别提到了未来去中心化金融全球化合作的发展趋势和必要性。

全球最大的音乐订阅服务商 Spotify 在其中心化服务平台的音乐家个人管理页面中集成了 NFT 的功能，并进入测试阶段。这种 NFT 的功能不仅可以提升艺术家的体验，还能提升粉丝的体验。

美国国防科技公司开始着手进行元宇宙功能的探索，目标是将元宇宙应用在军事模拟和演习中。事实上，元宇宙中的一些元素早已融入最前沿的军事系统中。比如，最先进的第五代战机的头盔部分就包括一个增强现实的可交互设备，可在飞行员眼前展现遥测数据和目标信息，以及根据飞行员的视焦控制锁定目标。

英国高等法院在一起盗窃案中承认两个 NFT 数字作品为财产，受到保护，标志着 NFT 在英国首次被认定为"私人财产"。需要说明的是，数字产品和其孪生实体属于不同的资产（具有各自独立的价值）。

分别馆藏于 28 家中国国家一级博物馆的 33 款数字文创作品在支付宝生活频道开始云游探馆的直播，这些作品的设计均为华夏历史各朝代代表性的国宝文物。

世界顶级风投 a16z 投入 6 亿美元专项基金用于基于 Web3.0 技术的游戏初创公司的元宇宙技术开发及应用落地。a16z 认为，游戏基础设施和技术将为元宇宙的发展起到关键作用。同一时期，我国 AR 硬件厂商 Nreal 的 Nreal Air AR 眼镜于 5 月 20 日在英国市场发售，这说明元宇宙从一开始便具备全球化产业的特征。

关于人们对元宇宙未来的看法，许多研究报告基于当前元宇宙发展的现状做出了颇为一致的预测。在 Facebook 母公司 Meta 发布的首份元宇宙白皮书 *The Potential Global Economic Impact of the Metaverse*（《元宇宙对全球经济的潜在影响》）中指出，如果元宇宙技术自 2022 年起被应用，那么到 2030 年其产生的 GDP 将占全球 GDP 的 2.8%，到 2031 年将为全球 GDP 贡献约 3.01 万亿美元，且其中三分之一（约 1.04 万亿美元）来自亚太地区。同时报告中还显示，目前已有业内人士对元宇宙的潜在价值及市场规模进行预估，其预测在未来几年内元宇宙市场将在 8000～20000 亿美元，当相关技术被广泛采用后，其市场规模将增长至 3～30 万亿美元，据最乐观的估计，其市场规模或将超过 80 万亿美元。

元宇宙从 2021 年的爆发到现在热度下降进入稳定发展期，目前的发展更偏向实用性。在 2022 年的前五个月，已经有超过 1200 亿美元的投资被用于开发元宇宙技术和建设元宇宙基础设施。而这个数据是 2021 年全年投资 570 亿美元的两倍多。元宇宙的发展不是一朝一夕能够完成的，发展过程中必然会出现大量的问题，需要经过大量的实践经验去解决。我们不可否认的是，数字化的元宇宙能够帮助实体经济更好地发展。元宇宙将带领我们走进下一个互联网时代。

正如麦肯锡的调研报告《元宇宙中的价值创造》所指出的，"无法避免的事实是，如果企业和高管想同时了解消费者和企业可能在元宇宙中获得的机会，就需要熟悉元宇宙。商业领袖进行探索的最佳方式就是让自己成为元宇宙的用户。"

1.3　走进元宇宙

如今，世界范围内出现了许多有影响力的元宇宙项目产品，如 Roblox、Decentraland、The Sandbox、Cryptovoxels 等，这些产品力图将"元宇宙"理想付诸实现，成为"元宇宙"生态的引领者。

为了快速让读者对元宇宙有个形象化的概念，本书先以一个元宇宙经典项目——Decentraland 为例，展示初代元宇宙的样子。通过亲身体验元宇宙中的主要内容，获得元宇宙的第一手资料，形成对元宇宙初步但真实的了解。然后，再来深入元宇宙的底层，深层次理解它的内涵。

需要注意的是，章节中的图示或对应的内容与实际中可能会有所不同，因为

Decentraland 元宇宙本身也在持续的改进中。

1.3.1 跨入元界

图 1-1 展示的是 Decentraland 元宇宙内部场景。场景中有个商店以及前面的广场，广场上有一些人，其中最近的那个人就是用户在元宇宙的"化身"，也就是"我"。这个化身穿着黑色 T 恤，黑色长裤，黑色皮靴，还戴了一副黑色墨镜。只有这个化身是用户可以操控走动的，场景中的其他的人是其他用户的化身。

图 1-1 Decentraland 的内部场景

化身与化身之间可以交流互动，相互可以看到对方的人、穿着、表情以及正在做的事情，这种交流比微信群聊更为生动有趣。

这个场景是 Decentraland 元宇宙中的一个区域，准确地说是降落地的区域。Decentraland 元宇宙中几乎所有区域都是连通的。看到化身背后那个棕色建筑上方直冲云霄的蓝色瀑布了吗？那就是降落通道。云霄上是"创世地"，每个人最早出现在"创世地"，通过降落通道降落到 Decentraland 创世广场的世界中心，也就是那个棕色建筑的一楼。

Decentraland 的元宇宙是个城市的构造，一个布局呈方形的现代化城市，其地图如图 1-2 所示。这片城市土地的大部分被分成相等大小的约 90000 个正方形商业地块，剩余一些是纵横交错的道路和正方形的绿色公共广场。城市中心的公共广场称为"创世广场"（见图 1-2 大箭头所指的绿色地块），是进入元宇宙的第一个场景。广场中心（见图 1-2 红色小箭头所指）是如图 1-1 所示的棕色建筑，这是连接元宇宙和现实世界的入口。

Decentraland 在创世时，这些城市规划就已经设计好，通常不会改变。人们可以在这个城市中购买土地，然后在土地上修建建筑或者其他设施。土地和所有在其之上开发的资产都是商业化的，是可以产生收益的。这些土地不是免费的，来自世界各地的人共同竞争这 90000 多块有限的土地，使得这些土地在市场上有了真实的价值。

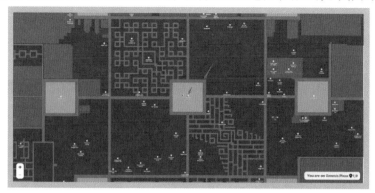

图 1-2　Decentraland 的地图

元宇宙比现实世界好的是，可以让竞争的公平性从机制上提升一个档次。Decentraland 的名称是"去中心化土地"的意思。Decentraland 建立在数字产权的基础上，基于区块链技术向用户分配数字地产所有权，为用户提供打造整个去中心化商务的能力。用户可以自主掌握其投入及开发成功后的资产权益证明，并获得所有元宇宙居民的认可。

接下来，就进入 Decentraland"实地考察"一下元宇宙到底是个什么样子。

从现实世界进入元宇宙称为跨入元界，这需要专门的软硬件设备。目前元宇宙还处于初级阶段，支持其空间结构的设施尚不完备，跨入元界通常是直接使用计算机，而不是 VR 设备。

Decentraland 元宇宙支持直接使用浏览器访问。打开 Decentraland 的官方网站（https://decentraland.org/）。映入眼帘的是欢迎画面，如图 1-3 所示，这是其官网主页界面，画面的背景是元宇宙内部一些元素的动画演示，可以自行观赏一下，然后直接单击 GET STARTED（开始）按钮进入 Decentraland。

图 1-3　Decentraland 官方网站入口界面

元宇宙底层逻辑

尽管 Decentraland 支持直接使用浏览器进入元宇宙，但考虑到目前的带宽和硬件设备依然是体验的瓶颈，系统会第一时间在最明显的地方提示人们下载 Decentraland 的客户端，如图 1-4 所示。客户端软件相比较普通浏览器可以获得更多的系统资源支持，同时使用了更优化的渲染技术，因此体验效果更佳。

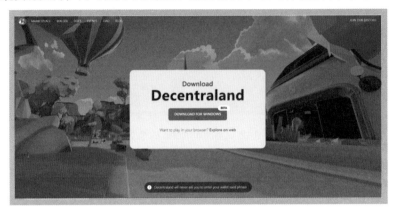

图 1-4　下载客户端或者从浏览器进入的界面

单击提示中最下面的"Explore on web"链接文字（如图 1-4 所示），就从浏览器进入了"元宇宙"。

在元宇宙中生活就像在任何一个地方生活一样，需要有个身份，以便与其他人建立联系并交往。元宇宙使用新一代的自主身份技术，用户可以自己建立一个唯一性识别凭证，然后使用它来进入任何一个元宇宙，而不需要为每个特定的元宇宙各建立一个身份。

Decentraland 有两种身份形式可供选择：游客或者居民。如图 1-5 所示，右边的选项是以游客身份进入元宇宙。游客是一种临时身份，也就是说不需要与他人建立连续可识别的交往，不需要树立自己的可信任度，转一转就走的意思。这种身份通常是受限的，无法参与有信任度底线的场合。

图 1-5　选择不同身份登录

为了使体验更全面，使用左边的"居民"方式登录。关于身份在元宇宙中的作用，会在之后的章节中详述。通过建立元宇宙的居民身份，用户在"元宇宙"的活动和成果就能保存下来。

1.3.2　获得身份

与传统的 Web2.0 的身份技术不同，Decentraland 元宇宙采用的是 Web3.0 技术，它的底层融入了区块链技术。Decentraland 元宇宙使用的虚拟身份是依托以太坊区块链的加密技术生成的，是真正的"数字身份"。当拥有"数字身份"后，就无须和以往在互联网平台上注册账户那样，在每个平台上创建一个用户名和密码，然后每次输入密码来登录。只需使用一个数字钱包授权浏览器关联"数字身份"，即可走遍天下元宇宙。

"数字身份"极为重要，未来用户所有的数字资产都直接挂接在上面，如果被他人窃取，与其相关的资产有可能被洗劫一空。掌握"数字身份"的要点就是掌握身份账户的"私钥"。

在区块链系统中，地址和账户是统一的，区块链的账户就是区块链上的地址。而区块链的账户是可以自主生成和维护的，也就是说，用户可以在线下不接触任何人的场所独立创建一对公私钥，公钥就作为账户，私钥自己保管。而在传统的互联网平台上的账户，必须先以平台知悉自己的密码是什么才能登录使用，保密性相对较差。

Decentraland 使用的加密技术是美国国家标准技术研究所（NIST）的 secp256k1 椭圆曲线加密算法。目前最重要的主流区块链都在使用该加密算法包括比特币、以太坊、EOS、Tron 等。

单击图 1-5 中左边的"Continue with wallet"，系统会提示有三种方式可以登录，这是目前 Decentraland 支持的登录方式，涵盖了各种可能的需求，如图 1-6 所示。

图 1-6　使用 Web3.0 钱包登录的几种方法

第一种方式是用以太坊 MetaMask 钱包直接登录，这是一种最常用的方式。MetaMask 是专门为以太坊网络定制的浏览器插件钱包。MetaMask 是直接嵌入浏览器，随浏览器自动启用，用户体验非常好，是目前业界最为流行的数字钱包之一。如今的 MetaMask 不仅提供浏览器插件，也提供移动端应用程序。MetaMask 提供了连接到 Web3.0 平台的最简单方式。

第二种方式是以邮箱注册的方式使用 Fortmatic 钱包登录。Fortmatic 钱包本质是一个代理终端，用 Web2.0 的方式为用户创建一个代理服务。用户注册信息实际是存储在 Fortmatic 的服务器上的。

使用 MetaMask 和 Fortmatic 两者是有区别的：第一，MetaMask 的软件是下载到用户端使用的，生成的私钥也是存储在用户端，并没有第三方知道，而 Fortmatic 是在商家服务器端产生密钥对，私钥先在 Fortmatic 存储；第二，MetaMask 是开源软件，受到全球社区无数同行的代码审计，倘若有后门将用户私钥未经许可传输给第三方或者有类似的危险活动，会在第一时间被查出，而 Fortmatic 在服务器上如何运行代码是私密行为，是无法被审计的。因此 MetaMask 钱包比 Fortmatic 钱包要可靠得多。

第三种方式是使用 WalletConnect 的方式登录。WalletConnect 是一种开源协议，允许用户的钱包连接至 DApp 及其他钱包。通过扫描二维码或单击链接，WalletConnect 会在用户的钱包和 DApp 之间建立加密连接。WalletConnect 协议也有推送通知功能，通知用户传入的交易。现在支持 WalletConnect 协议的钱包越来越多，包括 MetaMask、imToken、Trust Wallet、Rainbow、Argent、Pillar、Spot、BitPay、ONTO、MathWallet 等。WalletConnect 协议让用户可以在需要的时候授权他人代替自己完成某些工作，并且不危害资产安全，这比 Web2.0 中使用权限管理系统要简单、清晰、安全得多。

接下来使用第一种 MetaMask 钱包的登录方式登录元宇宙。

首先介绍一下如何安装使用 MetaMask 钱包和创建属于自己的区块链账户。

MetaMask 钱包俗称"小狐狸"钱包，因为它的标志是一个狐狸头。首先访问 MetaMask 官方网站（https://metamask.io/），下载 MetaMask 浏览器插件钱包并安装。这部分相对简单，直接按提示安装即可。完成插件安装后会先弹出一个欢迎界面，然后开始创建钱包，如图 1-7 所示。

这里的"创建钱包"的钱包和之前说的 MetaMask 钱包的钱包不是一个含义，后者的钱包指的是浏览器的钱包插件应用软件，我们这里暂称为"应用钱包"，而要创建的钱包指的是一个可以包含多个区块链数字账号的集合，这里暂称为"账户钱包"。"应用钱包"在安装好插件时就已经创建了。

图 1-7　MetaMask 浏览器插件：创建钱包

所以单击图 1-7 中右边的"创建钱包"按钮。接下来会通过一个惯例式的"收集用户数据"的声明，是 MetaMask 项目方为改进软件需要收集一些去敏感后的数据，用户可以选择同意，也可以选择不同意。然后"应用钱包"要求你设置一个密码，如图 1-8 所示。注意，这是"应用钱包"的密码，不是"账户钱包"的密钥。这个密码不是那么的重要，丢失了并不会导致"倾家荡产"。

图 1-8　MetaMask 创建应用钱包密码界面

MetaMask 的钱包密码是给"应用钱包"加了一层安全保护锁，它不是任何网站的密码，而是关于对你的加密数字资产进行敏感操作时的行为确认，假如万一不小心这个密码丢失了，可以通过重新安装 MetaMask 钱包软件，重新设置一个密码，然后通过助记词导入原先的"账户钱包"继续使用。

然后到了关键界面——"账户助记词"（如图 1-9 所示），这时候"应用钱包"会生成一组 12 个英文单词（在红框中显示），这些英文单词的前四个字母一定有不同，它们合起来就是"账户钱包"的密钥，称为"助记词"。不管使用何种方法，必须单独将它保存好，决不能泄露。

图 1-9　MetaMask 获取账户助记词界面

进一步说明一下"应用钱包""账户钱包"及各自的密码密钥的关系：密码是用来启动"应用钱包"的，"应用钱包"可以创建、导入、移除、重载"账户钱包"，在与 Web3.0 应用平台互动时管理"账户钱包"的使用。密码可以在应用层增加一层安全保护。"账户钱包"不是软件，不能运行，只是一个由"助记词"代表的抽象的钱包概念。凡是有"助记词"的钱包称为 HD 钱包，它的特点是可以通过一组"助记词"定义多个公私钥对，后者可直接作为区块链账户的账户密钥对。"账户钱包"的抽象钱包概念就来自于这种一对多的管理含义：区块链账户密钥对好像一张张信用卡，放在"账户钱包"中，数字货币存在账户密钥对中。由于加密算法的内在关联性，用户可以通过"助记词"找到"账户钱包"中所有的账户密钥对，然后找到区块链上所有这些账户的数字资产记录，证明它们的归属权。所以，"助记词"是"账户钱包"的锁，无论何种原因如果丧失了"助记词"，就丧失了这些数字资产。

MetaMask 钱包安装完成后，浏览器的扩展栏会出现一个小狐狸的图标按钮，单击这个按钮会在浏览器页面上层出现 MetaMask 钱包应用的操作界面，如图 1-10 所示。使用设置好的钱包密码先解锁 MetaMask 浏览器钱包。接下来，就可以使用这个带有 MetaMask 钱包的浏览器登录到任何支持 Web3.0 的网站平台，而不仅仅是目前正在操作的这个 Decentraland 站点。

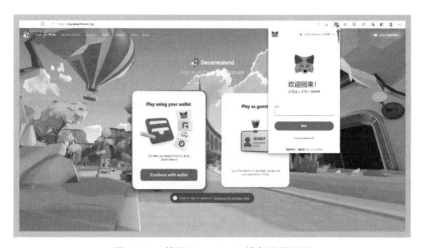

图 1–10　使用 MetaMask 钱包登录界面

在登录到具体的某个站点，比如 Decentraland 站点时，MetaMask 钱包会检查站点状况，并要求用户手动签名确认——用鼠标单击"签名"按钮，授权 Decentraland 的站点服务器与用户 MetaMask 钱包中的以太坊区块链账户进行连接，如图 1–11 所示。每个站点对于每个区块链账户必须获得相应的授权。

图 1–11　用户授权连接以太坊账户

现在设置好了元宇宙中的数字身份，可以随时在元宇宙和现实中自由切换。

1.3.3 建立形象

元宇宙和元宇宙出现之前的互联网平台及 3D 游戏不同，在元宇宙中用户是有数字化身的，这是数字社会"真实感"的前提。元宇宙是一个人与人在一起生活交互的社会世界，用户在其他人眼里的样子，就是化身体现的一个真实人类的样子，而不是一个 2D 平面头像。

现在已经有了一个自主数字身份，就使用这个身份进入 Decentraland 的元宇宙。

假如是第一次进入 Decentraland 元宇宙，用户会被带到一个"数字化身"设置界面，如图 1-12 所示。在这里，用户需要确定自己的数字化身形象，用户将以他/她的样子在元宇宙里与他人交往。

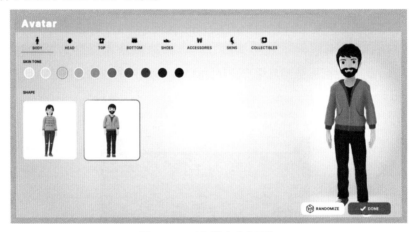

图 1-12　选择数字化身形象

Decentraland 提供了两类形象可以选择，分别对应男性和女性，当前选择是男性形象。注意，两种形象的身高和各部位比例是一样的，这是为了让可穿戴设备通用化。

Decentraland 提供了 10 种不同的肤色，从浅色到深色。默认是第三种粉红色，用户可以根据喜好选择其他肤色。

接下来有一系列的身体部位可以装扮，如图 1-13 所示，是选择发型。系统会列出所有可选项，用户只要单击选择，化身会自动换成你选择的发型。其他部位的装扮也是类似的。有些装扮还可以微调，比如发型的发色，可以微调颜色、饱和度和亮度，如图 1-13 左边调色板所示。

Decentraland 的化身装扮目前包括体型、头部、上身服装、下身服装、鞋子、外设和皮肤几大类。其中头部和外设两个大类还包括一些小类，比如头部装扮包括发型、眉型、眼型、嘴型和胡型，外设包括眼镜、耳环、冠带、面具、帽子、头盔和头顶装饰。

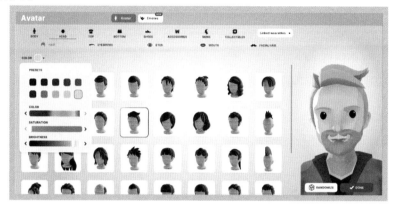

图 1-13　装扮化身–发型

除此之外，Decentraland 的化身装扮里还有最后一项，称为"收藏品"，这部分是指装扮类的收藏品，是用户购买或者自己创建的装扮类 NFT 收藏品，归集在此目录下便于查找。同时这些收藏品也会按穿戴的所属门类出现在前面的那些大类中。

任何装扮设定都可以即刻体现在化身身上，而且，用户还可以转动化身的身体位置，从前后左右全方位观察效果。

设置完了静态形象，还要来点酷酷的动态表情。单击上边的"Emotes"标签（如图 1-14 所示），来到了"表情"设置界面。这里的"表情"可不只是脸部的，还包括很多设计得非常有趣到位的"表情动作"，比如图 1-14 中的"耸肩"，十分有趣。

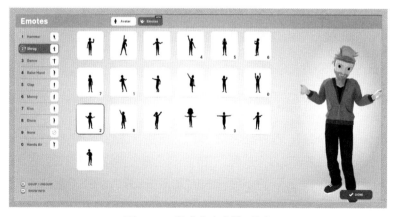

图 1-14　设定化身表情–耸肩

总共可以设置 10 个表情的快捷键，对应数字 0 ~ 9。当用户选择相应表情的时候，化身就会演绎这个表情动作，很直观地呈现效果。

在这里选择了男性形象。胡子不要了，显得年轻阳光，选择一个帅气的发型，头发换个颜色，然后换一身深色服装，衣服选择简约的风格，选择酷酷的太阳镜，脚蹬皮鞋，一个精致的帅气男子形象就设计好了，如图 1–15 所示。

图 1–15 创建个人形象

个人形象设置完成后，点击"DONE"（完成）这个按钮，就会出现填写昵称和邮箱的对话框，其中邮箱是可选项。给自己取个名字叫"Tim"，Tim 就是用户在 Decentraland 元宇宙的名字了。

最后是提示条款，把文字拖拽至最后，单击"I AGREE"（我同意）按钮后就可以用"Tim"这个数字分身去漫游元宇宙啦！

1.3.4 横空出世

在 Decentraland 整座城市的中央，有一块名叫"创世广场"（Genesis Plaza）的公共区域（图 1–2 红色大箭头所指的草绿色大地块）。在英语中"Genesis"这个词是事物的起源或者形成方式的意思。"创世广场"的中心就是 Decentraland 元宇宙的"创世地"所在位置。

图 1–16 展示的就是"创世地"的样貌。用户完成数字化身形象的设计，单击"DONE"按钮后，就来到了这个地方。图中的这个戴着墨镜的小伙子就是 Tim。可以看到脚下的地面上有一些云朵，说明所处的位置是在云端，此时 Tim 正在那座棕色建筑头顶直冲云霄的瀑布的上方。

这是个圆形平台悬浮在云上。周围有一些人，和我们一样，大都茫然若失的样子站在那里一动不动，这是怎么回事呢？原来他们是来自世界不同地区的人的"数字化身"，也是在这个时候进入了 Decentraland 元宇宙，出现在了"创世地"。其中有些人应该是老手，所以一到达就直接跳入"时空池"中走了；还有些人刚来元宇宙，不太熟悉环境，在圆形平台上四处打量，寻找信息；另有些人可能是计算机或网络出现卡顿或者本人离开的原因，数字化身站在那里不动。

图 1-16　第一次降落创世地的情况

平台的一侧是落地点，所有人进入元宇宙都降落在这一小片区域内。在区域内具体的落地点是随机的，人不多会自动分散开，人多了难免发生重叠，毕竟是元宇宙，不遵守电磁作用力。另一侧耸立了三块广告牌，展示元宇宙里面关键的信息，以及快捷访问方式，但是需要用户跑到跟前去看才能操作，明显不如直接按〈X〉键来得方便。

圆形平台的中央是个圆形的"时空池"，像个泳池，上面架了一个跳板设施。用户可以通过跳板跳水跃入水中，结果就到了之前图 1-1 所示的棕色建筑的酒吧间里，然后你可以在"创世广场"漫游或者跑到大街上放飞自我。

1.4　玩转元宇宙

如果是第一次进入元宇宙，会有一个小机器人跳出来充当导游，它会教我们怎么行走、转身、跳跃、打手势、聊天以及其他一些快捷方式。可以先跟着小机器人的指引熟悉一下各种操作。

1.4.1　活动筋骨走天下

对于初次接触元宇宙 3D 世界的人来说，需要花点时间掌握操纵化身的方法。

元宇宙底层逻辑

图 1-17 是对 Decentraland 的操控方式的总结。其中最为重要的是"WASD"移动控制。WASD 是在计算机键盘上相邻的一组按键，WASD 操作模拟了键盘右下角的方向键小键盘〈↑←↓→〉，即〈W〉为〈↑〉,〈A〉为〈←〉,〈S〉为〈↓〉,〈D〉为〈→〉。WASD 操作既可以适配一些没有方向键小键盘的紧凑型键盘，又可满足大多数人左键右鼠的习惯。注意，这类字母控制键与大小写无关，但是在 Decentraland 元宇宙中，带〈SHIFT〉键的 WASD 操作是"慢走"，不带的是"快跑"，空格键控制跳跃。

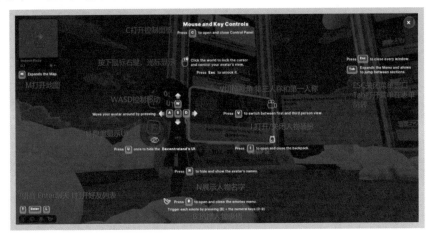

图 1-17　界面操控方式

在 Decentraland 元宇宙，还有两个重要的字母操控键,〈E〉和〈F〉。这两个操控键也是位于左手键盘，和 WASD 键组合完美形成一手操控。〈E〉和〈F〉键的具体操作是在具体场景下定义的，届时场景中会出现相关的定义，你可以根据定义选择，它们经常是一对，比如"确认"与"取消"，"上移"与"下移"等。

除此之外，在 Decentraland 元宇宙中还有几个常用的字母快捷键:〈V〉键用来进行第一人称视角和第三人称视角的切换,〈M〉键用来快速切换到元宇宙地图,〈I〉键用来快速切换到化身装扮,〈X〉键用来快速切换到元宇宙热门场所列表。如果计算机的麦克风是开着的,〈T〉键可以直接启动语音聊天。〈Enter〉键会打开文本聊天框进行文字聊天。

在 Decentraland 元宇宙界面的左上方有一个小地图，可以鸟瞰用户在更大范围内的位置。右上角有数字化身头像，用户可以用〈U〉键来打开或者关闭这些信息。

现在就来操纵化身，领略一下 Decentraland 元宇宙的风采。

Tim 走到"时空池"的时空跳板上（如图 1-18 所示），一跃而下。

图 1-18　时空池

降落的过程像跳进一个时空隧道（如图 1-19 所示），这个"时空池"中流动的不是水，而是时光。事实上用户还可以反向操作让时光倒流，从下面超越时空回到上面。

图 1-19　通过时空池进入元宇宙内部

降落后 Tim 就到了 Decentraland 创世广场的接待中心，就是在图 1-1 中看到的那个棕色建筑。这里有奇特的章鱼调酒师，还有浑身都是肌肉刚学会直立行走的狗狗，十分有趣，如图 1-20 所示。

在创世广场的接待中心，有一些互动操纵可以练习，比如自助倒一杯啤酒喝，使用电梯上二楼，和 NPC 对话等。章鱼调酒师会告诉 Tim 可以从玻璃门出去。

走出玻璃门，会步入一个精美的卡通画一般的"世外桃园"，这就是 Decentraland 的创世广场，如图 1-21 所示。这个广场位于整个城市的中心，也是

Decentraland 元宇宙的中心。

图 1-20　创世广场的接待中心

图 1-21　从接待中心出来到创世广场

抬头仰望天空之城，Tim 就是从上面的创世云城降落到这里的。刚出来的时候在外面就有一些玩家，可以与其进行交谈。往前走会发现一艘飞艇，上面的标语是"这里的世界是你的"。

没走多远，右手边出现"NFT 走廊"，如图 1-22 所示。既来之则安之，可以进去逛逛，顺便了解一下什么是 NFT。这个走廊里有很多精美的数字艺术品，上面还有用数字货币支付的标价，可以随时随地用数字货币付款购买。

走过"NFT 走廊"，会来到创世广场正东边，这里有个圆形的像 UFO 一样的建筑，是一个"服装商店"，如图 1-23 所示。里面的导游小机器人会为人们讲解关于可穿戴服饰的知识。

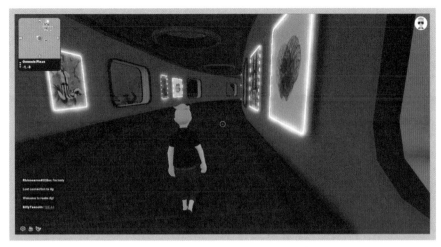

图 1–22　创世广场的 NFT 展销走廊

图 1–23　创世广场的可穿戴展厅

　　在展厅内看好一件衣服，可以直接单击购买，如图 1–24 所示。在元宇宙中，这些可以被拥有的物品，无论是衣服还是土地，本质上都是一种 NFT 形式的权益。为了把现实世界中的物品模拟到虚拟世界中使用，外形的模拟是其次的，重要的是体现出它的价值来。要做到这一点，首先必须将它做成 NFT。关于 NFT 和价值的底层逻辑将在第五章详述。

　　买完衣服，一路逛到"交易市场大厅"，如图 1–25 所示。这里位于创世广场的东南隅。导游小机器人会介绍交易市场的重要性和如何使用交易市场，还会说明市场是如何使用区块链技术实现的。事实上，元宇宙的吸引力很大一部分来自商业活动，后者是一个社会真正活力的体现。

图 1-24　在可穿戴展厅购物

图 1-25　交易市场大厅

在元宇宙中，各种交易使用的是数字货币。Tim 背后的显示屏显示的就是实时的比特币和以太币的价格。比特币和以太币是最经典的两种货币。

创世广场的正南方是"场景制作室"，是场景制作教学的地方，如图 1-26 所示。所谓"场景制作"就是在元宇宙中进行各类建筑和设施的建设，这些建筑和设施在 Decentraland 统称为"场景"Scene。元宇宙除了创始团队将基本框架搭好外，剩下的主要靠社区成员来开发和建设。"场景制作室"就是指导元宇宙的居民如何在数字化的土地上建设数字化的建筑和各类设施。

这是个开放的工作室，角落里摆着一个场景模型，导游小机器人会指导用户如何创作场景。制作场景并不复杂，Decentraland 制作了一些好用的工具还提供了丰富的组件资源给大家，用户只要通过鼠标拖拽就可以设计场景了。

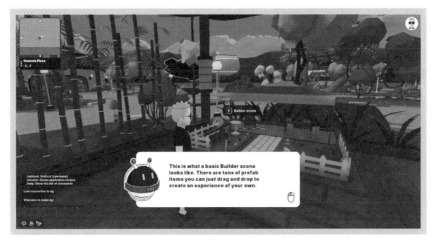

图 1-26　场景制作室

再沿着路边走到创世广场的西南角（可以通过左上角的小地图识别方位），这里有栋像莲花一样的建筑，姑且称之为"莲花山"。走到莲花山的中心，有升降机会自动把客人送到二楼。这里依然有个导游小机器人介绍信息，它会说明如何使用表情动作与其他人互动，可以通过快捷键〈B〉激活"迪斯科"，导游小机器人可以欢快地跳热舞，如图 1-27 所示。

图 1-27　在"莲花山"热舞

导游小机器人还会告诉大家一个秘密：主楼的北边有个特别的传输通道，如果想找些人一起玩，可以通过这个通道直接把客户传送到附近的人群里，这样就可以多交到一些朋友了。也可以直接在聊天界面输入"/goto crowd"到达人群所在地。这确实是个秘密，打"/help"寻求帮助,帮助信息里面并没有这条信息！

现在暂时不用去人多的地方，可以趁着广场人少去那里逛逛，多了解一下元宇宙，也多拍几张照片。

在主楼北侧有栋展览馆一样的建筑，是 Decentraland 的"历史博物馆"，如图 1-28 所示。博物馆里面陈列着整个 Decentraland 的发展历史。从 2018 年上线开始土地竞拍，到 2019 年完成数字化身上线和可穿戴系统的接入，再到之后推出场景建设器，Decentraland 的一切都在稳步前进中。

图 1-28　参观 Decentraland 历史博物馆

值得称道的是，Decentraland 顺利完成了向 DAO 的转型。这是非常不容易的一步。Decentraland 将权力百分之百地交与 Decentraland 的用户，由用户形成的 DAO 根据各自对社区的贡献度来管理 Decentraland 未来的发展。历史博物馆的"DAO"故事角落叙述了这一历程，如图 1-29 所示。

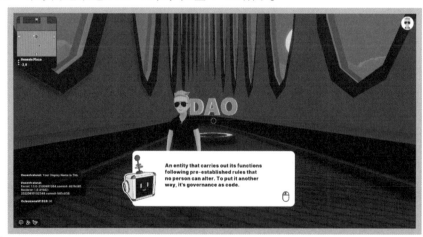

图 1-29　DAO 的故事

从历史博物馆出来，Tim 偶遇了一位老人，这位老人肩上背着一个袋子，沿着广场的路径缓缓走着。看上去他经常在这里出没，很想找人告诉一些秘密。这位老人很可能是个 NPC（非玩家角色），可以和他攀谈互动，如图 1–30 所示。这位老人会分享很多关于在元宇宙挖矿掘金的经验。

图 1–30　创世广场的钱袋老人 NPC

"创世广场"的西北角有观光热气球，用户可以乘坐热气球在花园上空游览一圈，欣赏一下城市的全貌，如图 1–31 所示。这样的感觉真不错，天很蓝，云很白，喧嚣很远。

图 1–31　创世广场的热气球旅行

逛了一圈，可以发现 Decentraland 元宇宙的世界很大，场所很多，有各种各样的活动和很多很多有意思的事情，几乎和现实世界一样丰富。但是，如果在现实世界，我们通常一天走不了几个地方，大量时间会花费在交通上，让人很疲惫，没有心情和体力去做自己想做的事情。在元宇宙中，人们的旅行效率则要要高很多。不仅随时可达任何地方，甚至还可以"时空穿梭"。

1.4.2 学会时空穿梭

在现实世界，如果人们要去远方，得搭载各种交通工具跋山涉水。但在元宇宙，一切都变得极其方便，甚至可以使用"时空跳跃"：按〈M〉键打开世界地图，找到任意想去的地方，鼠标单击后会出现弹出信息框，单击"JUMP IN"，立刻就"跳跃"到新地点了，如图 1-32 所示。

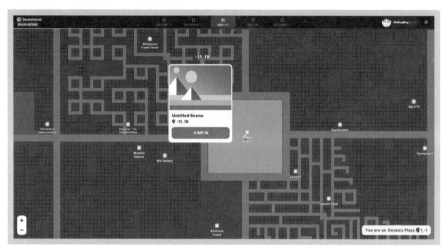

图 1-32　地图和时空跳跃

也可以在 Decentraland 元宇宙界面内按〈Enter〉键，在弹出的聊天框中输入"/goto"，然后紧跟目的地坐标，比如"/goto 98，-27"，瞬间就穿梭到了新地点，如图 1-33 所示。

图 1-33　使用跳跃命令到达目标地

输入"/goto-29，55"命令，可以到达一个叫"Wonder Mine Crafting Game"的游乐场，翻译为"陨石挖矿游戏"。在里面玩的人非常多，且都是真实玩家，没有 NPC，如图 1-34 所示。

图 1-34　"陨石挖矿"游乐场内

陨石挖矿游戏的主题就是砸大石头出宝物。摸摸口袋，钱包里突然多了 100 枚金币（见图 1-34 右下角所示）。每个人进入游戏都会得到 100 枚 Wondercoin 金币。

一些陨石会随机掉落在广场中，跑到一块陨石跟前，对着陨石单击一下，瞬间出现一个大榔头，正好可以拿来砸陨石，如图 1-35 所示。

图 1-35　"陨石挖矿"-砸陨石

用锤子砸上不到十下，就挖到了一个金币和一个绿宝石，还有钛金属，如图 1-36 所示。

图 1-36 "陨石挖矿"–获得奖励

"陨石挖矿游戏"是个不错的消遣娱乐游戏，玩法简单，不仅免费还有奖励，而且有积累性，可以持续玩，深受大众喜爱，高居热点排行榜前列。每过 15 分钟游戏给每个人充值 1 个币，直到充满 100 个币。当你攒足了各种矿物奖励，还可以用这些来换取元宇宙中的可穿戴服饰。

再去看看艺术类的东西。输入"/goto 62, 62"，瞬间便会抵达"Soho 广场"。

Soho 广场很大，是位于西面的一个螺旋状的建筑，是一个艺术中心，里面挂着许多数字艺术品在展览，如图 1-37 所示。

图 1-37 Soho 广场艺术中心

Tim 来到如图 1-38 所示的一件艺术品跟前，这件艺术品的名字叫"调台"12。与现实世界的平面绘画不同，这件艺术品是数字的，正因为如此，这幅作品里面的内容会动。前景是一个脸上画着以太坊 Logo 身体是机械打造的女孩，背景是 12 台老式显像管电视机，这些电视机正在非同步地调台，过一会儿都会调出台来，然后再熄灭重来。出来的台都和元宇宙相关，是最早期的一批项目，最后一个出现的是 Decentraland。女孩的躯体闪动着和调台频率相合的光耀，她抬头低眼斜睨者观众所在的方向，仿佛想看透元宇宙的无形帘幕望进现实中的世界。

图 1-38　Soho 广场艺术中心的作品

"调台" 12 的 12 不是 12 台电视机的意思，而是指这个 NFT 是第 12 个复制品。该作品有原始画作，2019 年完成，后又制作了 20 个限量版副本，12 是副本的排号。因此这些是数字孪生作品。该 12 号数字孪生作品在 OpenSea 卖到 85ETH，略少于 10 万美元。

既然看到了艺术品，为何不去苏富比？据说这家世界最古老的拍卖行与 Decentraland 已经合作，开了世界首家元宇宙中的虚拟拍卖店，店面还是英国伦敦新邦德街展馆的数字孪生，位置就在伏尔泰艺术区。

激活聊天对话框，输入 "/goto 52，83"，就抵达了苏富比伦敦的 Decentraland 数字孪生拍卖行。这会儿时间是晚上，拍卖行没有开业，但仍然允许参观，如图 1-39 所示。这个元宇宙中的拍卖行与现实中的苏富比拍卖行一样，充满了英伦情调。

Tim 从苏富比拍卖行出来，跳回 Soho 广场，继续沿着街道闲逛。这里有广场、花园、草地、树木、车站、空铁、雕塑、路灯、电话亭、公共座椅等，还有蓝天白云、夕阳落霞、灯火星空等，感觉昼夜交替得很快，一路上行人稀少，道路宽阔，周围景色宜人，如图 1-40 所示。

路上，Tim 遇到两位国际友人，一位来自加拿大，另一位来自美国的佛罗里达，礼貌地打了个招呼后，大家就聊起天来。这两位朋友说，2022 年土地

（Land）的价格有些昂贵，最便宜的土地价格还要 3900 个 MANA，大概 8000 美元左右，拥有土地的都是"高净值人群"，他们两个人并不拥有土地，但是会用 MANA 购买酷炫的衣服来装饰自己的形象，还会在推特上展示自己独特的装扮。

图 1-39　苏富比伦敦孪生拍卖行

图 1-40　Decentraland 元宇宙中的街景

　　他们极力推荐 Tim 去"龙城"（Dragon City）看看，坐标是"98，-89"，说那里很赞，值得一去。

　　说走就走，输入"/goto 98，-89"，瞬间到达龙城。这是一片极为辽阔的区域，亭台楼阁、池塘水榭、宫殿场馆、庭廊牌坊、佛陀图腾、旌旗雕梁、灯笼书画、石狮熊猫、荷花拱桥、青竹梅兰、龙马凤凰、吞币蟾蜍等，应有尽有（如图 1-41～图 1-44 所示）。Decentraland 简直想把所有的中国元素都塞进这个"龙城"之中。

图 1-41　龙城楼台

图 1-42　龙城街道

图 1-43　龙城戏园

图 1-44　龙城国宝

逛了这么久，元宇宙世界的样子已经有了大概的了解，要想更好地体验这个全新的世界，甚至在其中生存下去，接下来就要更深入地了解这个内涵丰富的元宇宙。

1.5　成为高净值人士

"高净值"人士是近年来的一个流行词，原意是指金融服务业中所服务的拥有高净值资产的用户，现在通常指一个人总体上不仅不负债，而且还有很高的资产盈余。

高净值人士的资产不一定是现金存款，还可以是流动性低的但可以变现的个人物品，比如房子、车子、股票、知识产权等。

元宇宙带来了新的金融生态，但并没有改变金融运行的基本逻辑。元宇宙的新金融生态带来了许多新的资产形态，它们同样可以使一个人变得富有和瞩目，成为高净值人士。

1.5.1　掌握稀缺土地

在元宇宙，土地是稀缺资源。想在元宇宙早日立足就要赢在起跑线，不少用户都考虑尽早拥有一块自己的土地。Decentraland 的土地是一种永久性资本，因为它的所有权会永久记录到以太坊区块链上。

土地在 Decentraland 是建设之本，任何建筑都需要建筑在土地上，任何活动都需要在某个空间进行，土地的数量有限，因此土地的价格相对于元宇宙中其他的NFT 通常更贵些。某种意义上说，面对全球范围的市场，这仅有的 90000 余块土地的拥有者可算是地道的"高净值人群"了。

若要拥有 Decentraland 的土地，可以前往 Decentraland 的市场（Marketplace）

购买。可以直接从浏览器访问 https://market.decentraland.org/，也可以在 Decentraland 的主页顶部单击"Marketplace"菜单链接到达市场。

如图 1-45 所示，在市场的土地类别界面是一幅 Decentraland 的 Land 世界地图。地图上显示的亮蓝色地块就是正在出售的土地地块。灰色地块是业主并未登记出售的土地地块，如果我们想购买，也可以议价，议价的方法是用户自己向业主"报价"，报价会显示到业主端的界面上，如果对方认为合适，会"同意"，这样也可以完成"购买"。

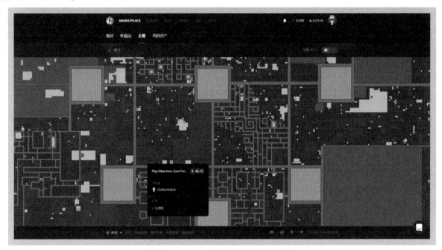

图 1-45 土地交易地图界面

说到"购买"，在元宇宙购买土地或者购买其他 NFT 时，实际上购买的是数字商品的所有权。其底层逻辑是你支付的那笔数字货币的所有权被记录到对方的区块链账户上，同时这件数字商品的所有权被记录到你的区块链账户上，完成了"拥有人"（Owner）在全网账本上的交易记录。这点非常重要，因为只有记录上链，全网才会认可新的所有权，而且没有人能否认，包括所有人自己。

现在来看看 Decentraland 土地交易地图如何使用。把鼠标移动到这些地块之上，会显示地块的相关信息。图 1-45 显示了一块位于公共广场附近的地块信息（黑色区块内），坐标是（-48，-57），信息包括地块名称、业主是谁，以及当前报价。如果想交易，单击这个地块后来到土地详情页，如图 1-46 所示。假如买家愿意支付这个金额，可以直接单击购买。假如想讨价还价，可以单击"出价"（Bid）来向业主提出一个协商价，如果业主没意见，就可以成交。在 Decentraland 元宇宙，交易使用 MANA 数字货币，这是 Decentraland 元宇宙使用的数字货币，也可以使用 ETH（以太坊），它是 Decentraland 元宇宙底层区块链上的数字货币，在目前的绝大多数元宇宙里都可以用。

图 1-46　地块交易详情界面

再说一下土地，土地是 Decentraland 中的一个 3D 虚拟空间，它是由以太坊智能合约控制的非同质（ERC-721）数字资产。土地被划分成小块，并由笛卡尔坐标（X, Y）来区分，每个土地标记包含关于其坐标、所有者等信息。每个地块的面积为 16 米×16 米（或 52 英尺× 52 英尺），其可建设高度取决于土地的地形，在 Decentraland 有统一的规定。地块可以用 MANA 购买。购买后所有者可以自由构建任何东西，从静态 3D 场景到交互式应用程序或游戏。有些地块相互连接成片，被进一步组织成主题社区或庄园。通过将地块划分为小块，社区可以创建具有共同兴趣和用途的共享空间。

1.5.2　拥有珍贵藏品

Decentraland 元宇宙的数字藏品其实就是有价的数字商品，因为有价而且限量，便有了收藏价值，这里的收藏价值主要指长期投资价值，是为了变现而不是为了玩赏。为了使这些数字商品具有价值，首先必须限制其数量。

赛博空间里的物品都是虚拟的，也就是由程序生成的视觉效果，尽管看上去很逼真，很精美，但是并不是实体，看得见，摸不着。并且"制造"这些虚拟物品不需要物质材料，成本主要在于前期的设计，后期生产（复制）的成本相对而言是很低的。

数字世界里的物品是可以轻易复制的，对于完全一样的复制品，其使用价值毫无区别，但因为复制的成本几乎为零，它会使数字世界的产品失去价值。为了解决这个问题，元宇宙需要对每个复制品做区分，对合法的拷贝授予认可，然后在全宇宙公开，使得在每个角落每个时刻对拷贝的使用都能够确权。这样，即使是数字物品，其数量也能被限定住，从而其价格价值保持稳定。

在使用了分布式账本技术（又称区块链技术）的元宇宙数字空间，那些被区块链限定了发行量的数字物品便具备了价格基础。价格的高低开始遵循传统的客观规律，也就是供求规则。这时候，数字产品就成了数字商品，可以买卖了。

上述的机制是机械和严格的，它同样也限制了生产方对它们的"添产"，这样更加增加了数字商品的可收藏价值属性。根据技术成因，我们称之为"NFT"。

如图 1-47 所示就是一件 NFT 数字藏品，叫"野蛮人头盔"，它的发行量和每件藏品的使用者权益都被记入了区块链。在它的全生命周期发行量只有 10 件，这是第 6 件（见图中左栏灰色文字）。这是一件在 Decentraland 元宇宙中可以穿戴的帽盔服饰，数字化身可以戴着它四处活动。目前在 OpenSea 上售价为 10ETH，超过 12000 美元，价格不菲。

图 1-47　可穿戴 NFT——野蛮人头盔

数字藏品不需要存储（指专门的保险存储场所），不需要护理（指对于存储环境和方法的特殊要求），不会毁坏（因为是数据形式，无法从物理上毁损，数据存于多个分布式节点，很难全部删除），也很难被偷盗（本质上是对权益的认可，由所有者掌握的密钥确权，窃贼难以窃取），这些都是数字藏品相对于实物藏品的优势。

再来看一下数字藏品的藏品属性体现在哪里。如图 1-48 所示，这是"野蛮人头盔"这件藏品的更多信息。在"Item Activity"（物品活动）中可以看到关于这件物品的全生命周期的商业活动历史。从铸造出来到被再次售出，总共经历了两次售卖。第一次是以 0.932ETH（以太币）的价格卖出。买家在两年后又以 1.85 的价格成功卖出。可见该物品在两年中的价格翻了一倍。

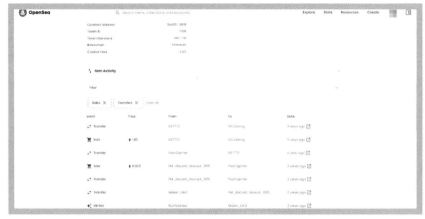

图1-48 "野蛮人头盔"的交易历史

数字藏品的发行量对它的价格有明显的影响,在元宇宙的 NFT 世界,发行量被称为"稀有度",因为发行量是限定的。图 1-49 所示的是另一件数字藏品,名叫"海盗不死之躯",也是一件可穿戴服饰(上衣)。这件藏品的稀有度也是 10,是该批次的第3 件,上一次的交易售价是 22.377ETH(超过 27000 美元),此藏品目前没有在售。

图1-49 可穿戴 NFT——海盗不死之躯

至于孤品,也就是"稀有度"是 1 的高价值藏品,基本上都被收藏了,市场上很少能看得到。

关于如何获取数字藏品,目前世界最大的平台是 OpenSea。这是个专门的 NFT 市场平台,其中关于 Decentraland 的数字藏品有三个专门的分区,可以访问 https://opensea.io/collection/decentraland-wearables 找到。另一个方法就是到 Decentraland 官网自己的"市场"栏,访问其中的可穿戴区。

这里要特别提醒读者,由于 NFT 涉及技术层面的专业知识,进行交易的时候一定要谨慎,尽量了解操作方法背后的技术原理,避免受骗上当。如何衡量一件数字商品的价值，这个话题将在第 5 章 "元宇宙的经济逻辑" 中展开。

1.5.3　锁定自我品牌

在元宇宙这样一个基于陌生交往环境的全球化数字空间，品牌将为信任带来最充分的加成。名字是品牌存在的第一形式。在元宇宙中，一旦名字上链，意味着谁也无法夺走它的归属权。如果其他人的品牌希望使用这个名字，就必须向拥有者购买归属权。从这个意义上来说，可与名誉联系上的名字是值钱的。

在元宇宙，如果想要锁定自己的名字作为专用，可以付费将这个名字记入区块链，将这个名字和用户的账户绑定。以后任何以这个名字签署的授权都必须经过用户的签名认可，任何以这个名字发起的行为都可以通过验证是否有其所有者本人签名而得到证实或证伪，并且操作起来非常简便。

元宇宙中，个人的品牌也是无形资产，是 "高净值" 的一部分，需要了解如何创建并 "锁定" 自身的名字和品牌。

由于 Decentraland 元宇宙是完全架设在以太坊区块链之上的平台，该元宇宙中的名字也直接与整个以太坊生态圈里的名字挂钩。也就是说，在 Decentraland 元宇宙申请得到的名字同时也在以太坊的域名空间获得一席之地。以太坊的域名空间是一个在不久的将来会具有重大意义的名称空间。

申请专有名字的页面在 Decentraland 官网的主菜单下 Builder 栏的 Name 页，地址是 https://builder.decentraland.org/claim-name。如图 1-50 所示，目前一个名字的价格是 100MANA，大约 90 美元。因为直接注册在以太坊域名空间，所以需要用以太坊主链的 MANA 支付。页面右上角有两个数字货币图标，这两个都是MANA，红色六角形的是以太坊主链 MANA，白色菱形的是以太坊的侧链 Ploygon的 MANA，使用非 POW（工作量证明）机制。关于这方面的知识将在后文叙述。

图 1-50　专有名字

除了直接申请获得，用户还可以到市场上购买别人注册的名字。Decentraland 提供的市场专门设立了一个目录是买卖区块链名字的，如图 1-51 所示。查询带有 "china" 文字的名字，正在售卖的有两个，售价高达 10 万 MANA。

图 1-51　专有区块链名字交易

一旦用户获得了区块链上登记的名字，其在 Decentraland 元宇宙中的数字化身也会有所不同。用户在元宇宙中行动时，化身的头顶默认会显示名字。如果没有获得上述的专有名字，而仅仅是以一个区块链账号登录，化身头顶显示的昵称后面会跟一个哈希字符串，就是用户的区块链账户前几位哈希码。如果具备了专有名字，化身头顶显示的就会是这个名字，而不是哈希码。从观察数字化身头顶的名字可以在某种程度上判断这个人是否属于"高净值人群"。

1.6　成为"顶级公民"

仅仅成为"高净值"人士还不够，还应当真正知道这些"高净值"资产的来龙去脉，参与元宇宙的治理，成为元宇宙的积极参与者，做元宇宙中的顶级公民。

1.6.1　做元宇宙的弄潮儿

与传统互联网平台不同，元宇宙在某种意义上是一种上层建筑，建立在一个更大范围的统一的元宇宙概念之上，其根基就是区块链底层存储，元宇宙中每个人的资产不会丢失，这就是元宇宙的"资产不灭"性。这些不灭资产中的大部分是 NFT，一种使用区块链技术锁定版本数的数字物品。因为它可以交换所有者，所以也是数字商品。因为它没有再造的可能，所以也是数字藏品。

Decentraland 的底层是以太坊区块链系统。Decentraland 元宇宙中的 NFT 目前主要有三种类型，即土地、化身的服饰（包括表情）和名字。NFT 的种类没有限制，主要是根据具体的元宇宙的商业题材和类型由元宇宙社区自主确定。随着元宇宙的发展，Decentraland 还会根据需要不断开发一些其他类型的 NFT，将人们各种有意义的努力凝固成价值，促进社区正向的发展。

在 Decentraland 的三类 NFT 中，由于土地资源的稀缺性以及其关系到整个元宇宙发展的全局，所以土地 NFT 由社区管理层级才能发行，没有下放到每个社区成员的层级。社区成员可以通过 DAO 规则参与对土地 NFT 的发行管理。化身的穿戴、表情和名字是社区成员都可以参与发行的，被称为 "Collectibles"（收藏品）。

前文说到可以通过元宇宙的"市场"来交易这些数字藏品，如果想成为元宇宙里的弄潮儿，必须能够自己创造 NFT，成为元宇宙 GDP 的生产者和不灭资产的"造物主"。

操纵 Tim 来到化身装扮空间的附件专栏，选择眼镜子栏目，可以看到目前的 Tim 佩戴的是系统提供的免费的太阳眼镜(如图 1–52 所示)，黑色，没有透明度，看上去一般。列表的第一个是一副淡紫色有光泽的眼镜，镜片形状优雅，制作精美，这是一副 NFT 眼镜。

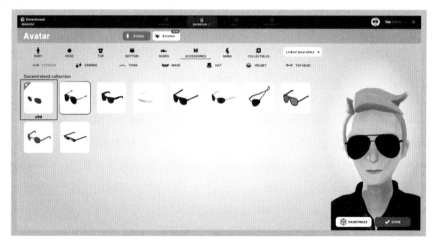

图 1–52　化身使用非 NFT 眼镜的效果

换上这副 NFT 眼镜试试。如图 1–53 所示，Tim 看上去帅气多了，形象上了个档次。可以看到眼镜下面的 "x50" 的数字，说明在我们的收藏包里总共有 50 件这幅 NFT 眼镜。

为什么会有 50 件呢？因为这副 NFT 眼镜是我们自己打造的，设置了数量。接下来我们就来学习如何打造一件 NFT 眼镜。

在元宇宙打造一件物品，需要的主要技能是三维数字图形设计，需要学会熟练使用至少一种 3D 数字图形设计工具，比如 Blender、Autodesk 3ds Max、CorelDRAW、Maya、Cinema 4D 等。这里以 Blender 为例来打造自己的 NFT。

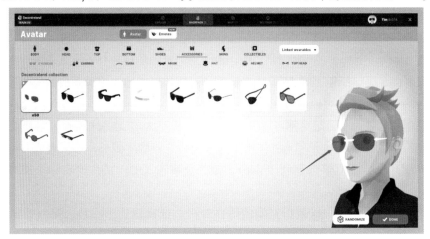

图 1-53　化身使用 NFT 眼镜的效果

Blender 是一款免费、开源，但是非常专业的 3D 计算机图形设计软件，用于创建动画电影、视觉效果、艺术、3D 打印模型、动态图形、交互式 3D 应用程序、虚拟现实及视频游戏等。Blender 的功能包括 3D 建模、UV 映射、纹理、数字绘图、光栅图形编辑、绑定和蒙皮、流体和烟雾模拟、粒子模拟、柔体模拟、雕刻、动画、匹配移动、渲染、运动图形、视频编辑和合成。

关于如何使用 Blender 不是本书的主要内容，不在这里做详细介绍，只在这里说一下要点。

将眼镜分为 3 个物件，镜片、镜架脚和镜架梁。先添加平面网格（Mesh）制作镜片，将网格细分一下，调整一侧的相关顶点位置，形成卵圆形一头略尖的镜片，再做镜像修饰，形成对称的镜片，调整 3 个维度的倾斜度，使符合脸部曲线轮廓；同理镜像制作镜架脚，通过不断边突出形成带有一定曲率的镜脚；然后加上一个等腰梯形的平面 Mesh 调整成镜架梁，最后进行实体化。形成如图 1-54 所示的构造。关键在于建模三角形的总数不能超过 500 个，这是 Decentraland 的限制，因为目前大多数计算机的硬件对于渲染元宇宙中复杂的 3D 物体还是有些困难的，Decentraland 的限制是为了保证三维立体物的渲染负担在普通用户的设备可承受范围内。可以看到，图中左上角的信息显示的物件三角形总数只有 388 个，符合要求。

模型建好后，接下来就是材质着色。如图 1-55 显示，这副眼镜用了两种材质，分别对应镜架和镜片。使用"PrincipledBSDF"着色器，对镜架使用纯白色带辉光的材质，不透明度为 1，对镜片（红色箭头标注）采用蓝紫色不发光材质（右下角红框标注），不透明度为0.9。

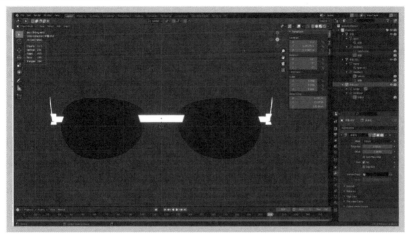

图 1-54　制作眼镜-建模

图 1-55　制作眼镜-着色

为了使眼镜可以戴在化身的脸上，随着化身身体姿势的变化同步进行位置的变化，需要使用骨架系统来绑定它。先引入化身的骨架系统，将眼镜缩小并移动到适当的位置，绑定到骨架的头部顶点群，如图 1-56 所示，这样如果化身发生头部的姿势变化就会带动我们的眼镜一起发生协同的变化。当我们调整头部的角度时，眼镜的位置角度都发生了同步的调整。

当制作好 3D 数字眼镜后，需要输出成 Decentraland 元宇宙使用的格式，这些格式包括 zip、gltf、glb、png。如果想达到最佳效果，应该使用 gltf 或者 glb 格式，Blender 支持这些格式。现在我们输出文件为 "glasses-white-blue001.glb"。

图 1-56　制作眼镜-绑定骨架

接下来访问 Decentraland 官网的 "Builder" 菜单栏，选择 "Collections"（收藏集）子栏目，具体地址是 https://builder.decentraland.org/collections。在这里创建收藏品有两种，一种是收藏集合，先需要建立一个 "Collection"（收藏集），相当于一个文件夹，取一个名字，然后再在里面添加 "Item"（物件）；另一种是单独的 "Item"（物件），不属于任何收藏集。添加的时候直接在这里上传文件即可。

将 "glasses-white-blue001.glb" 文件上传到 Decentraland，如图 1-57 所示。在图像的下方系统会检测三角形的数量，材料的数量，以及质地的数量，并给出相应的信息。这些数量必须符合规范（见 https://docs.decentraland.org/decentraland/creating-wearables/）。作为可穿戴产品，需要填写必要的信息，比如该服饰有无性别专用，这点我们的产品显然支持两性都可以使用。需要给它起个名字，当然越酷越好，而且要一目了然看到它的特点，这里给这副眼镜起了 "001 3D anti-UV MetaGlasiz" 这个名字。然后需要确定它的 "稀有度"，这里选择 "Unique"，表示是孤版，类别是 "Eyewear" 眼部穿戴物。

创建完 "001 3D anti-UV MetaGlasiz" 后，需要现场测试一下效果，让化身试试镜，Decentraland 的 Builder 界面提供了这个功能。单击 "OPEN EDITOR"，在浏览器中打开试镜模式，如图 1-58 所示，在左侧栏中找到这件物品，打开 "观摩"（红色箭头所示的睁眼图标），这时候元宇宙的数字模特就会戴上这副眼镜了。有两个模特可以选择，这里选择男士，然后让他跳霹雳舞，这样可以更好地测试一下各个角度和姿势的效果。这位男士模特动作娴熟，姿势标准，戴上这副眼镜显得更酷，效果不错。

图 1-57　创建可穿戴 NFT

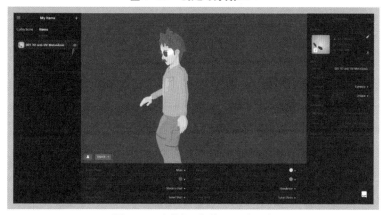

图 1-58　测试可穿戴 NFT（男）

再测试一下女生佩戴的情况。如图 1-59 所示，也是比较理想的效果。

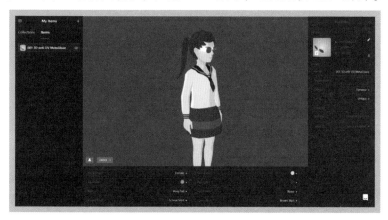

图 1-59　测试可穿戴 NFT（女）

元宇宙底层逻辑

在暗色的测试现场背景下，眼镜的镜架能够发出荧光。

测试满意后，就可以发布这件可穿戴 NFT 了。需要设置一个价格和受益人，受益人是指这件 NFT 铸造成功之后归于谁的名下。通常受益人就是用户自己，系统会默认将用户自己作为受益人，也可以输入他人的区块链账户指定受益人。既然是孤品，就把价格设高一些，设置为"100"MANA，如图 1-60 所示。单击右上角的"PUBLISH"红色按钮，这时候系统会要求缴纳 100MANA 的发布费，发布费会交给 Decentraland 的 DAO 管理组织，用来发展 Decentraland 元宇宙。

图 1-60　发布可穿戴 NFT

关于 DAO 模式将在后文详述。现在交完费用后需要等待 DAO 组织的审查员审查。审查员一般会在工作日的 24 小时内做出反应，或者通过，或者不通过，或者给予改正的建议。建议和结果会发布在 Decentraland 的 DAO 组织的论坛中，用户可以与审查员就此事交流，地址是 https://forum.decentraland.org/。

由于孤品只有一件，或者用户自己使用，或者卖给别人使用，实际操作的时候把"稀有度"改为"Uncommon"级，总共的拷贝数是 10000 件，其背景也从金黄色变为橘红色。

经过数日的审查员的审查，这件 NFT 终于发布了！

看一下市场情况，在"Collectibles"栏，选中左边的"Store"，然后在右上角的排序选中"Name"，如图 1-61 所示，可以看到"001 3D anti-UV MetaGlasiz"紫色抗紫外太阳眼镜出现在了列表里。

接下来用自己设计铸造的 NFT 重新打扮一下 Tim（如图 1-62 所示），换了眼镜之后，Tim 焕然一新，时尚帅酷。

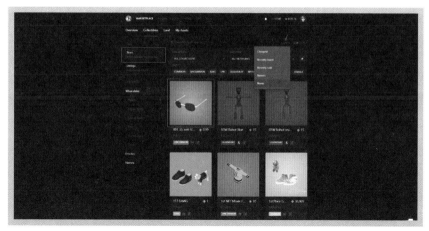

图 1-61　售卖 NFT 眼镜

图 1-62　给化身换装 NFT 眼镜

至此，已经详细介绍了成为元宇宙的顶级玩家的路径，接下来，还要更上一层楼，力求成为 DAO 中有影响力的成员。

1.6.2　参与 DAO 治理

DAO 是 Decentralized Autonomous Organization 的缩写，即去中心化自治组织。这个"组织"可以理解成一种管理方法，也可以理解成采用这种管理方法的实体，但归根结底是一种管理方法。"自治理"在这里是自主性的意思。谁自主呢？是这个组织中的一般成员。这里的自主是指对于组织（群体）层面事务的主导性。在传统的中心化管理机制中，一般都是某种代理模式，所以不算"自主"。

DAO 是区块链技术发展之后才有的上层建筑应用，要想使 DAO 正常运作，区块链 1.0 时代的技术是达不到要求的，必须使用区块链 2.0 时代的技术。区块链的两个时代主要的差异是智能合约。区块链 1.0 不支持对分布式存储的数据进行"运行"，区块链 2.0 则支持了这个功能。这个意义在于，它使区块链提供的不可篡改的能力不仅仅对静态的数据有效，而且对可执行的代码也一样有效，代表不仅仅记录的账本是透明可信的，连在其上部署的程序及其运行结果也是透明可信的。

智能合约是 DAO 运作的基础设施。以太坊是智能合约的创始者，因此具有 DAO 生态的元宇宙目前基本上都在以太坊之上运行。

打开 Decentraland 官网，主菜单有专门一个 DAO 的菜单项，地址是 https://dao. decentraland.org/。当用户拥有一定量的 MANA 资产或者土地资产的时候，就可以自动成为 DAO 的成员。

先来了解一下 Decentraland 官方是如何说明 DAO 及让它工作的。

（1）何为 Decentraland DAO？

Decentraland DAO 拥有构成 Decentraland 的最重要的智能合约和资产——土地合约、庄园合约、可穿戴设备、内容服务器和市场。它还拥有大量的 MANA，这使其能够真正实现自治，为整个 Decentraland 的运营和动议提供基金。

（2）Decentraland 建立 DAO 的目的何在？

Decentraland 是第一个完全去中心化的虚拟世界。作为最初愿景的一部分，Decentraland 将控制权交给在这个虚拟空间中创造和使用的每一个人，简而言之就是用户。通过 DAO，用户可以参与制定政策，这些政策用来决定元宇宙世界的运行行为：例如，允许（或禁止）某件可穿戴服饰、对内容审核、土地政策制定和拍卖。

（3）DAO 在 Decentraland 是如何工作的？

DAO 社区的工作是提议和投票，涉及政策更新，未来的土地拍卖，允许 NFT 合约在元宇宙世界、建设工场及市场中的使用，以及其他 DAO 社区认为有关的事情。投票在 Decentraland DAO 的治理界面上进行，由 Aragon 提供支持。Aragon 是专门提供 DAO 服务的平台，Decentraland 使用了其接口及服务。

（4）Decentraland 的 DAO 将确定哪些类型的事情？

在接下来的一年里，Decentraland 将安排投票来决定一系列问题，包括（但不限于）：

a）升级土地和地产以添加更多功能和协议升级；

b）确定未来土地拍卖的细节和日期；

c）市场费用，该费用总是使用 MANA 并且会被销毁；

d）基本销售费用，该费用总是使用 MANA 并且会被销毁；

e）添加和更换社区运行的内容服务器；

f）将 MANA 基金分配给开发事业；

g）向 Decentraland 元宇宙、建设工场和市场添加新的可穿戴设备；

h）更换安理会成员。

以上是 Decentraland 的官方表述。从其规划和实施中可以看出，Decentraland 将 DAO 的组织管理方式应用在整个 Decentraland 元宇宙，成为了业界先驱。

Decentraland 在其官网提供了全面的 DAO 社区治理方式，包括入口、提案、讨论、投票、财务审计，内容公开、透明、无差别。特别是透明度一栏（如图 1-63 所示），它实时更新所有重要的财务和运营数据，包括 DAO 当前的所有数字资产、最近 30 天的收入，最近 30 天的支出，社区发展扶持基金的分配情况，当前社区各委员会的成员名单等，令人印象深刻。

图 1-63　Decentraland DAO 的透明度−财务运营审计报告

再来看一下 DAO 的投票权力。在 Decentraland DAO 中的投票权力用 VP（Voting Power）表示。Decentraland 考虑成员的三种资产的 VP 总和，MANA、名字和土地。计算方式如下：

一个 MANA 等于 1 VP；

一个名字等于 100 VP；

一块土地方格等于 2000 VP。

比如 Tim 在以太坊主链上有 12700 个 MANA，在侧链上有 6129 个 MANA，两个独立地块，1 个包括两个地块的地产，1 个名字。总共的 VP 是 26929，如图 1-64 所示。

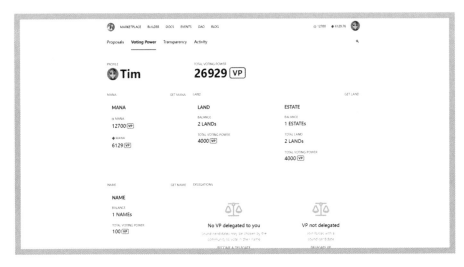

图 1-64　成员投票权重值

有了 VP，用户就可以随时参与对社区提议的投票，如图 1-65 所示，在活动期内的提议对于使用 Web3.0 登录的社区会员会有投票窗口（右侧红框所示），这是一个考虑合理周到的提议，所以 Tim 投了赞成票。

投票结束后，会公布结果。公布的结果是永久的，并且会将记录保存到区块链上。如图 1-66 所示，这是一件对更改可穿戴物品审核费的提议的表决结果，这里记录了提议内容、表决结果、表决人的具体表决，及表决人的 VP 值，数据保存在 IPFS 网络，各项验证要素保存在以太坊。

图 1-65　成员对提议进行投票

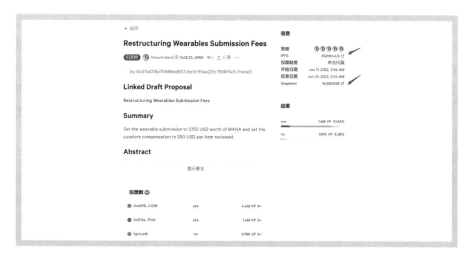

图 1-66 议案投票结果

要成为元宇宙中的顶级玩家，就应当参与到社区事务中来，为社区的发展贡献力量，成为有影响力的 DAO 成员。

1.7 更多元宇宙一览

以上通过游历一个典型的元宇宙项目 Decentraland 由浅入深地了解了元宇宙是什么、元宇宙里有什么、元宇宙如何运行、怎么在元宇宙中生活、如何参与元宇宙的治理等。

接下来再列举一些其他的元宇宙项目，以便读者更充分地了解目前元宇宙的发展状况。

1.7.1 Roblox：元宇宙开篇之作

Roblox（中文名称为罗布乐思），被认为是元宇宙业界的泰山北斗，作为第一个在世界级证交所上市的元宇宙公司，大多数人认为它的上市标志着"元宇宙元年"的到来。

Roblox 还率先提出了"元宇宙"的八个特征，为元宇宙的后继者指引了方向。

Roblox 以在线游戏创建系统和游戏平台起家，它组织了一个游戏社区，既允许用户对游戏进行编程，又允许用户玩其他用户创建的游戏。Roblox 是沙盒游戏的开发平台，让玩游戏的用户可以变成游戏开发者，加入自己的想法来改编游戏，也可以重新创建一款游戏让别的玩家进来体验。

Roblox 由 DavidBaszuck 和 Erik Cassel 于 2004 年创立，创始人在创办

Roblox 时，希望通过引入一个创新性的互动模式，在更宏大的规模上实现想象力和创造力的灵感发挥。

尽管创始人的理想很丰满，但在开始的十年中无论是平台还是公司都不太出彩，直到 2010 年代后半期，Roblox 的用户数量才开始快速增长。截至 2020 年 8 月，Roblox 每月有超过 1.64 亿活跃用户，其中超过一半是美国 16 岁以下儿童。

玩家可以通过 Roblox Studio（罗布乐思工作室）这一专有游戏引擎创建自己的游戏，然后可以放到 Roblox 平台让其他用户玩这些游戏。这种模式深受儿童喜爱，使用 Roblox Studio 制作的大部分游戏都是由未成年人开发的，每年总共有 2000 万款游戏是用它制作的。用户通过一次性购买"游戏通行证"或者通过多次购买的微交易来创建可购买的内容。

2021 年，Roblox 的社群平均每日活跃使用者从 2020 年的 3260 万名激增到了将近 5000 万名，用户遍及 180 个国家。用户的增长为 Roblox 带来了一大批优秀的新开发者，开发者运用新开发的技术创作的游戏带来了全新的互动性和沉浸性兼具的体验，还开创了许多新的体验类别。

2021 年 3 月 10 日，Roblox Corporation（NYSE：RBLX）在纽交所上市，在 2021 年底市值就达到了 770 亿美元。Roblox 因此被公认为元宇宙第一股，并使当年成为元宇宙的起点"元年"。据纽约证交所登记的财报，2022 年第二季度，Roblox 收入为 5.9 亿美元，同比增长 30%。2021 年末，Roblox Corporation 拥有约 1600 名员工。截至 2022 年 10 月 14 日，其股价为 35.56 美元，市值为 212 亿美元。

需要指出的是，Roblox 公司并非 IPO 上市，而是采取直接上市（DPO）的方式挂牌纽交所，计划出售 1.967 亿股，预募资 10 亿美元。直接上市不像 IPO 那样提前出售股票。公司上市首日的股价由进入证券交易所的买单所决定。在直接上市中，公司无须聘请投行承销交易，还避免了一些惯常的 IPO 限制，比如禁售期，从而令企业内部人士手中的持股获得更大的流动性。

"罗布乐思"不仅是 Roblox 的中文名称，还是由腾讯与美国 Roblox 共同成立的合资公司。2019 年 5 月 29 日，Roblox 及腾讯正式官宣，推出专为中国用户特别设计的本地化的罗布乐思，腾讯作为 Roblox 中国区发行商，与 Roblox 成立合资公司罗布乐思负责中国地区的运营。此次的战略合作中，腾讯提供平台和本地化技术与中文支持，且将与中小学教师合作，提供罗布乐思的编程教学。2021 年 7 月 13 日，中国版的罗布乐思正式上线，由腾讯互动娱乐代理运营，声称"全平台放开"。

但是在 2021 年 12 月 8 日，腾讯代理的罗布乐思对外官方宣布"结束删档测试并关闭服务器"，没有更多解释。

进入 Roblox 首页（如图 1-67 所示），会看到左边栏是目录菜单，右边是分类游戏列表，整个布局是传统的框架式"左菜单右内容"的布局，中间插播了一些广告，占的篇幅不小。分类游戏列表中有各种类型的热度靠前的游戏，我们选择第一款游戏——*Brookhaven RP*，这款游戏可以在一个虚拟城市探索和生活，并可以和理念相近的人一起交流。Roblox 一直以来的一个核心理念是让人可以像在现实世界一样在 Roblox 中玩乐、交流及创作，而这款游戏正是这一理念的直接体现。这款游戏在 2021 年的访问次数超过了 121 亿次之多。

图 1-67　Roblox 的首页

　　总体来说，作为元宇宙领域的先驱者，Roblox 对于游戏生态的改变是显而易见的，Roblox 它不仅是一个游戏平台，更重要的是一个虚拟社交生活平台，平台拥有大量社交属性的游戏，有了游戏这个桥梁，可以快速地让素不相识的玩家熟络起来，这就是社交与众不同之处。Roblox 平台构建起的 UGC（用户创建内容）全球化虚拟内容社区符合互联网时代发展的大趋势，由用户来为用户创造各式各样他们喜欢的内容体验，来满足社交、娱乐、工作等需要，打破空间的壁垒，借助基础设施、硬件设备以及软件内容，不断完善着属于用户自己的元宇宙世界。

　　然而 Roblox 游戏空间算不上一款典型的元宇宙。它缺乏去中心化的管理方案，玩家作为用户的角色明显。尽管作为游戏创作者，玩家获得了高度的自由，但其经济利益与平台绑定较浅，对于平台的发展玩家不具备话语权。Roblox 也没有使用区块链高可信环境的支持，玩家即使从用户的角度出发也无法对平台给予高度的信任，Roblox 元宇宙对很多人而言至今依然缺乏归属感。

1.7.2　The Sandbox：元宇宙游戏之父

　　The Sandbox 起先是一款适用于手机（苹果和安卓）和微软 Windows 的沙盒游戏，由游戏工作室 Pixowl 开发，于 2012 年 5 月 15 日发布。2015 年 6 月 29 日，它在

元宇宙底层逻辑

Steam 上发布 PC 版。

2018 年，The Sandbox 的品牌被 Animoca Brands 收购。

2021 年 11 月 29 日，The Sandbox 推出基于区块链以太坊的"元宇宙"3D 开放世界游戏，游戏使用像素风格的图形设计。

之所以命名为"沙盒"，是因为它为用户提供了创建自己的非线性游戏玩法的工具，称为"沙盒模式"。玩家将扮演"神学徒"的角色，通过探索水、土壤、闪电、熔岩、沙子、玻璃等资源以及人类、野生动物和机械装置等更复杂的元素，着手打造属于自己的世界。玩家会遇到诸如使用水和泥土制作泥浆等任务，以及制作电池或构建电路等挑战。玩家可以保存他们创建的世界并将其上传到公共画廊区。

非线性游戏的玩法与线性游戏的玩法不同。在线性游戏的玩法中，玩家面临一系列固定的挑战，且每个玩家都要面临每一个挑战，并且必须以相同的顺序克服它们。而在非线性游戏的玩法中，游戏向玩家提出了可以在许多不同序列中完成的挑战。每个玩家可能只接受（甚至遇到）一些可能的挑战，并且可能以不同的顺序进行相同的挑战。非线性游戏允许玩家有更大的自由度。非线性程度大的非线性游戏有时被称为开放式游戏或沙盒游戏，它们允许玩家通过自主确定的目标来衡量进度，而不受脚本游戏元素的影响。

另一方面，The Sandbox 是一个面向游戏玩家和创作者的生态系统，被归为"元宇宙"类平台。它由三个主要组件组成：Voxel 编辑器（命名为 VoxEdit）、市场和游戏。如图 1-68 所示，这是 The Sandbox 元宇宙的世界地图，与 Decentraland 类似，由分割为 2D 网格的限定量的土地地块构成。所不同的是，在 The Sandbox 的地图中不存在道路，土地就是纯粹的挨在一起的二维网格区块。土地是私有的，不能随便穿越通行，但是如果土地的所有者允许边界开放，那么玩家还是可以通行过去的。这个设计导致在 The Sandbox 元宇宙中的城市体验不如在 Decentraland 元宇宙中的真实感强烈。

由于基于区块链技术，所以 The Sandbox 的用户可以使用加密数字货币买卖这些限量的虚拟土地，还可以将游戏中的物品做成不可替代的代币 NFT 进行交易。The Sandbox 自己构建了一种代币 SAND，这是基于以太坊智能合约的数字通证。拥有 SAND 的玩家可以在以太坊区块链中创建、拥有自己的游戏体验并从中获利。

SAND 代币的持有者可以通过 DAO 参与到 The Sandbox 平台的管理中来，他们可以对 The Sandbox 生态系统的关键决策行使表决权。同时，以太坊底层链还允许玩家创建自己的 NFT 数字资产，只要将它们上传到 The Sandbox 的市场，就可以通过 The Sandbox Game Maker 拖放它们来创建游戏体验。

玩家可以收集代币和资源，并与平台上的其他玩家、创作者、艺术家等进行互动和交易。这种游戏模式被称为 "Play-to-Earn"（P2E）。玩家在游戏中收集的任何有价值的东西都是玩家自己真正拥有的，即便 The Sandbox 不存在了也不会改变。玩家可以通过将其交易给其他需要的玩家（在 The Sandbox 内部市场或在其他交易平台上）变现。

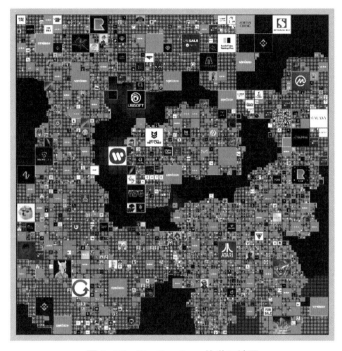

图 1-68　The Sandbox 的世界地图

资金方面，Animoca Brands 于 2019 年 5 月在 Hashed 领投的一轮投资中筹集了 250 万美元，这笔资金被指定用于进一步开发 The Sandbox 平台。同年晚些时候，The Sandbox 从包括 Square Enix 和 True Global Ventures 在内的投资者那里又获得了 200 万美元的额外资金。

项目进展方面，The Sandbox 市场的测试版于 2021 年 4 月推出，允许用户从 46 位艺术家处购买游戏内的 NFT。当时 The Sandbox 与 The Smurfs、Crypto Kitties 和 Shaun the Sheep 等品牌建立了合作关系。同年晚些时候，它宣布与图形冒险游戏系列《行尸走肉》和说唱歌手 Snoop Dogg 建立合作伙伴关系。

2021 年 11 月 29 日，The Sandbox 推出了 Sandbox Alpha。不久，企业家 Adrian Cheng 宣布，他将在 Sandbox 元宇宙中建造土地。到 2022 年 3 月，The Sandbox 已拥有 200 万用户，并推出 "Alpha Season 2" 活动，让玩家可以更大范围地获得游戏体验。它还与华纳音乐集团、Gucci 和 Rabbids 建立合作伙伴关系，在沙盒中创建虚拟世界。

The Sandbox 元宇宙与 Decentraland 元宇宙有很多类似之处。它们都基于相同的区块链基础设施，同样是以二维城市结构构造元宇宙世界，并使用 DAO 模式管理世界事务，发行自己的治理通证，提供游戏创建工具（在 Decentraland 中是创建制作），有自己的元宇宙市场，并通过社交属性实现元宇宙的社会性。

The Sandbox 元宇宙与 Decentraland 元宇宙不同的地方主要在于 The Sandbox 元宇宙的内容聚焦在非线性沙盒游戏上，这是由 The Sandbox 的历史积淀决定的。因此 The Sandbox 元宇宙的构造看上去有些不伦不类，模仿 Decentraland 元宇宙的城市地图，却不存在城市环境的元宇宙体验（用户无法体验在城市中游历的感觉），模仿 Roblox 的应用平台入口方式，却用了城市地图的界面。而 Decentraland 元宇宙则比 The Sandbox 元宇宙更早，它是第一个实打实的着手验证"元宇宙"概念的元宇宙项目（Roblox 不能算），人们进入 Decentraland 就进入了一个世界，人们在这个世界中游历、活动、体验、创造、互动，这里面不仅仅有游戏，尽管目前看上去仍然是最多的内容，这里面还有演唱会、宣传栏、艺术展厅、球场、舞厅、酒吧等，种类要更加丰富多彩。

The Sandbox 与 Roblox 同是聚焦游戏的元宇宙。一方面，两者在基本架构上有本质区别，The Sandbox 基于区块链技术而 Roblox 不是，这导致了二者一系列的本质上的差异。另一方面，两者在游戏的类型上也有明显区别。The Sandbox 更侧重面向成人的开放式非线性游戏的构思与体验，而 Roblox 则侧重面向儿童的启发类游戏的创作与分享。

1.7.3　Cryptovoxels：元宇宙艺术之花

Cryptovoxels 几乎是循着 Decentraland 元宇宙的经验发展出来的元宇宙。Cryptovoxels 元宇宙专门提供数字艺术作品的展示和数字艺术画廊。Cryptovoxels 在技术底层同样是基于以太坊区块链提供的支持。在 Cryptovoxels 上，玩家可以购买土地并建造商店和艺术画廊。Cryptovoxels 内置编辑工具、头像和文字聊天工具。

人们可以在 Cryptovoxels 中购买数字空间并展示收藏，可以在这里造房子，造花园，造博物馆、展览馆、商业街。所有被造出来的东西都被标注为一个个的数字资产，归属玩家，玩家可以将这些数字资产去 NFT 平台交易，取得收益。

Ben Nolan 是 Cryptovoxels 的创始人，他本人原来在 Decentraland 公司工作。起初，Ben Nolan 利用业余时间创作和运营 Cryptovoxels，Cryptovoxels 最早发布上线时，Ben Nolan 还处于兼职状态。后来到了 2019 年下半年，Ben 在他位于新西兰奥克兰的家中设立了办公室。但直到 2020 年 1 月，Ben 才聘请了他的第一个全职员工。可以说，Cryptovoxels 几乎全部出自 Ben 一人之手。

Cryptovoxels 是一个真正属于用户的元宇宙，它致力于激发个体和社群的创造力来打造美术馆、商店等艺术社交场所。至今已有多个艺术家、机构、项目方在 Cryptovoxels 元宇宙中开设了自己的展馆，偶尔还会在 Cryptovoxels 内举办艺术展、访谈等活动。

可以把 Cryptovoxels 看作类似于 Decentraland 的元宇宙，它相对比较小，也比较专业化，可以把它看作某个城市的艺术街区。Cryptovoxels 里所有的东西都和数字艺术有关，包括建筑。整个城区都是像素化的构型如图 1-69 所示。

图 1-69　Cryptovoxels 中化身在飞行

有了前面章节介绍的 Decentraland 的体验，在 Cryptovoxels 中用户能够很轻易地上手操作。

说到操作，Cryptovoxels 有比 Decentraland 更让人惊艳的地方，用户可以"飞翔"了！在 Decentraland 中化身是无法自由飞翔的，但在 Cryptovoxels 中可以。

在 Cryptovoxels 中，运用〈WASD〉键进行移动，按住〈Shift〉键可以快速奔跑，移动鼠标来观察周围的场景，按〈F〉键可以飞翔，按住空格键上升，按住〈V〉键下降，如图 1-69 所示。按〈C〉键可以切换第一人称或第三人称视角。

"飞翔"是个很不错的体验，通过在空中飞翔的视角，用户可以更好地观察事物的全貌。当发现了有意思的事物，可以马上就此落地考察一番。

Decentraland 没有引入飞翔这项功能，是因为 Decentraland 元宇宙更为注重虚拟世界的真实性，在最初的设计中就排除了这种与现实不相符的设计。但是 Decentraland 元宇宙还是提供了让化身具备飞行能力的途径的——通过具有飞行能力的可穿戴设备，可以实现化身在一定的垂直维度上的移动和停留，也就是实现了飞行的功能。

第 2 章
解构元宇宙

在第 1 章，初步阐述了"元宇宙是什么"，总结了元宇宙的几个基本要点，通过体验一个经典的元宇宙项目——Decentraland 对"元宇宙"有了直观的感受。接下来对元宇宙的底层逻辑进行解构，更深入地理解元宇宙是什么，是怎么运作的，应该如何参与其中，从中可以得到什么。

首先概括一下元宇宙不同层面的特征。

2.1　元宇宙的核心特征

元宇宙的先天优势明显，许多特征都是前所未有的。与之前的互联网平台不同，元宇宙是一个极具体验感的三维虚拟空间平台。元宇宙将人的所有感觉都交给了虚拟世界，这是元宇宙最显著的特色。

元宇宙是个完整的社会，人们沉浸其中，不仅体验生活，还创造生活。元宇宙是人们相互了解，建立合作的地方，是跨时空全球化交往的场所。这源于元宇宙是一个建立在可信机制基础上的可信的社会体系。

2.1.1　元宇宙的基本特征：三维虚拟空间

当初次接触元宇宙时，人们会被其带来的独特而非凡的体验感所震撼，这是 VR 技术带给我们的。不同于传统互联网平台，元宇宙是三维立体的，高拟真和具备交互性的三维空间环境和三维立体事物让我们身临其境。

在元宇宙之前也有 3D 虚拟场景，比如 3D 电影，但是元宇宙的不同之处是高度的沉浸感和高度交互性。

第一，元宇宙高度的沉浸感是排除了现实世界的，人无法同时存在于两个宇宙，只有排除了现实世界，才能"沉浸"在元宇宙当中。

第二，元宇宙是由真人参与的世界，而且这个参与是指"实时参与"。

第三，元宇宙是有互动的，用户不仅可以与虚拟场景中的各种元素互动，还可以通过元宇宙中的身份与其他用户互动，极具真实感。

元宇宙的本质是一个由代码环境和真人化身构建的数字世界。在元宇宙中，既是现实，也可以超越现实。元宇宙的空间不受地理位置和距离的影响，即使远隔重洋人们依然能够实现面对面的交流；元宇宙的三维虚拟空间可塑性很强，线上会议、线上面试、线上活动等可以实现用户间的充分交流而不再是只有语音的交流；用户足不出户就能欣赏千川绿水万里秀色；还可以将《向日葵》《星空》《呐喊》之类梵高的名作合成抽象 3D 的画作，让用户深入到画中，从身边的环境中体验大师的创作意境。

元宇宙中惊艳的三维沉浸感离不开虚拟现实技术。虚拟现实技术首先将现实真实地呈现在虚拟空间中，这是一种静态没有互动的呈现。接下来将交互操作加入虚拟世界，形成可以互动的环境，这就成了元宇宙。元宇宙对于现实的数字化模拟重在效果而不是原理。修改一个宇宙常数在现实世界是不可能的，但在元宇宙的虚拟空间中，却可以修改或者无视"重力常数"。在设计元宇宙的时候，完全可以做到让人垂直跳上 5 千米高的云端而不是 30 厘米高的石凳，或者悬停在空中不动完全无视重力的存在。

2.1.2　元宇宙的生存之本：可信社会体系

元宇宙不仅仅是带给人们一种新奇的体验，它更是一个真实的社会。元宇宙的目标是构建一个完整全新的数字化的人类社会。

人类社会的文明是建立在共同认可与相互信任的社会运行机制之上的，社会运行机制的持续和深入运作需要依赖信任机制，信任是群体能够向纵深发展成为文明社会的基础，否则群体只能是群体，永远也谈不上是文明社会。正因为那些平日里司空见惯的信任，人们可以不假思索地快速完成一系列协作。但是，如果有一天这些信任不存在了，人们的日常生活中很多习以为常的过程可能会变得举步维艰，人们的生活成本将骤然升高。

元宇宙是一个社会，其内在活力是通过信任来驱动的，用户之间的互信构成元宇宙的社会效能机制。信任能够促成元宇宙当中的各种合作关系，使参与合作的各方能够用最小的成本达成共识。一个可信的社会体系是元宇宙发展的基石，而构建元宇宙可信社会体系的技术就是区块链。

元宇宙以区块链为基础构建信任机制。设计优良的元宇宙在任何环境（包括低可信度环境）下建立人与人之间的信任比传统中心化的互联网平台更有优势。在元宇宙框架下建立和维护群体、组织、社会的成本比不在元宇宙框架下的综合成本要低得多，这使得许多服务和产品的运营在元宇宙中更便宜可靠。

元宇宙稳定可信的社会体系底层由区块链底层基础设施支撑，上层则是广大具有丰富想象力和创造力的用户们构建的各种应用，这样一个可信社会体系带来的合作机会，让元宇宙有了生存之本和发展之机，驱动元宇宙一步步走向未来。

2.1.3　元宇宙的发展动力：持续产生价值

元宇宙的发展需要有动力，外在的动力多变而易受影响，内在的动力才是稳定发展的压舱石。

元宇宙拥有一个低成本的可信社会体系，这个体系给了元宇宙一些超乎寻常的内在价值。然而这些内在价值需要挖掘，需要表达，需要在应用落地中转变为有价值的产品或服务，这样才能实现元宇宙自身的发展。

光靠体验不足以让元宇宙长久，任何花哨的东西体验多了都会被习惯，使人兴味索然。对于纯体验的产品，当人们兴趣消退，若无更深层的价值存在，它一定会随之消亡。元宇宙必须打开商业价值之门才能维持存在并持续不断地发展。

元宇宙能够保持长时间高效的运作，是因为它能够持续产生价值。这些价值来自元宇宙中的个体或者实体的生产活动。这些价值是非同质化的，经过同质化后就可以储存起来，再交换成另外一些非同质化的价值，满足各自的需求。将同质化价值和非同质化价值拿到现实世界就是一般等价物和商品，整个过程就是市场化。

市场对元宇宙的认可，是对一种与众不同的价值系统和治理方式的认可。其中的同质化通证 FT 类似现实世界的货币，在元宇宙中称为虚拟货币，或被称为代币或者通证。而所有的商品在技术上以另一种通证的形式在元宇宙中存在，这被称为NFT，它们是用来与现实世界交易的商品。在元宇宙中参与建设或者创造内容可以获得相应代币，这些代币可以作为元宇宙某种普遍价值的权益证明，这些证明会随着元宇宙的发展而被赋予更多的贡献价值而升值，代币的升值又会反过来激励用户持续创造内容以获得更多的代币。

元宇宙能够长久存在的根本动力，来自它能够持续性地产出普遍价值。当市场开始认可元宇宙中产生的价值时，就会有越来越多的人投资元宇宙，就会带来更多的产品、更丰富的内容，使元宇宙变得更多元化，更吸引人。更丰富的内容也将增加元宇宙的整体价值。从这个角度理解，元宇宙应成为一个正向可持续增长的价值实体。

2.2　构建元宇宙的五大底层逻辑

2.2.1　时空逻辑：独特的内在结构

元宇宙具备自己的时空构造。元宇宙在诞生的时候类似开天辟地，从天地到万物都是其组成结构的一部分，需要对其进行构思、设计和建造。不仅如此，宇宙内部各组件的运行规律和相互作用法则也是其时空构造的重要元素。

元宇宙的时空构造先从空间框架做起，然后完成空间物质的填充。后者通过场景化来与实际应用需求挂钩，通过"画面""智物""边界"来定义元宇宙中各类事物的性质和所属范围，通过"移动""操控""传送"来达到所需的时空变换结果。

元宇宙在理论上可以提供无穷大的虚拟空间，但是却无法提供无穷多的时间，用有限的时间来探索无限的空间是十分吃力的。为了提高效率，元宇宙允许用户拥有"超能力"来加速探索的过程，这个超能力就是用户对场景的可编辑权限。当然，这种权限不是对场景的完全编辑，而是能够对其中的部分属性进行编辑，比如让用户能够从虚拟空间中的一端瞬间移动到另一端、让用户"飞"到空中俯瞰整个场景等，这些超能力都能让用户更快速简单地探索整个虚拟空间。

两个不同的元宇宙之间的时空有可能相同也有可能不同，可能在 A 元宇宙里的日夜交替是现实时间中的 30 分钟，在 B 元宇宙里则是一个小时，时间加速和减速只是让场景中的变化加快或减慢，让人有些许时间变快变慢的体验而已，而操作的逻辑时间永远是不可能变的。元宇宙的操作时间和现实世界的时间同步。这称为"时间简并"。

元宇宙中的一切事物皆为虚拟，但不包括操作。操作可能在模拟某种行为，但操作本身是真实的，和真实世界中的动作一样不可回撤，可以回撤的只是操作的结果。无法将元宇宙的物品带到现实世界中来，比如一个漂亮的数字人无法从元宇宙中进入现实世界变成一个真人。但是可以从一个元宇宙进入另一个元宇宙，物品 A 既可以在元宇宙 A 中使用，也可以在元宇宙 B 中使用，甚至它可能是在元宇宙 C 中制造的。虚拟的物品本质是代码和数据，所以只要元宇宙之间订立的规则允许，物品就可以跟随用户随意加入或者退出不同的元宇宙。同样，用户的化身形象也可以做到在不同元宇宙中保持同一个外观的效果。

数字化身是用户加入元宇宙后可以操控的一个具有真实感外形的数字人。与非元宇宙的数字人不同（称为 NPC，一种由人工智能操控的数字人），这个数字人本质是个替身，是真人的化身，受真人驱使，使用者以此作为载体代表自己在元宇宙的存在和活动。

　　用户以第一人称或第三人称的视角来观察元宇宙中的一切，除了观察场景，也在观察其他用户。就像是角色扮演类型的游戏一样，用户作为观察者、参与者、支配者，无论作为什么角色，首先需要有一个"身体"。数字化身作为用户在元宇宙当中的"身体"，可以让用户按照自己的意愿装扮。数字化身是实现用户之间在元宇宙中面对面效果的前提。

　　元宇宙的时空逻辑定义了元宇宙的尺寸大小、三维空间地图模型、空间区域的类型和属性、互动的规则，以及平行空间、物体复用、化身操作等。设计元宇宙既需要尊重现实世界的自然法则和人们的感受习惯，也需要能够突破现实物理规则的限制，创造和设计出比现实更适用、更有效的规则。构造元宇宙的时空看似自由，实则对元宇宙设计者的要求非常高。

2.2.2　社会逻辑：身份的自主互信

　　某种意义上，人是一切社会关系的总和，人的基本活动就是建立各种社会关系的过程。而想要建立关系就必须先获得信任。信任以人的可识别身份为前提，人在进行基本活动之前首要建立自己的身份。随着现代社会全球化的进程加快，相隔万里的用户通过互联网依然可以建立深度合作关系。然而这种情况下，用户之间可能是初次见面，彼此互为陌生人。通常与陌生人建立信任的过程是缓慢或者困难的，需要时间或者强有力的中间人的信任背书，是存在风险的。但是现在有了建立在区块链技术上的不需要信任的信任机制，以及由此建立的 Web 3.0 自主身份机制，可以更有效地建立信任。

　　可信社会的底层逻辑来自每个人的可识别性，这就是身份，由每个可识别的人共同构筑了一个可信的社会环境。元宇宙环境相比于现实世界具有更少的社会关联方法和交互方法，信用问题变得十分重要。用户必须在元宇宙当中保持身份的良好信用，才能打消合作者的疑虑，更高效地达成合作。一个无法识别身份的人想要融入社会大协作之中是很困难的。无法融入社会大协作就无法深入地通过元宇宙为自己创造持久的价值。

　　身份是所有社会稳定关系的起点，在元宇宙中亦然。所有的线上活动或者线上交易都需要先有身份，没有身份不仅缺乏信任，还会导致无法通过规定的程序。

　　在历史早期，身份是指证件身份，代表持有者的属类，识别仅止于属类，权益加载于属类之上。现代社会，身份更突出了个体识别，属类作为身份信息绑定到个体识别之上，以个体识别为特征的身份用途得到了极大的扩展。做任何事都离不开身份。

身份的证明是间接的。原始的身份证明是出示证物或者参考证人。证物是一个与需要证实的身份有逻辑关系的物品，证人是与当事人和验证者都建立可信任关系的朋友、同事、合作伙伴等。原始身份证明充分性的不足，使得即使拥有证据或证人，身份也未必是可信的。比如证据真实性的问题，证人有可能说谎的问题，这些都需要更多的证据来证明或证伪，直到证据集合的逻辑合理性达到可验证的要求为止。这些都带来了验证成本。现实生活中的各种证明纠纷归根结底是造假成本和验证成本的比拼，法律、仲裁作为公共裁判手段，其实际效果也没有脱离这个本质问题。解决本质问题需要从本质成因着手，提高造假成本和降低验证成本是切中要害的做法。就身份问题而言，区块链自主身份提供的不可抵赖和不可伪造性很大程度上降低了验证成本。而提高造假成本的最简便实用的方式就是提高惩罚力度。

随着现代技术的发展，身份验证已经不再需要过多的证据或者证人，只需要一个有足够公信力的链接点就可以建立声明方与验证方之间的信任。这类具有公信力的链接点一般是国家权威机构，使用的证据一般是身份证、证书、工作证或凭证等，声明方持有相关凭证就代表其身份是被第三方权威机构认证的。

当技术发展至互联网时代，这些凭证也同样正在进行数字化。从原来的身份证、驾照、护照，变成了数字身份证、数字驾照、数字护照，随之一起改变的还有身份本身。

数字经济时代，诞生了数字身份。与拥有实体凭证的身份不同，数字化意味凡是能够连接互联网的地方都可以调用数字身份。人们不再把钱包、身份证、学生证、驾照等视为出门必须携带的东西了，能够连接互联网的设备——智能手机已经能够解决许多社会活动中必要的身份证明的问题。现如今，数字身份已然成为社会的基础设施之一，数字身份证、数字驾照已经可以在某些情况代替实体身份证、驾照。进入游乐园、音乐会、电影院等场所使用电子门票。没有数字身份，就无法使用数字凭证，就无法享受互联网所带来的便捷，甚至无法在互联网中参加任何活动，所以数字身份对于身处 21 世纪的人们来说是不可或缺的基础工具。

数字身份是把身份信息进行数字化，它将每个用户绑定到一个唯一性的数字识别符，用户在网络中的所有活动和关系都以之为核心，它随用户的活动而积聚与之相关的信息，形成多元化的具体身份资料信息。数字身份的多元化特征使得它可以根据不同的情境而被构建，服务于不同种类的场景。

数字身份开始的时候都是由第三方创建的，一般是可信赖的第三方互联网平台。这么做的好处是统一管理、提供第三方对身份可信度的背书。然而随着用户多元化身份信息的积聚，当出卖的获利大于失信的成本时，许多可信赖的第三方会变得不可信。用户的隐私被大量地泄露，而用户对此束手无策。为了应对这种状况，一方面必须加强法治建设，提升惩戒力度，大幅增加失信成本，另一方面必须在验证机制上有大的突破。区块链技术的产生和发展恰如其时，基于区块链的自主身份可让用户自己创建和掌握身份核心，并对由此积聚的其他身份信息进行有感知的监控。

自主身份是元宇宙社会中的隐私保护机制的核心，而个人信息的隐私保护和自主可控也能提升相互之间的信任，促进合作顺利开展，这是社会文明提升的必经之路。自主身份将使元宇宙成为一个更为和谐文明的社会。

2.2.3　经济逻辑：价值的创造流动

元宇宙的价值有独特的表现方式，通常是以 FT 类的代币或者 NFT 类的数字藏品方式呈现。这类物品的价值取决于互联网用户对它们的使用需求。如果一个数字藏品被公认是有价值的，那么它就是有价值的，因为它有市场交换价值。人们可以到市场上换取他认为有价值的各种数字藏品。一个物品的价值来源于交易市场中的供需双方对该物品的定价，元宇宙中的物品的最初价格可能是由创造者或者制造商定义的，也许这个价格对于物品的实际价值来说会有所偏差，但是只要有用户愿意以该价格购买，就代表买卖双方对于该价格是达成共识的。买方可以以更高或更低的价格转卖给第三方，只要交易达成，那么该物品的市场价格就会得到更新。随着交易次数的增多，价格可能会上下浮动，物体的价格会向其实际价值靠拢，这就是市场经济。并且随着交易次数增多，物品经手的人数增多，那么对于该物品拥有价值的评估也会随之增多，物品的实际价值在市场中得到考验。

元宇宙当中不只是物品有价值，相关活动也有价值，它们的价值在于生产了价值，类似于现实世界中的劳动。例如，参加元宇宙的治理、参与区块链基础设施的维护、为项目做推广等，每参加一个有利于元宇宙的活动或者生产，就会得到相应的收益，好像一种"工资"或者"奖励金"。这些可收益的活动也是由元宇宙用户推广DAO 共识决定的，只有符合大多数用户需求的"劳动"才有市场，才能获得收益。

从最基本的对食物的需求，到对艺术的追求，物品想要被赋予价值成为商品，首先要被人需要。在元宇宙，商品可以和现实世界一样丰富多彩，而它们的本质都是一份数据或者一份信息。单纯以商品本身的样态来衡量其价值是表面性的，这些商品只是计算机中存储的一些 0 和 1 数字，似乎没有什么区别。但是元宇宙商品的特殊性在于，其实质上是一种权益，不同的 0 和 1 形成了不同的代码，不同的代码绑定了不同的所有权益，价值来自这些所有权益。

如何衡量权益的价值呢？一是评估权益的内容，二是衡量市场对于这个权益的供需关系。后者也是要基于前者的。例如 NFT，NFT 是非同质化的，是独一无二的。然而独一无二并不说明它一定珍贵，独一无二的东西虽然供应量特别少，甚至全世界只有一份，但是如果它没有什么用，需求可能更少，这种情况下还是供大于求，分文不值也是丝毫不奇怪的。而且，随着 NFT 的发展，铸造 NFT 的智能合约也有了改进，如今已经很少有独一无二的 NFT 了，大多数都有成百上千份拷贝，供应量并不少。投资者必须清楚：当前大部分发行的 NFT 是没有什么用处的，炒作者标榜的是"收藏价值"，然而收藏价值依赖的是未来的价值，如果现在没有价值，未来就更加难说了。

在元宇宙，经济活动的底层是建立在数字技术之上的，这称为"数字经济"。虚拟不是虚无，如果不能正确理解虚拟的含义，那么可能也无法理解数字经济是何物。简单地说，虚拟的价值存在于对核爆炸的模拟、兵棋推演等的国家战略之中，也存在于网上银行转账、微信扫码付款、工资发放、邮寄包裹，以及微信聊天、阅读网上新闻、观看视频节目等的日常生活之内。"虚拟经济"和"数字经济"其实是一回事，是关于所有权益的数字化流动的规律和宏观效果。

2.2.4　治理逻辑：体系的不断完善

与传统互联网公司相同的特点是元宇宙同样看重用户量，但它的不同之处在于让权于创作者或者让权于用户。让权不是让利。让利是商家将收益拿出一部分来分享给用户，这部分收益本质上没有真正的分享可言，因为商家的收益来自用户的支付，支付依照定价，定价由商家决定，商家用让利的方式与用户分享商家从用户的支付中获得的收益，无论是打折、优惠，还是返现、积点，实质上都和商家直接把定价调低没差别。正因为让利用户具有某种空洞性，让利无法成为商业模式。但是让权不同，让权将从根本上改变商业模式，甚至商业的性质。

元宇宙的让权模式是一种独特的称为 DAO 的组织管理模式，DAO 代表去中心化自治组织，它将权力交给商业项目的使用者，在元宇宙中就是广大用户。当元宇宙进入 DAO 的管理模式后，元宇宙的商业性质也会发生变化，其商业性会逐渐消失。

元宇宙项目不会一开始就去中心化。去中心化对于搭建系统是低效的，因为去中心化在规划性、责任心和一致性方面都很孱弱，这部分是中心化的强项。元宇宙必然会以中心化的商业实体为起始，将系统构建成功，将未来的运作做好部署，然后再进行"让权"，进行公有化和社会化。

那么元宇宙的创始团队为什么要让权呢？为什么最终要采用 DAO 来管理呢？因为这是元宇宙，是一个社会，不是一个独立的商业实体，这是元宇宙的独特性质决定的。创始团队通过创建元宇宙，再进行公有化和社会化，并非无法获取收益，"让权"正是获利的途径。这部分的底层逻辑将在第 6 章进行阐述。

2.2.5　发展逻辑：技术的不断进步

元宇宙的发展可以分为三个阶段。

第一个阶段是提升真实感。作为一个高拟真的虚拟世界，元宇宙离不开各类设备的支持，例如 VR、AR 等混合现实或者虚拟现实的设备是元宇宙成型的基础。它们之间的关系就像是计算机和互联网的关系，没有硬件的支持就无法运行软件，没有相应的设备就无法进入元宇宙、体验元宇宙。

第二个阶段是完善大社会，元宇宙项目将出现大爆发，服务范围涉及市场各个角落。元宇宙将走出娱乐与体验，进入日常生活，与人们的衣食住行相结合，成为人们现实生活中的一部分。

第三个阶段就是元宇宙与现实世界结合，元宇宙再次突破生活走进生产领域，实现实时操作全球。整个元宇宙产业将实现结构化和体系化，取决于地球文明的走向，如果全球化完成，元宇宙将带领人类走入新的发展阶段。

元宇宙的三个发展阶段相辅相成，先是现实世界的产业扶持元宇宙的成长和成熟，然后元宇宙将发挥自己特有的空间规则优势和治理优势为现实世界提供辅助增效，最后元宇宙或将带领人类跨越时空限制进入新的文明阶段。

第 3 章
元宇宙的时空逻辑

作为从现实世界扩展而来的虚拟世界，元宇宙是人类以数字化存在的方式。

元宇宙不是 AR/VR，不是游戏，它们都只是元宇宙的某个部分或者某些形式。元宇宙不仅带来了全新的体验和效率，而且还拓展了人类的想象力，创造了更多的可能性。元宇宙的虚拟时空构建在模拟现实世界时空的基础之上，保留了部分现实世界时空的属性，也增加了部分现实世界时空所不具备的属性。元宇宙以数据化的方式构造自身，天空、大地、建筑、物品、数字化身，都是通过数据构造出来的，从而具有独特的时空逻辑。

3.1 元宇宙的空间构造法

元宇宙是人造产品，它的本质是一类工程项目。元宇宙是一个由代码构建的空间，它保留了部分现实世界的内容、规则和属性并忽略了其余部分。在此基础上，元宇宙增加了许多衍生内容，这些内容是虚拟的。

元宇宙是一个以用户为中心的应用程序。因此，元宇宙的每个组成部分都将用户体验置于核心。社交网络和虚拟现实的融合使得虚拟社交世界栩栩如生，3D 沉浸式的环境将传统的面向内容的社交网络扩展到立体交互式的境界模拟之中。用户在虚拟社交世界中与其他用户通过数字化身进行交互，在不同的虚拟社交世界之间往返、交易、交流。虚拟世界是个复杂的社会系统，通过无处不在的网络–物理–社会系统（Cyber–Physical–Social–Systems，CPSS）包含了无处不在的嵌入式环境感知、人员组织行为动力学分析、网络通信和网络控制等子系统，具有计算、通信、精确控制、远程协作和自治功能，将真实的社会与虚拟的环境融为一体。

元宇宙可以超越现实世界中的物理空间限制，可以持续且实时地为元宇宙中的所有居民提供服务。元宇宙具有巨大的可扩展性，能够使得世界范围内数亿个虚拟角色同时共存，还可以实现环境的多样性。元宇宙是基于现实世界的虚拟世界，数字化身、虚拟物品等都可以进行重叠，这可以大大提高空间利用率，还可以使信息更为浓缩。

3.1.1　空间框架：世界地图系统

1. 坐标定位

我们所生活的地球用经纬线构成一个地理坐标系统，是一种利用三维空间的球面来定义地球表面空间的流形几何坐标系，能够标示地表任何一个位置。

元宇宙的坐标系则不同，其空间是一种理想的标准平直欧式拓扑空间，是一个解析几何空间，简单地说就是平行线不会走到一起，这与现实世界不同。元宇宙中使用的是直角（正交）坐标体系，不存在经纬度（除了对现实世界位置进行数字孪生的元宇宙平台），正如在之前 Decentraland 的示例中看到的那样，世界是"平"的。

2. 坐标单位

现实生活中最为广泛使用的绝对方位定位法是经纬度坐标，例如陕西省泾阳县永乐镇北流村的具体位置在：北纬34° 32′ 27.00″，东经108° 55′ 25.00″。这时候坐标单位以"度""分""秒"为基本单位，1 度就是地球大圆 1/360 的实际长度，大约 111 公里，然后分为 60 分，再细分为 60 秒，这样大圆上的 1 分约为 1.8公里（也就是 1 海里），1 秒约 30 米。注意，这个估算只适用于经度，对纬度基本上不适用。除了经纬度之外，现实世界中对于城市范围内的定位还使用街区地址。街区是城市规划的一个要素，街区地址定位一则人性化，二则与场所直接相关。

在元宇宙中不使用经纬度定位，而是使用平面直角坐标系统结合街区的方式定位。也就是说，坐标单位就是一个基本地块的大小，x,y 的取值从元宇宙的中心位置向四个象限按基本地块数目递增。比如在之前 Decentraland 的演示中看到的"/goto 98，−27"，目的地位置是东向 98 个地块，南向 27 个地块。

3. 宇宙尺寸

元宇宙各自有自己的世界尺寸。

The Sandbox（沙盒）元宇宙纵横各 408 的地块长度。最边缘的四个坐标分别为（203,203），（203,−204），（−204,−204），（−204,203）。The Sandbox 中包含着数以万计的坐标点，每个坐标点代表着其中的某块虚拟土地。平台可用土地总数只有 166464 块，沙盒项目组声称地块数量永不增减。

Decentraland 元宇宙的尺寸大小是以中心点（0,0）向四个方向各延伸约 150 个地块，总尺寸约为 301×301。平台共提供 90601 块土地。最边缘的四个坐标点分别为（162,158）、（150,–150）、（–150,–150）、（–150,150）。可以看到，第一象限的土地有所溢出。

4. 空间属性

在元宇宙中，空间属性通常表现为地块的属性。为了模拟人们习惯的现实世界，元宇宙假设一切地上的物体都会有一个向下的力将它们"按"在地面，而不是悬浮在空中。因此在元宇宙中，一切建设都是从地块表面上开始。而对于建设的规则设置就体现在地块属性上。这就是地块属性在元宇宙中如此重要的原因。

The Sandbox（沙盒）元宇宙的世界地图上提供了两种不同的土地类型：

- LAND（地块）：是沙盒地图上的基本单元。游戏世界中每块土地的大小是 96 米×96 米，可以实现各种类型的区块链游戏体验；
- ESTATE（地产）：一个 ESTATE 是由多块土地组成；

Decentraland 元宇宙每块土地大小为 16 米×16 米方形空间（原为 10 米×10 米，2019 年 2 月更改）。土地总数量为 90601（分别有 43689 个私人地块，33886 个地区地块，9438 个道路地块，3588 个广场地块）。

土地类型和颜色的含义：

- LAND（深灰色）：私有土地，可以在市场上买卖；
- AREA（紫色）：私有的主题社区，不出售；
- PLAZAS（大绿色广场）：公共广场，不出售；
- ROAD（浅灰色，直线）：道路，不出售。

用户可以直接点击地图上的某个坐标位置来到达其中的场景。比如绿色坐标点（–11,10）表示用户点击的坐标位置，然后点击 JUMP IN 即可传送到（–11,10）这个地点的场景中。

值得一提的是，在 Decentraland 中，各个地块之间是相互连通的，除了直接点击坐标进入土地之外，在场景内也可通过街道或者直接踩在土地之上进入相邻的地块。

Upland 元宇宙是一个特别的元宇宙，它在虚拟化的元宇宙空间对现实世界的地产（目前主要是美国国土）实施数字孪生和虚拟买卖。在那里地产的位置和大小与现实中相同，而地产的归属权留给了玩家。在 Upland 元宇宙，地理位置和地产位置等均使用现实世界的真实方式，街区地址也是真实的。

图 3–1 所示为 Upland 元宇宙的地图，Upland 的房产分为两个主要类别：铸造和未铸造的房产。这里的铸造是区块链中的一个特定概念，指创建 NFT 的过程，

也就是将一个现实存在的事物存放并永久记录在区块链上的过程，这一过程被很形象地叫作 mint（铸造）。铸造的房产已经属于某些玩家，而未铸造的还没有所有者。Upland 对的每个地块都进行了颜色属性编码，以帮助用户更好地了解周围的环境。这些属性主要是商业属性。拥有地产的玩家其地产上会定时产出 Upland 的数字代币 UPX。

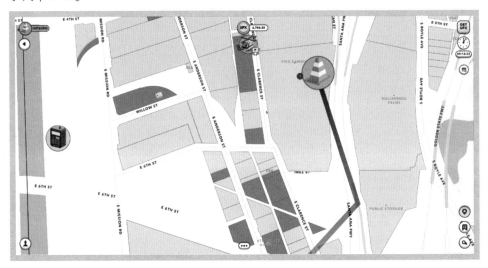

图 3-1　Upland 元宇宙：数字孪生的美国城市地图

- 亮绿色。这些是当前未确定主人的且未锁定的地产。它们可以被铸造，通过铸造，玩家将成为该处地产的第一个所有者，实际上这意味着玩家直接从 Upland 元宇宙平台购买了它。这些房产的价格是通过模拟每个城市的真实市场状况而产生的。Upland 元宇宙项目本身并没有使用 DAO 的模式运营，所以土地买卖的收入方是 Upland 中心化的商业实体。完成购买后，玩家的虚拟"房产证"将在区块链上生成和铸造，公众可以看到。负责铸造房产证的智能合约的所有者是 Upland 中心化商业实体。玩家的虚拟"房产证"不能证明玩家拥有那块现实中的土地，它只能证明玩家拥有 Upland 游戏中的那块土地。
- 深绿色。这些是已经有主人的房产，而且目前正在二级市场上售卖，玩家可以使用 UPX 或 USD（通过 NFT-to-USD 计划）来购买它们。房产的价格由其所有者设定。
- 蓝色。这些是已经有主人的房产，目前没有在二级市场上售卖。即使这些地产未上市，玩家仍然可以向业主提出购买请求，给个报价看看业主接受还是拒绝，如果业主接受报价，同样可以完成购买。
- 深蓝色。这些是玩家当前拥有的且已铸造的地产。

- 灰色。这些是暂时被系统冻结的、未铸造的地产块。损坏的地产有时会被冻结，直到它们被修复并释放以进行铸造。此外，每个城市保留有几处房产用于未来的地标销售和拍卖。
- 标记为 "FSA" 的属性。"FSA" 是英文 "公平启动法案" 的缩写。"FSA" 旨在帮助新玩家在元宇宙中起步。标记为 "FSA" 属性的土地是为较新的玩家保留的，通常比非 FSA 属性的便宜。玩家是否属于可以购买 FSA 廉价地产的分界线是玩家的等级，后者与玩家手中的 UPX 代币数量有关。UPX 代币是 Upland 中心化商业实体发行的中心化代币，并非区块链数字货币。

除此之外，Upland 对城市地产还从价值稀有度上分为五类，会影响地产的产出。

- 标准：Upland 最常见的地产，没有显著的影响或历史影响；
- 有限：通常表示大型的热门区域，如著名的社区或街道；
- 独家：在可用性和排他性方面受到更多限制的知名街道或社区；
- 罕见：这种稀有性包括 Upland 中一些最稀有的房产，并且通常是位于该市一些最具影响力的地区；
- 超稀有：每个城市中绝对最稀有和最独特的财产。这些通常是定制收藏品，可以包括从城市中最著名的酒吧到最著名的夜总会的任何东西。超稀有房产因其在二级市场上的高价值和巨大的产量提升而备受追捧。

5. 空间优势

随着全球化的兴起，各国之间的交流合作变得越来越频繁，但地理上的距离是一个客观的障碍，因距离导致的交流成本增加是个现实问题。元宇宙将虚拟和现实结合，突破现实世界中的种种客观因素（如距离）带来的不便，以用户为中心重组各种资源，使得元宇宙具备独特的空间优势。

比如要召开一个国际会议，在元宇宙中，参会人员可以通过等比例数字孪生生成的数字化身，直接在宏伟壮观、设施齐全、观感和互动都很方便的元宇宙大型会议场馆中聚会，无论天涯海角都可以瞬间到达，大幅度提升了效率，减少了举办会议的人力、物力成本。

元宇宙还可以突破空间容量的限制，为活动提供不限人数的场地。线下演唱会有时候观看人数非常多，受场地容量的限制，许多粉丝无法现场参与其中。现场也是人山人海，拥挤不堪，体验也并不理想。如果把这样的演唱会放在元宇宙中举行，就不会受到场地的限制，在元宇宙中的数字化身可以重叠，重叠时相互之间却不会干扰各自的视线，元宇宙中一块小小的土地上可以容纳成千上万的观众，每个人的观看体验都会很完美。

3.1.2　场景化：孪生或原生之物

现实世界中看到的事物都是实体，这些实体反映到大脑中就变成了一个个场景，也就是场景化的世界，它是对实体世界的镜像反映。当现实世界的实体出现在眼前时，大脑才会对之有所识别和反映，当它消失时，大脑就不再反映。大脑会留下印记，也就是记忆，记忆不是实时动态的，只是一些快照。元宇宙中有类似对现实世界实体的镜像物，称为数字孪生。

大脑对现实世界的反映不属于孪生，这种反映与现实世界实时同步，分秒不差，是实体世界在大脑中的投影。而元宇宙中的数字孪生则不同。数字孪生是对现实世界的物体的镜像模拟，其间可能会尽量同步相关属性。镜像模拟不是镜像而是模拟，是相似度非常高的模拟。在元宇宙中，数字孪生一般都内置绑定规则，这是通过区块链技术绑定的，不可篡改。也就是说，元宇宙中的数字孪生体只能有唯一的本体，不能更换。

元宇宙中的物体并非都来自数字孪生，大多数来自原生。原生是指物体在元宇宙中创作形成，不是模拟现实中的物体。原生物体通常形成场景，构成环境；孪生物体通常独立于场景，成为智物。

元宇宙的空间须经过场景化才能工作和提供服务。元宇宙的场景化包含对场景和物品的配置。

场景是元宇宙中容纳事件的容器。元宇宙能够吸引人是因为有事件发生在其中。元宇宙作为一个虚拟世界，与现实世界一样，需要有满足事件发生的配套设施。这些设施就是场景，空间的所有者可以根据自己的需求来配置场景。

场景是建立在地块之上的。地块是用户通过权益购买获得的元宇宙中的一块空间。一方面，要想开发地块，就要建设场景；另一方面，建设场景的基础条件是先获得地块。地块是虚拟世界中由玩家控制的物理空间，可用于创建游戏场地服务游戏爱好者从而实现商业盈利。地块也可以出租给其他玩家，让他们来做这些事情，在他们得到商业回报时通过租金分享一部分收益。地块有预制的地形，但地块持有者（或他们邀请的其他玩家）可以改造它。例如 Decentraland 元宇宙最终是一个由用户拥有的虚拟世界，其中的土地和其上的建筑物都由所有者永久持有，持有权被写入区块链，使用时公众只认可所有者的密钥签名。

Decentraland 中的土地是连通的，除了私人土地外，还划分出了广场、道路、主题社区等公共区域，用户可自由进入这些区域，与现实世界很相似。Crypto Voxels 除了有公共区域之外，同时拥有陆路、水道、航路，用户在陆路行走时遇到障碍物可以升空到航路在空中飞行，也可以进入水道在水下航行，给用户提供了更多的选择。

　　在 Crypto Voxels、Decentraland 或 The Sandbox 等基于元宇宙的项目中，拥有了土地后，玩家接下来就可以基于此用数字方式自由表达了。可能是建设一个苏富比在 Decentraland 中的艺术拍卖行，也可以是一个举行数字音乐会的场所。玩家可以在自己的土地上发挥任何视觉上的想象力，表达和开发有无限进化功能的产品。

　　目前 Decentraland 的特色之一便是博物馆区的设置（见图 3-2），旨在成为世界的加密艺术热点，成为世界上参观人数最多的数字艺术场所。博物馆区 Museum District 可能是 Decentraland 上的最令人瞩目的区域之一。博物馆区的设置为艺术类活动提供了典型场景示例。

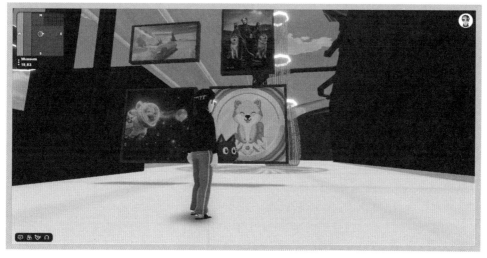

图 3-2　Decentraland 元宇宙中的博物馆区

　　元宇宙能让我们实现从"在线"到"在场"的飞跃。仅凭把人们从现实世界带入到虚拟世界这一点，元宇宙已展示了其卓越的价值。用户可以在私人土地上进行创造，发挥想象力，创造出自己想要的场景。就以 NBA 比赛来说，每场比赛球票有限，票价不菲，如果每场比赛在元宇宙中同步播出，那些由于各种问题无法现场观演的球迷，便可以通过在元宇宙购买虚拟门票，让自己的化身坐在数字孪生的球场，与实际分秒不差地观看现场比赛了。由于观看人数大幅增加，孪生现场可以不止一个，数字比赛的商业价值可以翻很多倍。元宇宙将塑造新一代数字"现场"，打破现实物理空间限制，让上千万乃至数亿的人足不出户，通过虚拟现实就能体验到超级火爆的现场氛围。

3.1.3　平行空间：超凡能力之源

元宇宙的场景可分为"连通式"和"分离式"两种。用户化身周围的化身可以看到用户的行为，这样的场景称为"连通式"场景；通过某种非自然手段让用户周围的化身看不到他的行为，这样的场景称为"分离式"场景。

以 Decentraland 元宇宙为例，Decentraland 元宇宙是全场"连通式"的场景。当用户的化身出现在 Decentraland 元宇宙中时，他的一举一动便得到了公开体现，他周围的人可以看到他的行为。Decentraland 的顶级玩家对自己打造的新服饰进行实地试装时，通常会找一个无人之处。

在现实中，我们所生活的世界是一个连通式的世界。地球上不存在分离式场景，所有的场景都是连通的，哪怕其中间隔着遥远的距离或者坚固的障碍物，它们之间依然是连通的。我们可以通过飞机、轮船等超越距离，可以通过钻孔、爆破等穿透障碍物，因为在空间上所有人都是连通的。

在元宇宙诞生之前，互联网平台使用过一种方法，就是将界面直接切换到场景之外，进入另外的一个界面，这种方式称为"场外"方式。但是"场外"方式脱离了原来的"世界"，离开了化身，沉浸感一下子就被打破了。元宇宙有自己的解决方法。"分离式"场景应运而生。

"分离式"场景存在于元宇宙的场景环境中，但不在一个空间。这个空间并没有对实际的元宇宙地图进行扩展，而是在元宇宙地图的更高维度建立了平行的子空间，其投影在母空间内的位置依然没变，这称之为"平行空间"。

如图 3-3 所示，这是 Decentraland 中的 Windness P2E（位置坐标-26,88）场景，一个类似于打雪仗的游戏。如果是在现实世界，一般会设立一个游戏战场，周围围起来作为界限。不玩的人在场外观战。在这里，战场内外是同一个地方。红色箭头标注的三个不同颜色的圆形盘是游戏的空间入口，分别对应三种不同级别的战场，进去后可以进行真正的游戏。现在是在战场外面，可以看到有一些人站在那里，还有这个游戏的 NPC 管家（化身左边红框内），负责告诉新到的玩家一些游戏的相关信息。其他红框标记的是战场外面场景内的告示、社交链接等，这些都只在战场外部的场景中才有。

进入绿色入口（见图 3-4），可以发现这里的场地和入口外的是同一个场地，连左上角小地图显示的平面坐标也是一样的。甚至可以看到小地图上那些真人的位置都没变，因为小地图对真人是透视的。但是场景内的很多物体都不见了，包括那些人和那个 NPC 游戏管家，还有那些告示、社交链接等。反之，出现了怪兽（红框标注）向我们扔雪球。显然，我们进入了一个场地相同但是空间不同的地方。红色箭头是那个绿色出入口。左下方有个人在游戏（红圈标注），看来已经有人捷足先登在这里玩起来了。

图 3-3　分离式场景–平行子宇宙

图 3-4　Decentraland 元宇宙的平行子宇宙内部

　　这是个非常有意思的体验，在元宇宙中，空间的构造可以比现实世界有更高的维度。

　　通过使用平行空间，元宇宙打破常规，可以实现非凡的超能力，未来还会有众多意想不到的创新，值得期待。

3.1.4　非空间结构：场外的操作

在互联网时代，人们参与平台的活动是非沉浸模式的，同时也是非透明的。某种意义上，人通过计算机操作，信息通过计算机连接网络与其他人联络，操作者可以同时做着其他的事情，而别人并不知道他在做什么。在多人互动的环境下，用户的存在只用一个"在线"状态来显示，除此之外并没有其他被动信息会分享。后来 Facebook 开始把用户的一些活动行为自动分享到朋友圈才有某些"透明"的元素出现。

这种"透明"是指非主动的信息公开。在现实世界中，你的行为举止、动作表情对于位于你周边的人是公开的，但是在传统互联网平台上，距离和各自所在的空间隔绝了每个人，网络打通了世界，但没有打通视界，它仅仅提供了通信渠道。在互联网上，隔绝是天然的。

直到元宇宙时代，视界被打开，"沉浸感"由此而生。元宇宙对于传统互联网的一大突破是大量个体信息的被动分享。这类信息主要围绕着"化身"来进行，而控制"化身"的是计算机背后的人。人需要专心地控制"化身"，让精神与"化身"融合才能获得沉浸感。

早期的元宇宙发源于互联网平台，会有许多原始互联网平台的痕迹，因此也保留了许多旧的元宇宙场外操作的场景。一是模拟的程度需要时间来建设完善；二是保留的这些场景让习惯了账户页面模式的用户容易适应。

可以把以场外场景为主的元宇宙系统称为"类"元宇宙；把以一个连通场景的元宇宙为主，辅以场外场景的元宇宙系统称为"准"元宇宙；把没有场外场景的，只有唯一的连通场景的元宇宙系统称为"真"元宇宙。

"类"元宇宙中典型的例子是 Roblox。作为元宇宙的开创者，Roblox 元宇宙更像一个在线娱乐 App 门户平台。该平台有自己的中心化数字代币，允许并奖励创作者开发游戏，分享到平台，以此打造自己的平台生态圈。图 3-5 所示的是 Roblox 元宇宙的入口界面，类似于谷歌应用商店或者苹果应用商店。每个入口进入不同的游戏或者 App 空间，相互之间独立运作，并不打通，但是共享化身形象和身份信息以及平台数字代币等。Roblox 的平台并未使用 Web 3.0 技术，用户身份是中心化服务器治理的非自主身份，发行的数字代币属于中心化服务器生产的积分代币，没有 DAO 管理机制。Roblox 的"元宇宙"距离真正的元宇宙还比较远。

图 3-5　Roblox 的应用商城式界面

　　"准"元宇宙中典型的例子是 Decentraland。Decentraland 元宇宙具有完整连通的元宇宙，逼真地模拟了现实世界的体验。Decentraland 中的用户可以在元宇宙的模拟城市大街上奔跑，眼前出现一栋栋由元宇宙中的其他用户建造的建筑，运作的展馆、演播厅、游戏室等，可以随时随地地进入所见到的建筑或者场景内体验，参与游览活动、留言、完成任务、购买 NFT 或者玩游戏。具体情况在第 1 章已经做过介绍。

　　Decentraland 元宇宙可以说是目前最为完备的元宇宙系统，但它依然不是完全的元宇宙，还有依靠场外场景作为辅助的部分，比如市场、建造工场、DAO 社区的管理、论坛等都还没有融入元宇宙。客观地说这些问题部分属于现有技术条件的不足，部分属于完善中的原因。相对于同行，Decentraland 已经领先了不少。

　　"真"元宇宙的例子目前还不存在，现在最接近的就是 Decentraland 元宇宙。"真"元宇宙目前只存在于第 1 章讨论过的"硬科幻"中，比如《雪崩》，用户进入元宇宙便完全沉浸其中，不存在离开化身另外操作元宇宙的成分。元宇宙中的一切事情由化身来完成，这和影片《阿凡达》中的原理是一样的，因此在元宇宙，"化身"也称"阿凡达"（Avatar）。

3.2　元宇宙的物体和运动

　　假如把现实世界中的所有东西都清空，剩下的只有天，然后安放大地，不是一小块地，是很大面积的大地，接下来在其上布置山川大海、湖泊河流，再之后放置日月星辰……在元宇宙中，这种只有在创世神话中的神迹是普通人也可以实现的。元宇宙让用户成为造物主，创造新世界。

看似无限风光的创世之举，工作却不简单，责任巨大。如果顶层设计做得不好，元宇宙人气不够，使用率不足，项目方将面临失败破产的风险，所有的投资将付之一炬。顶层设计的好坏，需要底层逻辑的支撑。

3.2.1 画面：用于布景的物体

在元宇宙的场景设计中，画面是要被大量复用的部分，元宇宙的画面是三维的，是所有用户共用的布景，分为两类：公共画面由元宇宙开发团队研制，在元宇宙公用场所部署。特定场景画面由用户使用平台支持的工具设计开发，部署在元宇宙中用户具有权限部署的地方。

画面是静态的。静态不是指不动，而是指不变。如图 3-6 所示的 Decentraland 元宇宙中的维加斯广场。用户正处于维加斯广场的园区道路上，图中除了用户自己其他都是画面布景，没有一个可以互动的，包括旁边的汽车。汽车是运动的，绕着环形马路开着，用户可以挡住汽车，也可以跳到车顶，但是就是不能与之互动，这意味着在元宇宙的底层用户无法制造一个属于自己特有的与汽车相关的数据拷贝。

图 3-6 Decentraland 元宇宙：维加斯广场的画面布景

走进一家饮食店（见图 3-7），里面没有任何可以互动的场景物品，连冷饮机都是画面布景，无法操作。所以这台冷饮机和接待中心的啤酒机本质上是不同的。这家饮食店如果真打算开业，至少要让饮料流程的相关器物可以互动才行。

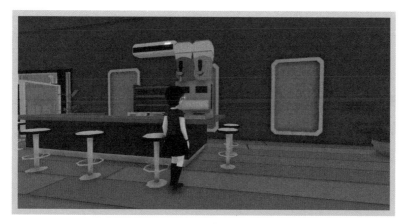

图 3-7　Decentraland 元宇宙：餐厅的画面布景

元宇宙通常都会提供可直接拖拽使用的简单的构建块，允许用户制作自己的元宇宙内容，可以让用户随心所欲地塑造虚拟世界，不必花费大量的时间和精力从零开始创建元宇宙内的各种物品。这些构建块的大部分是作为画面的组成部分。

3.2.2　智物：可以互动的物品

前面说的画面是指场景中不可互动的部分。那么可以互动的部分是什么呢？那就是"智物"（Smart Object）。智物不同于"画面"物品，化身可以与之互动。如图 3-8 所示，这是在创世广场的接待中心一楼酒吧里，这里有一些啤酒、音乐等可以互动的物品。可以看到桌上放了些杯子，只需将光标对准杯子按下〈E〉键即可拾取杯子。如果要放下杯子，对准光标的位置按下〈F〉键即可。

图 3-8　Decentraland 元宇宙：智物杯子

用户甚至可以拿着杯子到啤酒机去倒啤酒，如图 3-9 所示。

图 3-9　Decentraland 元宇宙：智物饮料机

智物平时看上去和场景中的其他物品没有差别，但当把光标移动到它上面时就会出现提示，通常是按〈E〉键发起动作，按〈F〉键还原动作。如果对着画面中的物品按〈E〉键，这些物品是毫无反应的，比如接待中心的桌椅台凳等。

假如用户把一件智物挪动了地方，那么对于其他人而言，它到底是被挪动了地方还是没有被挪动地方呢？也就是说，应该到新的地方去找这个物品还是在老地方找呢？

如果事情发生在现实世界，肯定是去新的地方找，因为物质是唯一的，有人挪动了，东西自然就去了挪动到的新地方。在现实世界，同一个物体不能同时存在于两个地方。

但在元宇宙里，同一个物体是可以同时存在于两个地方的，其他人来的时候，他要去老地方找。原因是每个人都有一个属于自己版本的智物，你拿走你的，不影响我的。

智物是元宇宙中"活"的物品，而画面中的物品是"死"的，不会有反应。智物比画面要更"真实"。与智物互动，增加了用户的真实感。

在这里留给读者一个问题思考：假如用户对一个智物进行了操作，比如把装满啤酒的酒杯放在接待中心门口地上，它会不会阻碍他人的行动？会不会被踢到别的地方？当我们出去逛一圈回来时它会不会还在原地？

对于智物该如何"智"法，也就是它的互动方法，是元宇宙的场景设计师要考虑的事情。设计得好的智物应当能通向某种有用的结果。在元宇宙中，用户经常会担当场景设计师。

另一方面，对于智物的底层逻辑的设定，则是元宇宙的总设计师的工作。比如，让每个用户都有一个智物的使用版本，还是大家一起共享一个智物的使用版本。两者差别巨大。

智物是元宇宙开始明显不同于现实世界的地方，也反映了元宇宙不是刻板的虚拟现实。

3.2.3 边界：活动范围的约束

"边界"在我们的日常生活中无处不在。有有形的，也有无形的，有天然的，也有人为的。

天然的有形"边界"来自事物的属性，是天然形成的边界。比如建筑物内房间的墙，对于房间内的场景来说四周的墙是其天然的边界，这种边界必然有形。

人为的有形"边界"来自事物的规则，是达成共识的边界。比如国与国之间都有着边界，用于划分一个国家的领土与另一个国家的领土。这个边界是人为协商出来的共识规则，达成共识后一般会建立实体的标志，比如界碑、界墙，还会设置关卡、哨所等，以明确边界的范围。这种边界必须有形，但不一定在边界的两边出现物质结构的不同。

天然的无形"边界"来自事物的后果，是天然形成的缺失性边界，大部分是安全方面的缺失。比如建筑物屋顶的范围边界，因为建筑物的高度到此缺失，造成跨越边界的后果是会发生安全方面的缺失。

人为的无形"边界"靠的是人们心中的默认遵守的共识。

元宇宙中，这些"边界"就需要明确定义了。在元宇宙中，边界都是人为设置的，由程序员按照定义的规则通过编写程序实现。如图 3-10 所示，化身受边墙阻挡不会掉下拱桥。

图 3-10　Decentraland 元宇宙：有形的边界

程序可以模拟有形和无形的"边界"。在元宇宙中，无论是天然的边界还是人为的边界，无论什么物质构成的边界，无论有形无形，都是对空间范围的定义。这种定义需要在代码层解决。

如图 3-11 所示，在 Decentraland 元宇宙中，化身遇到较高的种了树的花坛时会被阻挡。图中的化身受到了前进途中花坛的阻挡，虽然还在做着走的动作，但是身体已经无法前进了。这种情况下，化身需要绕道，或者跳上花坛才能继续前进。在 Decentraland 元宇宙中，花坛是被赋予了边界的，因此化身遇到高一点的花坛时行走会被阻挡。

图 3-11　Decentraland 元宇宙：具有边界的花坛

那么经过那些花坛里的植被，情况又如何呢？

如图 3-12 所示，在 Decentraland 元宇宙中，如果化身经过花坛，花坛中种有花草树木，化身因此经过这些植被，与之形成碰撞时，化身不会被阻挡，而是直接过去。而植被无论有多粗大都形同虚设，与化身穿身而过。

图 3-12　Decentraland 元宇宙：有形无界的花草

这种重叠是 Decentraland 元宇宙中的简化处理，忽略了碰撞效果，为的是不花费大量算力去计算花草和化身身体之间的相互作用。细节上，这样的体验是有些奇怪的，比如在穿越比较大的树木时看上去形同鬼魅。在目前的元宇宙，化身和布景画面重叠的现象相当普遍，有时候会出现匪夷所思的情形，如图 3-13 所示，化身的脑袋嵌入楼梯，形象有些尴尬。

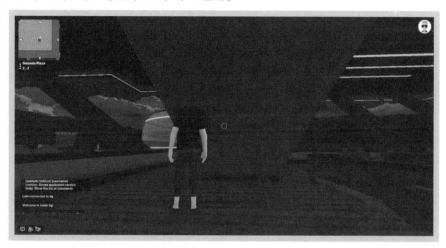

图 3-13　Decentraland 元宇宙：化身与布景的重叠现象

在元宇宙中有一种特别的边界：数据加载边界。当化身移动的速度超过网速对新地点的场景的加载时，场景中会出现一个可视化的数据块"边界"，限制化身暂时无法进入此场景，直到此场景加载完成。如图 3-14 所示，在 Decentraland 元宇宙中，这样的数据加载边界是以绿色透明光墙体现的，当化身走到此处便不能再往前走了。

图 3-14　Decentraland 元宇宙：数据加载的可视化"边界"

元宇宙中还有些无形的边界。如图 3–15 所示，Decentraland 元宇宙中，化身受到了无形阻挡甚至无法跳过去，这里看不出来阻挡在哪，地上的垫子比街心花坛还低，在 Decentraland 元宇宙，化身的跳跃本领是很强的，但是却过不去！这是因为在这垫子的场景中设置了无形的比较高的"边界"墙，但没有做可视化，让化身似乎是被一种无形的力量挡住了去路。

图 3–15　Decentraland 元宇宙：化身遭遇无形边界无法通过

目前的软硬件条件还不足以让元宇宙实现实时传输和计算复杂的多方相互作用。当用户的化身以跑步的速度沿着大街前进时，周围的场景中的每一样物体都会随着用户的位置以及视线的变化实时发生改变，包括位置、形状和可见度等。对画面的设计会影响所要计算和渲染的物体的数量，对边界的设计会影响所要计算的化身的位置变动和反应状态。目前的元宇宙对于边界的处理还是相对简单的。

3.2.4　移动：化身的位置变化

接下来说一下元宇宙的主角：用户的化身。

化身代表的是用户自己，用户在元宇宙这个数字世界中的各种工作需要它来完成。因此，用户如何控制化身是元宇宙时空构造的中心任务。

在前面的演示中已经介绍了如何控制化身移动。

现实中，人的活动受到人体骨骼、肌肉、关节的限制，虽然在性别、年龄、形体、肢体语言等各方面的存在差异，但每个人移动的基本规律是相似的。通常人在站立时，身体重心垂直于地面，人才能够稳定。在人向前移动的时候，是先利用摩擦力使身躯向前位移，接下来为了保持身体的平衡，一条腿向前跨出一步进行支撑，然后向前转移整个身体的重心。继续向前移动就跨动另外一条腿，从而形成左右脚交替，向前移动的方式。在实际中，人的移动方向及角度是复杂多变的。人们经常会根据不同的路况进行不同角度的行走，例如：正向前进、正向倒退、正向侧行、上下楼梯等。而在特定的场景下，人的移动会受到环境和个人情绪的影响而发生改变，例如：心情愉悦的时候脚步轻快，心情沉重的时候步履沉稳，身负重物的时候弯腰驼背。走路和跑步都是身体前倾，前倾的幅度和人行走的步幅大小决定了人是走路还是跑步。除此之外，每个人的身体状况各不相同，进行移动时也会受到影响。例如：一个人打篮球的时候不小心把右脚的脚踝给扭伤了，在走路的时候，左脚正常进行交替，右脚会有拖沓，走起来一瘸一拐的，当脚踝恢复时，行走又与正常人无异。

元宇宙尚不能支持如此复杂多样的行动方式（至少目前是如此），目前只能使用尽量少的指令完成尽可能多的任务。最重要的移动是前、后、左、右、跳、以及对环境的操作，有了这些功能就可以在元宇宙中进退自如了。目前的元宇宙项目也仅仅支持这些功能。以 Decentraland 元宇宙为例，用户都可通过〈W〉、〈A〉、〈S〉、〈D〉或〈↑〉、〈↓〉、〈←〉、〈→〉等按键操控数字化身移动。数字化身以自身为参照物时，〈W〉或〈↑〉是前进，〈S〉或〈↓〉是后退，〈A〉或〈←〉是向左，〈D〉或〈→〉是向右，部分元宇宙两者都可以当作方向键使用，跳跃是〈Space〉键。

以 Decentraland 元宇宙为例，数字化身在 Decentraland 内移动时，正常的前进是"小跑"，如图 3-16 所示。这个设计非常适合连通式元宇宙。Decentraland 的人物大小和建筑尺寸，以及街道、广场、汽车、植被等所有东西都与现实世界的类似物的比例近似，整个世界的尺寸显得协调。

图 3-16　Decentraland 元宇宙：化身以小跑状态前进

如果前进设计成走路的速度，会导致行动太慢，用户不耐烦，如果设计成快跑的速度，又会不适合在建筑内移动。Decentraland 还提供了使用〈Shift〉键慢走的功能，适合在小区域内移动。

CryptoVoxels 是与 Decentraland 非常相像的元宇宙，同样是连通式的城市场景。CryptoVoxels 比 Decentraland 有后发优势，CryptoVoxels 对 Decentraland 的不足之处进行了改进，最典型的是引入了"飞"的方式。这种"空中漫步"是一种新的尝试，如图 3-17 所示。

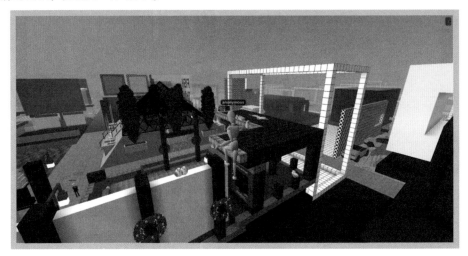

图 3-17　CryptoVoxels 元宇宙：化身的空中漫步状态前进

CryptoVoxels 使用长按〈F〉键向上升起，短按〈F〉键下落。这种移动方式很有趣，也很有效率。在 CryptoVoxels 元宇宙，用户的视野、行动，以至于整个空间逻辑都变成三维的了。

Decentraland 将化身设在方向焦点偏左边一点的位置，而不是让化身直接位于视野中心，这样第三人称时化身不会挡住操作。

在 Decentraland 元宇宙，化身是不会正向后退的，当用户按〈S〉键指挥化身后退时，实际上是用"转身前进"来完成空间位置上的后退。同理在左移和右移时也是通过转身前进来完成。这样设计的好处是比较容易观察到化身的全貌。

而在 CryptoVoxels 元宇宙，当用户按〈S〉键时，化身是后退的，没有发生转身。同理在左移和右移时也是在侧移，没有发生转身。只有当用户调整视野的方向，然后再前进、后退、左移或右移时，化身才会在启动前先转身到面向用户调整后的方向。这样设计的好处是第一人称和第三人称完全一致，缺点是用户不太容易观察到自己的样子。

CryptoVoxels 元宇宙和 Decentraland 元宇宙中化身移动的另一个不同是，CryptoVoxels 元宇宙中，正常前进是走路的速度，而加了〈Shift〉键之后是飞速前进。化身在正常情况下基本上是在楼里逛走，如果要在城市范围内移动，一般会先上屋顶上空，以飞的方式快速前往目的地。

3.2.5　操控：通过化身的视角

苏轼的《题西林壁》中描写了从不同视角、不同距离观看庐山："横看成岭侧成峰，远近高低各不同。不识庐山真面目，只缘身在此山中"。诗中最后一句即在说明视角的问题。

视角的主客观效应不容忽视。

我们的眼睛以我们自己的身体为载体，它既帮助也限制了我们对外界的感知：我们感知的"外界"不包括自己。于是才有了"主""客"观的区分。

元宇宙中，新问题出现了：用户有自己的眼睛，化身也有自己的眼睛，两者并不在一起，到底是用用户自己的眼睛还是化身的眼睛看事物呢？

这是使用"主观"视角，还是使用"客观"视角的问题。如果使用"主观"视角，称为"第一人称视角"，如果使用"客观"视角，称为"第三人称视角"。

元宇宙对这两种视角通常都提供，不同视角带来了视野的差异（这里的视野是指用户通过屏幕看到的视野范围）。控制视野的是鼠标，视角用鼠标滚轮或者键盘快捷键〈V〉来切换。元宇宙中的第一人称视角，即用户通过化身的眼睛观察外界，视野随化身身体的姿态变化而变化。这种视角感觉像用户自己在元宇宙里面行走，沉浸感十足。但是假如化身撞到墙上了，或者和别人的化身碰到一起会如何呢？如果是前者，墙面会呈现出各种色块像素点，如果是后者，在 Decentraland 元宇宙中，系统会自动把重叠的对方滤掉，因此在第一人称视角下如果用户踩到其他的化身了，该化身就直接消失，为用户的"视线"让路。在 CryptoVoxels 元宇宙中，如果发生化身碰撞（见图 3-18），处理方法会有所不同，如图 3-19 所示，被你侵入的对方身体部分会消失，显示前面应有的视野，对方身体的剩余部分会保持在那里，让你看见。

元宇宙中的第三人称视角是一种跟随视角，好像用户紧跟着化身，看着他的一举一动。在 Decentraland 元宇宙中，化身被放置在视野的中间左侧位置；在 CryptoVoxels 元宇宙中，化身被放置在视野的中间位置，而且化身正对着的方向的画面也被化身遮挡，影响边观察边行进。

图 3-18　化身重叠-第三人称视角

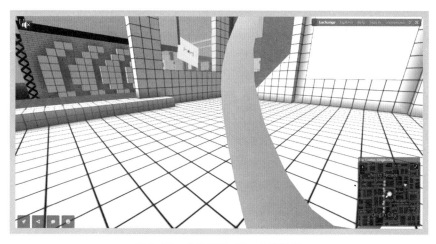

图 3-19　化身重叠-第一人称视角

在元宇宙中，使用第三人称视角比使用第一人称视角更普遍，第三人称视角比较能全面地把握化身在场景中的位置，以及融入场景后的画面感。

在设计第三人称视角时，一些细微的差别可能会影响全局。如图 3-20 所示，在 Decentraland 中，第三者视角不必和化身的视角同步，用户可以操纵化身向右行走，而用户的视野不变，看着化身的侧面持续向右行走。这在 CryptoVoxels 是做不到的，在行进时，CryptoVoxels 中的第三者视角始终和化身的视角是同步的，化身行走的时候始终背对着本尊，如果用户让化身向右行走，而用户的视野不变，化身只能侧着右滑，并不会转身面向右边行走，它的姿势还是背对着我们的。

图 3-20　Decentraland 元宇宙：第三人称视角下的向右走

除了控制化身的行动方向外，用户对视野的操作还可以对环境进行操作。在前文的智物章节我们演示了如何使用视野中的操作点来对环境中的可互动物体（智物）进行操作。

这似乎是一个相当直觉性的设计，但是有没有注意到，正因为这样的设计，加上对于"第三人称视角"中非同步视野的设计，让 Decentraland 元宇宙出现了一些难以名状的反常情况。如图 3-21 所示，化身可以背对着杯子取杯子。而在 CryptoVoxels 中因为第三人称视角始终和化身的视角是同步的，就不容易出现这类反常的情况。

图 3-21　Decentraland 元宇宙：第三人称视角-背后取杯

3.2.6 传送：元宇宙中的交通

在现实世界，人类一直在不断地提升自己的移动速度，不断地降低时空比，也就是以更短的时间穿越空间。这里的时空比指时间：空间。降低指时间在变少，空间在变大。

在元宇宙中，时空比已经不需要再降低了。通过使用"时空跳跃"，让时间比这个数值直接为零。

以 Decentraland 元宇宙为例，有几种"时空跳跃"的方法。

第一种是通过快捷探索。在元宇宙中，用户按〈X〉键调出"探索"界面，这是系统帮助整理好的一些有趣的去处，如图 3-22 所示。这些去处分为三个分页，分别标为"亮点"（Highlights）、"地点"（Places）、"活动"（Events）。"亮点"分页是把其余两个分页的内容再整合在一起，比如右侧黄色框标注的部分是目前正在举办的 3 个"活动"，左侧开头的红色框标注的部分是个滚屏轮播效果的"热门"去处，它下面的蓝色框标注的部分是 9 个有趣的"地点"。用户可以查看信息，也可以单击"JUMP IN"按钮一步"跳入"到这个场所。

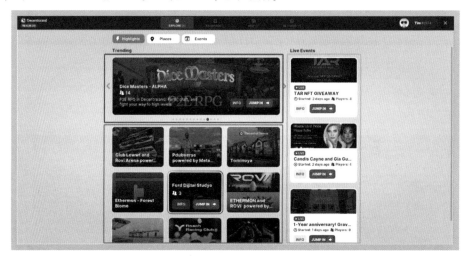

图 3-22　Decentraland 元宇宙：通过探索界面传送

第二种方法是到世界地图上具体的位置直接"跳入"。在元宇宙界面，按〈M〉键调出世界地图，或者在页首菜单打开 MAP 链接，一张 Decentraland 元宇宙的世界蓝图就出现在用户面前，如图 3-23 所示。这张地图涵盖了整个 Decentraland 元宇宙，它包括了用户可以去到的所有地点。

用户可以通过鼠标滑轮来放大或缩小地图。屏幕里面的土地形成一块块网格方块，将鼠标移动到任何地点，该地点的网格方块就会高亮，并显示纵横坐标值。地图的右下方会标注我们目前所在的场所和坐标（目前我们在"陨石挖矿"游乐场），如图 3-23 中红色线框标注所示。不仅如此，所有有人在的位置都会在地图上显示一个小红圆点，而用户所在的位置会显示为一个大红圆点。当用户找到下一个目标移动场所，点击这个方块，会弹出这个地点的信息介绍（见图 3-23 中红色箭头标注），单击"JUMP IN"按钮后就可以"跳入"到这个目的地。

图 3-23　Decentraland 元宇宙：通过世界地图传送

第三种方法是用命令行。如果用户知道目标地点的坐标位置的话，通过直接输入坐标位置即可抵达该处地点，这是最快的方法。在 Decentraland 元宇宙界面内按〈Enter〉键将弹出聊天框，比如输入"/goto 98，-27"，按〈Enter〉键，即可抵达。

3.3　元宇宙的时空奇异性

在元宇宙中，几乎所有内容都是虚拟的，这意味着用户可以根据需要设定其运行规则，这些有别于现实世界的运行规则，展现出了元宇宙的时空奇异性。但对于运行规则的选择必须符合逻辑，否则元宇宙就无法真正实现。接下来就结合 Decentraland 元宇宙介绍零体积化身、多版本智物、隐空间等当前的元宇宙存在的时空奇异性。

3.3.1　零体积：化身的相处之道

虽然元宇宙一个重要任务是"模拟"现实世界，但有一些内容从一开始就被刻意忽略了。

比如交通。在元宇宙中不需要化身从一个地方到另一个地方要走很长的路，这样的模拟会很真实，但是太费时间，真实感不等于好的体验。

解决这个问题不难，直接忽略距离就好，可以使用"虫洞"式的穿梭，瞬间抵达目的地。

在元宇宙中，人们希望发挥数字世界数量无限的优势，解决现实世界空间容量有限的问题。在现实世界，一个场所要容纳很多人，需要建得很大，需要很多设备。元宇宙是数字世界，场地、设备都是数字化的，可以无限复制，要多少有多少。这时候就会有新的需求产生：希望元宇宙为其中的数字分身们提供不限制人数的服务。

但是，以化身的形式在元宇宙里活动的人，必须是可视化的形态，化身一定会占用一定的空间。这样问题就产生了。

以元宇宙的入口场地为例。Decentraland 元宇宙固定的入口场地：创世地，其面积是非常有限的。倘若一时之间来了不少人，这些人站在哪里就是个问题。人少可以通过算法随机补空而不至于拥挤，但人数太多怎么办？

最好的解决办法之一就是"重叠"，让化身身体发生重叠，这样既不影响用户在场内的存在，也不影响所有在场内的用户的可视化。如图 3-24 所示，这是 Decentraland 元宇宙创世地的化身重叠情况，是不是看起来有点诡异，像连体人一样的存在。

图 3-24　Decentraland 元宇宙：零体积的化身相互重叠

化身允许重叠后就没有了实际的体积。原本化身是跨网络数据传输和计算而产生的，如果不需要计算其体积，设备负载会少很多。唯一的不足是堆起来的时候看上去会很怪异。

零体积和零体积放在一起是重叠，运动起来就是"穿越"。如图 3-25 所示，后面的小伙是一个用户的化身，他的前方有个拿着光剑的黑武士，小伙子径直从后面朝他跑去，马不停蹄地穿过黑武士的身体出现在前方。

图 3-25　Decentraland 元宇宙：零体积的化身相互穿越

那么，零体积的化身遭遇有体积的 NPC 是什么结果呢？如图 3-26 所示，这个小伙子在和接待中心的一个 NPC 对话，NPC 按照既定的程序转过身（实际上是她坐的椅子转了过来）和小伙子交流，想兜售 NFT。这个 NPC 是有体积的，无法重叠。

图 3-26　Decentraland 元宇宙：化身无法穿越有体积的 NPC

除了化身，元宇宙中的其他物体，包括画面和智物也有零体积的情况。在元宇宙中，只有零体积的化身或物品之间相遇才会忽略体积形成重叠或者发生穿越。

生活在元宇宙中，人们目前需要习惯这种零体积的逻辑和生活方式。

元宇宙所有的事物都是数字化的，由程序生成，体积是一种占据一定空间的效果，只要让程序制造出这种效果，元宇宙中的事物便有了体积。

实现体积效果最简单的方式就是设置边界，对物体的范围进行约束。如图 3-27 所示，这是在 Decentraland 的场景编辑器 Builder 中，对一个物体赋予边界的方法。使用一个不可见的形状包裹物体，这种不可见的形状是带有边界的。图中红色箭头所指的蓝色圆柱体，它将松树包裹，这时候松树就拥有了圆柱体的边界和体积了。假如没有这样一个有"边界"的形状的设定，物体就是零体积。

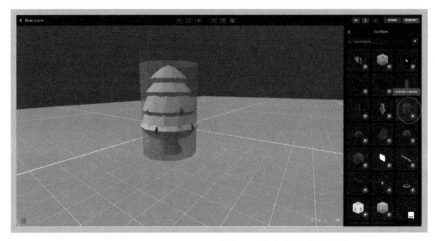

图 3-27　Decentraland 元宇宙："体积"的底层逻辑

可以看出，按照这种方式设置的松树的体积其实不是和松树完全合体的，是一种近似。为了减少渲染和计算，只要不太影响体验，目前的元宇宙中经常使用这种近似的方法。这就是元宇宙"体积"的底层逻辑。

3.3.2　多版本：智物的平行复用

之前谈到的智物和画面不同，画面中的元素是"死"的，不能与之互动。画面只能做装饰，是元宇宙中的静态物体。智物是"活"的，可以与之互动（不是会动），可以接受输入，形成输出，可以被编程，具有智能化的效果。一个简单的、可以互动的智物，是一个复杂的、可以演化的元宇宙的开始。

制造智物的最初目的是模拟现实。原则上现实世界的任何物体都是智物，都会"应变"。但在元宇宙的初级阶段，设备没有足够的算力来支撑场景内所有的物体的"应变"，也没有必要。所以就从布局画面开始，取出重要的对象设计成智物。

一个物体是否是"智物"和其是否有"体积"没有必然联系。元宇宙中，要模拟现实中物体的"应变"效果又要考虑用户体验，就会产生另一个问题：如何解决多人对"智物"的使用。

这个问题的本质是对于智物的状态的改变会不会影响下一个人的使用。比如上一个人走的时候把一个智物拿到很远的地方或者藏起来，后面的人怎么使用它呢？

我们知道，在元宇宙中，智物通常有些重要的作用，可能通过某个智物的互动能够获得某些奖励，而奖励数量是有限的，通常是发完为止。如果这样的智物不见了，会导致不公平发生，影响用户体验。

目前的元宇宙解决这个问题用的是最为简单的方式：智物可以复用，每人一个，童叟无欺。这样就不会有纷争了。

以接待中心的啤酒杯为例，元宇宙会建立杯子的多个版本，每当一个用户与之进行互动时，就赋予这个用户一个专用的杯子，这个杯子只有他能看到，其他的用户看不到他专用的这个杯子。其他的用户只能看到自己专用的杯子并使用它。每个人对自己专用的杯子的使用互不干扰。

这样，场景就会变得对用户更为友好，体验更为舒畅，而且还带点与众不同的乐趣。比如在 Decentraland 元宇宙，一个用户去接待中心的啤酒机盛啤酒，如果那里已经有别人在盛啤酒了，这时候也并不影响这个用户的操作，啤酒机上并没有之前那个人的啤酒杯，只有这个人站在那里。因为数字分身都是零体积，用户可以直接走过去操作啤酒机。可以如若无人地享用啤酒。其他人也是一样。

这就是"智物"的多版本和平行复用。

3.3.3　隐空间：奇异的幽灵行为

从零体积重叠，到智物复用，在元宇宙中，这些现象的出现都是为了平衡元宇宙的需求矛盾。

在前文"元宇宙的空间构造"一节中介绍了平行空间的情况，在平行空间中，化身可以使用相同的场地进行不同的活动，充分利用有限的空间。

在存在平行空间的地方，化身站着不动多半意味着他正在自己所在的空间玩游戏或者干着些啥，仅仅是身体显示出来，表示此人的存在，那么游戏的内容在哪里呢？

在隐空间。隐空间实际是一类平行空间，这些空间只有用户本人能看到和进入其中，其他人不可见也无法进入。

现实世界中，假设同一个篮球场里有很多人在一起玩篮球，不是一起玩集体游戏，而是每个人都在玩着自己的篮球，会发生什么情况呢？人们会相互干扰，乱作一团。元宇宙中。即便多十倍的人在同一个场地玩篮球，这种事情也不会发生。因为你的球不在别人的空间里。每个人都在玩自己的游戏，谁也看不到别人在玩什么。除了化身之外，用户各自玩的游戏道具都不出现在对方的世界里。虽然其他人的化身会出现在当前用户的视野里，但因为零体积，相遇时他们会重叠，并且不会阻碍用户的行动。

如图 3-28 所示,这是 Decentraland 中的一款游戏,在一块草坪上,会有从天而降的陨石,游戏的任务就是跑上去敲击陨石得到奖励。可以看到,在这个场景中,人们并没有在一起互动玩游戏,而是每个人都零零散散地站在场地中,偶尔有所跑动。用户的化身背后有一个陨石,用户正在用矿镐敲击陨石。但别以为旁边站着的那个白头发戴帽子的人也在敲我们的陨石,其实他在敲的是他自己空间中的陨石,只是碰巧离得很近而已。

图 3-28　Decentraland 元宇宙:沉浸于虚空游戏的人们

图 3-29 所示的场景更为明显,一些人突然从不同方向跑到同一个地方(箭头所示),然后就站在那里好一会儿不动,然后又奔跑,又站直不动了,如此往复,而除此之外别的什么都看不见。

图 3-29　Decentraland 元宇宙:幽灵行为

这种跟空气游戏的行为被称为"幽灵行为"。其实那些行为"诡异"的化身也在玩陨石挖矿游戏，只是他们的陨石和矿镐并没有出现在其他人的画面里。

隐空间实现了在同一场地中的不同用户可以玩同样的游戏而互不干扰。这是在现实世界无法做到的。

3.4　平行元宇宙

在天文学术语中是这样解释多元宇宙与平行宇宙的：多元宇宙是一个理论上的无限个或有限个可能的宇宙的集合，包括了一切存在和可能存在的事物：所有的空间、时间、物质、能量以及描述它们的物理定律和物理常数。多元宇宙所包含的各个宇宙之间称为平行宇宙（Parallel Universes），也称为平行世界（Parallel Worlds）、平行时空（Parallel Spacetimes）、平行次元（Parallel Dimensions）和代替宇宙（Alternative Universes）。

宇宙学家马克斯·泰格马克为平行宇宙写过专文，他将平行宇宙分成 4 类：

第一类平行宇宙是和我们宇宙的物理常数相同，但是粒子的排列法不同；

第二类平行宇宙是物理定律大致和我们宇宙相同，但是基本物理常数不同；

第三类平行宇宙和我们的宇宙具有相同起源和基本物理定律，但物理常数和所处状态可能有所不同；

第四类平行宇宙是连最基础的宇宙物理定律都不同于我们宇宙的宇宙。

模拟现实的元宇宙与我们生活的宇宙类似一种平行宇宙的关系，且与上面所说的第三类平行宇宙相似。

元宇宙本质上是商业项目，和传统的互联网平台一样，项目之间是相互独立的，各自制定各自的游戏规则，互不干扰，从这点上它们天生就是"平行"的。所以平行元宇宙本质上指的就是独立的元宇宙项目。

与独立的互联网平台不同，不同的元宇宙在时空上模拟现实世界，具有四维时空的特征，在体验上都是一个完整的宇宙或者世界，虽有不同的环境和风景，用户却有一样的真实身份（化身样式可能不同）和时间进程。我们把平行的元宇宙中的不同部分称为平行的部分，把共同的部分称为交叉的部分。按这个理解，平行的重点在于同时进行。

这就是元宇宙与现实世界的平行逻辑。

3.4.1　何为平行元宇宙

元宇宙的项目方负责元宇宙内部的建设，这些建设可以尽情发挥设计者的想象力，要能吸引用户，从而产生商业价值。每个元宇宙都会有自己的空间架构、场景布局、激励机制和运作方法。

　　Decentraland 元宇宙构建了一个相当有真实感的美丽的"城市"。如图 3-30 所示，城市中有道路，有广场，有私有社区。用户可以在城市中四处逛走。街道上有花坛，有花草树木，有公共座椅，有公交车站，还有公交车。广场是公共设施，其中的建筑也是公共设施，有展览馆、艺术画廊等。私有社区是目前 Decentraland 最有活力和富有价值创造的地方。有不少著名企业在 Decentraland 元宇宙中租用场地，定期举行网上发布活动。它们把元宇宙当作一个低成本高效益的市场推广窗口，通过现场（元宇宙的）发送一些 NFT 礼品吸引到不少全球用户的关注。Decentraland 元宇宙拥有一个属于自己的生态、经济、社会。

图 3-30　Decentraland 元宇宙的风格

　　而 CryptoVoxels 同样是一个城市型元宇宙。如图 3-31 所示，CryptoVoxels 元宇宙中也有街道和建筑，化身可以在其中游逛。但是 CryptoVoxels 元宇宙的风格与 Decentraland 却很不相同，其楼高街窄，整个城市范围不如 Decentraland 大，但立体感很强，化身可以在三维空间飞行。CryptoVoxels 布景上不如 Decentraland 元宇宙那样美轮美奂，更注重打造 3D 像素风格，有点像纽约下城区的感觉。

　　Decentraland 元宇宙和 CryptoVoxels 元宇宙，两者差别迥异，完全是两个不同的空间。但用户可以以同一个身份在二者之中生存。

图 3-31　CryptoVoxels 元宇宙：宇宙风格

3.4.2　平行元宇宙的交叉

当以项目看待元宇宙时，在多元元宇宙的大背景下，这些元宇宙运行在平行的数字空间内各自定义自己的故事情节，描绘自己的宇宙世界，给予用户不同的体验。另一方面，它们共享同样的时间轴，同一个自主身份体系，同一套价值交换系统。这就是平行元宇宙的交叉。平行元宇宙的交叉对稳定元宇宙的格局意义重大。

在时空层面，元宇宙始终秉持"时间一致，空间平行"的方式构造一切新世界。尽管某些元宇宙可以在专门题材上模拟历史时刻或者加速其中的时光流逝，但这种加速好像剪辑，只是片段性地略过，不会与人们的行为同步。人们不可能因为进入元宇宙而变得反应奇快，用现实世界里十分之一的时间完成一道题目。

元宇宙建设在数字空间中，但并没有建设在一条新的时间线上。

在社会层面，基于 Web 3.0 的自主身份来实现的元宇宙，使得任何一个平行元宇宙的消失都不会损害其中任何一个公民的资产。这在旧的互联网平台看来是不可思议的。在互联网中，一家平台如果消失，基本意味着其上所有用户信息及其关联的平台内的资产将全盘清零，不复存在。Web 3.0 的自主身份带来了元宇宙身份及其关联资产的持久性。

在经济层面，作为区块链 2.0 的智能合约技术成为元宇宙基础设施的底层技术。它提供的可交易和可审计的数字通证几乎囊括了至今所有经济学工具和金融工具的功能，并且更为高效、廉价、精准、可信和可靠。

目前，绝大多数元宇宙都使用同一种区块链底层基础设施，即以太坊区块链。

也就是说，其中任何一个元宇宙内的经济框架都使用一个共同的一般等价物：以太币，它超出了单个元宇宙的范围，运行在整个多元元宇宙价值底层。无论哪个元宇宙被遗弃，那只是维持前端可视化观感的中心化服务器被遗弃了，而其中的价值资产都被保留在区块链分布式存储系统上，而不会消失。

在规则层面，元宇宙继承的是区块链的"代码即法律"的规则。自古以来，人类规则一直都建立在人类语言之上。而人类所有的语言规则都有个共同特点：无须与执行挂钩。这导致规则怎么写不重要，重要的是解释。写的时候是所有人共识的结果，执行的时候是由解释者执行，解释者实时定义语言的含义，这个导致执行的规则和共识达成时的规则不是一回事。长期以来这个问题难以得到根本性解决。

将规则用可执行的代码编写，既解决了规则流于口头形式，也解决了执行上的多重标准。将代码写入智能合约，既解决了规则的公开透明，也保证了规则的稳定可靠。这将彻底解决规则的说和做不一致的问题，推动社会文明向新的层次发展。

3.5　多重元宇宙

多重元宇宙不是多元元宇宙。多元元宇宙，是指无限个或有限个可能的元宇宙的集合。这个集合又可以称为"大元宇宙"，指所有元宇宙的整体。

多重元宇宙是指单个的元宇宙项目，该项目中的元宇宙的构造中包含了多个分离的元宇宙。

如果一个元宇宙的项目本身就是为其他元宇宙项目提供宿主服务，解决一些底层共性的资源问题，那么就很容易理解多重元宇宙了。一般来说，宿主元宇宙是母元宇宙，寄宿元宇宙为子元宇宙。由于子元宇宙的搭建必须在母元宇宙预设好的框架内，其规模会较独立的元宇宙小。

3.5.1　元宇宙内的元宇宙

有些多重元宇宙，母元宇宙不提供元宇宙场景，只提供入口、用户身份、经济基础框架，这样的元宇宙有 Roblox。还有些多重元宇宙、母元宇宙是有具体的元宇宙场景的，这类元宇宙通常以母元宇宙的"地皮"作为租售工具，让其用户先拥有"地皮"，然后在上面搭建自己的元宇宙。这样，子元宇宙会无缝地接入母元宇宙中，成为其中的一部分。它们与母元宇宙中的普通场景不同的是，子元宇宙具有独立完整的规则系统。这样的元宇宙有 Decentraland。其他几个主流的多重元宇宙还包括前文介绍过的 The Sandbox、CryptoVoxels 等。

3.5.2　多重元宇宙的简并

电影《盗梦空间》中，多重梦境之间的时间是非简并的，具有延长性。每深入一层梦境中，时间将被延长 20 倍。现实世界中的 10 小时，在第一层梦境中约为 1 周的时间，在第二层梦境中约为半年，在第三层中约为十年。

无论有多少个元宇宙，元宇宙内又有着多少个子宇宙，它们的时间是简并的，因为用户自身还是处于现实世界。元宇宙是和现实世界接轨的，如果元宇宙内的时间流逝脱离了现实世界，元宇宙就无法与现实世界融合。

目前，有一些元宇宙的设计不符合通用元宇宙的愿景。它们是一些独立且分散的元宇宙。独立元宇宙的孤立实现危及其整合，并使这些独立的元宇宙相互连接变得困难。展望未来，随着元宇宙的发展日趋成熟，只有那些最有活力的元宇宙才会存活下来，而这些活力需要架设在统一"大元宇宙"的基础架构上，形成平行元宇宙，或者多重元宇宙形态组合。那时，用户无论是钟情于哪个元宇宙，他都可以来去自如。

1．时间简并

元宇宙中的时间分为虚拟时间和现实时间两种。其中，现实时间更有意义且更加常用。元宇宙中的现实时间和现实世界的时间同步，称为时间简并。

时间的简并并不止步于元宇宙和现实世界。在多重元宇宙内部及整个多元元宇宙体系中都有呈现。

虚拟时间是元宇宙中自定义的事件变化速度。并非所有元宇宙都使用相同的虚拟时间，每个元宇宙的虚拟世界可以设计得大不相同，比如 Decentraland 元宇宙中的日夜交替，至少比现实世界快十倍。虚拟时间一般不简并。

元宇宙时间需要时刻与现实时间对齐，因为元宇宙是一个开放、持久式平台，不限定用户数量和进出时间。每个元宇宙终端可以有自己的日历、时间流逝等表示方法，但进出元宇宙的时间接口必须与现实世界匹配。

2．化身简并

Web 3.0 以区块链技术为基础，用户将个人的身份、行为、标签等数据存储在区块链分布式的节点中，与其他用户直接进行点对点信息的交互，无须通过传统的中心化的互联网机构，若需要接受第三方平台的服务，需要用私钥签署交易协议，用户个人数据无法被第三方平台方用于商业用途。

在 Web 3.0 时代，消除了互联网平台在生态圈层扮演的"上帝"角色，取消了存储用户信息和活动记录的集中式数据库，破除了互联网商业机构对用户资料的垄断，消灭了第三方平台随意复制、篡改、删除、擅自使用、转让、交易用户身份信息的能力，保护了用户的隐私安全，使用户成为自己数据的保管人，实现真正的数据自主。

用户在元宇宙中使用的形象是数字化身。数字化身是指具有模拟人物外形的数字人。与具备实体的机器人不同，数字化身依赖显示设备显现，数字化身要通过手机、计算机或者 AR/VR 等可穿戴设备才能显示。无论是 Decentraland、The Sandbox、Upland 还是其他的元宇宙平台都属于独立的元宇宙平台，各个独立元宇宙平台之间数字化身是各自定义的。在一个元宇宙内使用的数字化身，去到另一个元宇宙，需要按照新的元宇宙的材料重新装扮起来。

但在多重元宇宙内部，数字化身在子宇宙之间是通用的。化身的定制管理由母宇宙来进行，对化身装扮的改变需要跳出子宇宙，回到母宇宙。这称为化身的简并。

对于平行元宇宙来说，数字身份是一致的，这是前文所说的元宇宙的"交叉"。相信经过元宇宙的发展之后，在不久的将来将经历标准化浪潮，这将使用户的化身在不同的元宇宙看起来比较一致。这种感觉会减少用户对自身的识别成本，提高使用体验。

元宇宙在构建身份的过程中，身份的最基础要件由用户自主构建，通过不对称加密技术，用户只需提供可以公开发布的公钥，而自己保密掌握私钥。对于身份的其他信息，都将绑定在基础要件之上，由用户自己掌控。在互联网时代所说的"登录"在元宇宙时代变成了"签名"。通过签名，元宇宙用户可随时一键登录所有建立在同一个区块链上的元宇宙项目，而无须为进入每个元宇宙设置一个密码。

3. 空间简并

现实世界中，开发商在土地上建造了一栋商品房，每层楼的楼道及每间的样式全部是一致的。在这块地皮上要给很多户人家居住要盖很多楼层，因为只是地皮的空间的二维投影发生了简并。这就是元宇宙中的空间简并。

在元宇宙中，可以使用平行空间，这时候地皮的空间的三维投影发生了简并。也就是说，在同一块地上可以制造不同的场景，分别处于独立的空间，相互不干扰。这就是元宇宙中的空间简并。

"空间简并"是元宇宙特有的能力。

在多重元宇宙中，子元宇宙的创建需要用到母元宇宙的"土地"，如果子元宇宙同样打算为多个更小的项目提供服务，也就是子子宇宙，这时候就会用到元宇宙的"空间简并"这个能力，来节省其所需的"土地"面积。

3.5.3　多重元宇宙的穿透

在多重元宇宙中，从子元宇宙往母元宇宙方向的变化称为"升维"，把从母元宇宙往子元宇宙方向的变化称为"降维"。子元宇宙属于母元宇宙内的事物，母元宇宙包含不只一个子元宇宙，因此子元宇宙有的母元宇宙也都有，母元宇宙有的，子元宇宙不一定有。母元宇宙比子元宇宙有"更高"的维度，母元宇宙包含子元宇宙。

现实世界的土地、空间、自然资源是有限的，土地资源用一点少一点，并不能像虚拟世界那般随意增加空间。虽然几个主流的元宇宙项目都设定了固定的土地数量，但元宇宙中的"土地"以数字化的形式存在，因而可以在土地上制造多个独立空间。Decentraland 或 The Sandbox 中，主办方经常会发布寻宝任务或探险任务，这些任务通常会要求用户进入一个指定的元宇宙空间，然后通过线索指引找到传送门传送到母元宇宙下的子元宇宙空间。这个子元宇宙空间主题与活动内容相关且隶属于母元宇宙但又存在于平行空间，不占据母元宇宙的土地面积，其创建的目的是契合母元宇宙的活动内容。用户通过母元宇宙的传送门传送到子元宇宙，在子元宇宙内完成任务后可通过传送门回到母元宇宙，形成闭环。

比如三星公司在 Decentraland 拥有一块专属领地三星 837X，三星在这个虚拟空间中会定期举办的一些活动。这块领地相当大，但是三星在这块领地上还建造了很多同样很大的场景，处于平行空间内，通过特别的"三星"三角形传送门进入其中。如图 3-32 所示，化身面前墙上的两个三角形世界实际上是两个传送门，分别可以"穿透"到不同的子元宇宙。

图 3-32　三星基地的传送门

元宇宙底层逻辑

进入左边的那个子元宇宙，仿佛进入了一个新的世界，如图 3-33 所示。这是个充满花香的世界，山谷幽林，绿荫繁茂，还可以看到朗朗星空。看一下坐标：103,77。记下这个坐标，等出了子元宇宙，看看这个坐标是在什么地方。

图 3-33　位于 103,77 的三星子宇宙内场景

现在离开了子元宇宙，回到 Decentraland 元宇宙，也就是母元宇宙，来到 103,77 这个地点，如图 3-34 所示。可以发现这是个完全不同的场景，一个非常现代化的场馆街区。刚才去到的子元宇宙空间与当前坐标处的空间是重叠的。

图 3-34　Decentraland 元宇宙：位于 103,77 的三星子宇宙外场景

当从三星的三角形传送门进入山谷幽林，就是多重元宇宙的空间"降维"穿透。当人们从山谷幽林回到三星在 Decentraland 元宇宙的场地中，就是多重元宇宙的空间"升维"穿透。

第4章

元宇宙的社会逻辑

存在于虚拟空间的元宇宙社会是一种崭新的社会实体，它以商业的形式创建，以社会的形式存在。

与现实社会的特征一样，元宇宙社会也是人类的聚集体，向所有人开放，有丰富多彩的活动内容，有分门别类的活动场所，有自己的管理规则，有全体成员的共同目标。

但元宇宙社会也有自己的特点，它不占空间，所有活动以数字化的方式存在，人们以数字化的方式相互交流，关心事物的逻辑呈现而不是物理实体。元宇宙本质上是由信息构建而成的社会。

为了保证可靠而有效的信息交流，身份在元宇宙社会中的作用就显得格外重要。

4.1　身份对于社会的作用

身份的首要作用是识别。有了识别才能有秩序。有了秩序才能有安全感。安全感源自于良好并且可靠的预期，而建立在身份基础上的秩序给了人们这样的预期。

宏观上，身份大大提升了社会的管理效率。它使社会事务的处理可以精准到每个人，它也使对社区成员的划分可以动态而高效，它还能实时掌握整个社会的发展状态和问题所在，做出更为迅捷有效的反馈。这些都依赖于身份作为大数据归集的关键索引。

微观上，身份可为每个人提供符合自己的权利诉求。它可以根据每个人在不同场景中的不同角色提供合适的权限，阻止越权行为和错误举动，避免对他人的不当干扰，避免对环境造成混乱。身份可以大幅度降低不法分子作恶的成功率，给人们带来一个舒适无忧的周边环境。

此外，身份还在无形中帮助社区推动良好的行为规范，保障社会的安全。它让人们注重名誉，奋发向上，争当英杰。它促进守信和合作，降低信任成本，推动长远规划的落实。身份是社会信用体系的基石，人们的社会信用以身份作为标识。

4.1.1 数据归集的关键索引

身份的一个重要作用是作为数据归集的关键索引，支持从数据库中直接找到每个人的档案。

信息技术依靠两样武器克敌制胜，一个是计算，另一个是存储，两者合起来就完成了图灵机的功能。图灵机的特征是可以实现任何算法。而算法是软件的主要组成部分。

在实现算法的过程中，数据存储是重要的一环，无论是算法规则的存储，还是实施结果的存储，还是中间值的存储，都需要将这些数据暂时或永久地保存。

保存就是做记录。在区块链的技术框架下，实现了对记录的不可篡改特性，此特性继续通过各种应用延伸到不可抵赖、不可丢失、公平透明、通用唯一性、不可盗用、确权、溯源、资产安全等一系列变革性的新应用。其中公平透明和通用唯一性可应用于身份，形成权益归属。因此身份作为一种记录，成为其他各种记录的核心，各类数据和信息以身份为主线形成集合、系列、图谱和大数据，被综合使用在元宇宙系统中。身份在其中是数据归集的关键索引。

将区块链上记录数据的通用唯一性应用在身份上，便可提供避免泄露身份明文的加密身份 ID，这种 ID 不会透露身份所有者的个人隐私信息。

这与我们目前使用的身份证号不同，目前使用的身份证号包含了若干非常重要的个人隐私信息，直接从明文就可以了解身份所有者的生日，年龄，出生地等。这种绑定个人重要特征信息的做法从某种程度上可以防止冒充，只要不涉及对身份证号数据存储的篡改。另外它还可以方便查证，个人信息一目了然。但是这种 ID 泄露敏感信息，使身份诈骗类行为成为一大社会问题，很难解决。

如果使用加密身份 ID 并以此作为关键索引存储于区块链上，便可同时实现身份不可篡改和隐私保护。这样的不可篡改比原来存储于中心化数据库中，依靠绑定个人重要信息特征的不可篡改性更安全、更有效，而且提供的隐私保护使犯罪分子没有可乘之机，可以杜绝上述的身份盗用和欺诈行为。

夯实了身份 ID，就夯实了元宇宙社会的根基，所有建立在它上面的应用都将变得更加强壮结实，牢不可破。身份作为社会数据归集的关键索引，将打通数据孤岛的信任障碍，实现全社会大数据可信统一管理，通过识别不同的实际需求按照顶层规划策略提供按需分配的资源调度和生活保障，建立强大的社会信用体系，推动社会文明走向新的高度。

4.1.2　权限管理的识别前提

元宇宙时代的数字身份是基于 Web 3.0 的自主身份系统。元宇宙时代数据的互通性是互联网体系所不具备的。

在数据权限方面，不需要去中心化的管理，而需要中心化管理，这样才能增加数据流动性、互通性和通透性。但是，互联网公司的中心化数据管理机制反而在宏观上形成了数据权限的去中心化，导致形成了一个个数据孤岛，阻碍了信息的正常交流，人为提升了数据的使用成本，弱化了数据的价值，影响了社会各方面的运作效率。

另一方面，互联网公司所拥有的用户身份信息本身从法律和道义上讲都不是该公司的资产，也并没有从本意上征得用户同意对之进行处理，然而对于此类资产的侵占和盗用牟利的行为已变得越来越泛滥，用户的权益遭受巨大损害。

元宇宙使用的身份系统，一方面在互联网的层面基于自主身份 ID 统一管理和归集数据，另一方面将身份的管理权交于身份的主人，由用户本人从顶层管控与其自身身份相关的数据和信息的授权，保障了用户的权益。

身份管理权交回本人并不等于社会失去了统筹和管理个人的能力。任何人在社会生活中都会给社会带来影响，也会受到社会的影响。个人的权利不是绝对属于个人的，这包括信息和数据。比如每个人对自己的名字有取名的权利，自己的名字不只是生下来的姓名，还包括笔名、艺名、昵称等其他需要一个称谓的场合，但是社会作为整体具有知情权，必须能够识别名字和对应的个体，知晓以该名字所做的行为和名字所有者的关联，以防止评价被不公平地误导到其他个体或群体的身上。

在社会管理中，权限以权利为基础并为它提供服务。权限系统如何设计得更为有效好用，这是技术上的问题，而权限赋予何人，赋予多大程度，相互之间是什么样的关系则是社会层面的问题。在权限管理中，隐私保护和知情权看上去是个矛盾体，那么如何才能解开两者的对立呢？关键在于知情可能性和知情条件性。

隐私保护不能导致知情的不可能性，也就是说，隐私信息必须可以访问。有人说，既然是隐私，那就隐藏起来了，为何还要能够访问，能够访问不就没有隐私了吗？这是个误解，隐私保护不是保护隐私信息不能访问，而是保护隐私信息不能随便访问，是有条件的访问。具体是什么样的条件下才能访问，由谁来访问，访问者有什么义务等，这些都需要提前公开透明公平地通过共识来形成执行规则。

对隐私信息的访问还应当让隐私信息的主人知情，要有不可篡改的记录，并且该记录对信息的主人开放。

知情权在对抗隐私保护时仅当在给社会整体或者善意第三人带来负面影响下才能被激活,否则应当维持隐私保护的状态。

隐私保护是一个体系,关于隐私保护的信息应当由全体成员来定义,而不是由个体随意纳入范畴,因为它不是仅仅个人的事情,由全员来定义将带来公平。

在元宇宙的技术层面,身份的无差别性是其身份系统的优势所在。这种无差别性一方面产生了匿名效果,进而支持了隐私保护这种需求,同时它不等于不可识别,而是一种零知识识别。零知识识别让身份管理既完成了识别工作,又没有得到任何除识别需要以外的信息。

在这样的架构下,身份作为识别所有权和相关度的关键索引,为信息的流动提供了正当、高效、平衡的管理服务。未来互联网统一身份管理体系将是中心化和去中心化的结合,通过加密隐私在去中心化平台上构建公平性、透明性和隐私性,建立信用基础设施,同时通过中心化数据权限管理引擎为全网用户提供全面、高效、合法的信息交流服务。这些服务以身份识别为工作的前提条件。"合法性"来自于身份的真实性、识别的正确性和授权的准确性。

随着时间的推广,"代码即法则"将推动人类规则以更信息化的方式执行,在身份的基础上,权限的执行也将更精准、高效、联动和可扩展。

4.1.3 信用体系的主体基石

社会信用体系是市场经济体制和社会治理体制的重要组成部分。它以法律、法规、标准和合约为依据,以覆盖社会成员的信用记录和信用基础设施网络为基础,以信用信息合规应用和信用服务体系为支撑,以树立诚信文化理念、弘扬诚信传统美德为内在要求,以守信激励和失信约束为奖惩机制,目的是提高全社会的诚信意识和信用水平。

信任深刻影响着群体的活力。一个松散的群体缺乏凝聚力,群体的松散指的是人们之间关系深度的不足。无论是何种原因的松散,其本质是信任的松散和不足。相反,具有凝聚力的群体,真正凝聚人的是信任。

信任不是个体的责任,更不是合作的前提。相反,信任是个体完全独立自决的内容。个体不需要因为旁人,或者所有旁人的自决结果而改变自己的信任或者不信任。"合群"只是在行为规则上愿意为集体做妥协,不是放弃自己对信任的自主权。

信任可以促进合作,合作也可以促进信任,它们是相互影响的关系,并非谁是谁的前提。没有信任也可以合作,未曾合作也可以有信任。

导致信任缺失的因素有很多。在群体中,识别对信任的影响极为明显,明确的身份识别是促进信任最有效的方法。从某种意义上说，身份识别是现代社会文明的奠基石。

人类历史上曾经先后出现两种社会信用机制，第一代的关系信用和第二代的权威信用。

关系信用产生于农业社会。那时候绝大多数的人被绑定在土地上，生活范围狭小有限而且稳定，通常换个地方要隔数代人才会发生一次。这样的社会形成了以个人声誉背书的关系信用机制，它适用于处于有限地理范围的相对固定的熟人社会。所以关系信用适合当时的社会历史条件，这种机制通常不需要额外的身份记录，靠人大脑中的记忆来进行身份识别。

权威信用产生于工业社会。它以政府、银行、公证处等权威第三方机构背书，适用于人员在较大地理范围流动的现代社会。权威信用的体现形式有护照、驾照、工作证、学生证、医疗卡、信用卡等。权威信用依托权威机构在社会层面的强大信用，以及权威机构对个体的信用甄别，来实现社会信用体系的统一化运作。

随着人类现代化的不断进步，由区块链、人工智能、大数据等技术催生出一种新型的社会信用机制，第三代的数据信用。

数据信用产生于信息社会。通过个体的数据（包括个人信息数据、资产数据和行为数据）进行身份识别。数据信用以信息技术为基础，应用于具备信息化基础设施、不限地理范围、不限人际间熟识程度的现代全球化社会。

现代市场经济已然发展成为以信用主导的市场经济。作为第三代信用机制，数据信用基于大数据技术和区块链技术，在现代经济活动和社会交往中的重要性愈发凸显。"离场"交易、"不见面"交易、"免互动"交易有望成为未来基于第三代信用体系的交易形式。

在元宇宙的数字空间里，身份是构建其信用体系的基石。身份信息通过技术系统构建起数据信用机制，数据公开透明、可审计、不可篡改，数据的可信度极高；通过节点为媒介架起陌生环境下的可信的网络；通过算法在成员之间搭起信任的桥梁。

说到数据信用机制，不得不提及目前的征信系统。

征信是介于第二代信用机制与第三代信用机制之间的产物。

早期征信借助于对借贷行为的第三方引证，同时引入国家权威机构对犯罪、诉讼等的记录，属于第二代信用体系的内容。由于信用机制涉及的信息量较少，能提供的信用可参考性并不充分。那些既没有犯罪或者诉讼记录也没有借贷记录的人，被划分为"高风险"人群受到不公正的对待。按照此征信方式进行的判断被事实证明误差大，效益低，也造成过严重后果。

比如众所周知的 2008 年美国次贷危机引发的全球金融海啸，正是因为对大量不具还款能力的个体进行了过高的判断和放款，导致大规模的违约行为，并通过金融衍生工具外溢到全世界，影响了全球数年的经济正常发展。

另一个正向的例子是美国第一资本银行（Capital One），它成立于1995 年，成立仅 21 年后即在数千家美国银行中异军突起，一跃成为全美五大信用卡发售银行之一，与花旗、大摩、运通和美国银行这些有两百年历史的大行并驾齐驱。第一资本银行是技术型银行，使用人工智能和大数据分析技术，专门面向在第二代信用系统中的征信分值低，但实际可信度良好的客户发行信用卡。Capital One 的成功印证了第二代信用机制中的固有缺陷。

由此可见，征信的主要目的是提升信息透明度，获取必要的知情权，控制信用风险。

在元宇宙中，使用去中心化的多点记账技术和由数学算法构成的加密机制，创造了一个可以避免人为操纵和篡改的自动化征信和处理体系，促使信用脱离了第三方中介（如中介、银行、第三方征信服务机构等）的信用背书。智能合约提供一种协调社会关系的新方式。在过去，交易双方因违约而产生纠纷时，传统的解决办法是诉诸法律。在现在，智能合约可以根据预先设定的条件触发计算机程序自动进行处理，无须人工干预，这样的处理相比传统方法既高效又公平。

综上所述，第三代数据信用机制是构建元宇宙的基石，能够为元宇宙营造优良信用环境，提升整体竞争力，创造更多经济和社会价值，对促进元宇宙的发展具有重要意义。

4.2 元宇宙身份的底层逻辑

自古以来，身份的底层逻辑都是客观的，身份的客观性是指我们的身份不是自己定义的，而是外部机构定义的。通俗地说，它是别人看我们的样子，不是我们自己声称的样子。

有人说我们的名字都是自己取的，为何说身份不是自己的呢？其实名字只是绑定在身份 ID 上的一个信息字段，和性别、出生日、籍贯等一样，属于身份信息。很多学说混淆了身份和身份信息，导致上层阐述的逻辑混乱，实际上是混淆了识别符和数据。身份信息作为数据，尽管有时候对识别有帮助，但是它单独使用不具备识别能力。同名同姓的人很多，而一个人改了名字并不表示他不是他了。

身份 ID 是一个纯识别字段，通常是一串数码符号。它对隐私保护起到了关键支撑作用。

在这种情况下，无论最初注册身份时提供了哪些个人信息，用于识别身份的身份 ID 都不是每个人自己取的，而是由第三方权威注册机构统一安排建立的。比如身份证，它的 ID 由公安部签发管理。比如互联网平台的账户身份，由该平台后台程序自动生成一个用户 ID，称为 UID。

身份 ID 一旦建立便不可修改，这和身份信息是有本质不同的。有些身份信息看上去不可能变动，比如出生日期、性别等，但保不准有特殊情况可能会发生变动，比如填错了。所以身份信息都是可以更改的。但无论身份信息如何变动，身份 ID 是不变的。比如当用户更改了网站账户信息，甚至账户名称或者账号时，其底层的 UID 不会变。

这个 UID 就是一个客观身份识别符。

元宇宙创造了更为先进的自主身份，彻底改变了自古以来使用至今的客观身份系统。它在不损害身份的稳定性的前提下，提供了隐私保护和可溯源，在数据安全性和可靠性上获得了大幅提升，推动了信用体系的发展。元宇宙的自主身份系统将成为数字化时代的基本身份系统。

4.2.1　身份的时间简史

身份在中国起源于战国时期，商鞅在秦国变法，发明了照身帖。照身帖由官府发放，是一块打磨光滑细密的竹板，上面刻有持有人的头像和籍贯信息。国人必须持有，如若没有就被认为是黑户，或者间谍之类。到隋唐时期，朝廷发给官员一种类似身份的"鱼符"，它是用木头或金属精制而成的。鱼符是一种代表官员身份的"证件"，由朝廷制造颁发，刻有姓名、部门和品级。

在古代，由于生产力低下，资源分配是有限的，"社会"只掌控在少数上层阶级手中。身份的作用主要是分类，识别人的"社会"等级和所属类别。那时候处于金字塔底层的大众不具备被"社会"识别的权利。因此证件身份从诞生开始就不是为了区分每个个体使用的。类别和等级的含义深刻于身份证明的文化发展之中。

证件身份是中国最早的身份证明，历史悠久，并且始终占据重要地位。

比如在《西游记》中，唐玄奘身为大唐使节西行取经，途径每个国家时，都要向当朝国君倒换通关文牒。通关文牒是太宗皇帝李世民在玄奘踏上西天取经之路前，给他准备的一份重要文件，是途经每个国家都需要用到的一份凭证，相当于玄奘身份的象征。并且，途经的各国都会在通关文牒上面加盖该国印玺，来加强玄奘身份的证明。

尽管《西游记》是一部文学作品，内容和情节都是虚构的，但"玄奘取经"的历史事件却是真实的。这个通关文牒就是当时的一种身份证明，也就是中国古代护照。这种古代通过关戍时拿的通行证，曾被称为符、节、传、过所、公验、度牒、路证等。

身份也是西方政治文化的实践中最为古老而源远流长的制度之一。公民身份的出现一开始就带有现实主义色彩，从古希腊、雅典到古罗马，从中世纪到文艺复兴、宗教改革，直至现代的公民身份，在某种意义上都蕴含因地制宜的现实考量。

身份的转变发展之路，经历了漫长的历史变迁。

随着人类社会的进步，大众的权利得到普遍提升，每个人都被赋予一个属于自己的身份，并由此公平地获得自己作为国民的权益。同时身份对于个体的识别也变得越来越重要，于是便有了身份证件。

身份证件中被认为最官方的是身份证。身份证是无差别发给每一个公民的证件，是每个公民进行社会活动、维护社会秩序、保障公民合法权益、证明公民身份的证件。身份证主要用于本国内，可用来处理关于每个公民的个人事务，如户口、社保、纳税、选举和被选举等。在国际上，"护照"成为经多国共识和标准化后的通用旅行证件。有些时候护照可以代替身份证，作为"等同身份证"使用。但本质上护照不是身份证，拥有护照的人的数量远少于公民数量。

目前使用身份证的国家有：中国、德国、日本、法国、韩国、瑞典、马来西亚、西班牙、新加坡、以色列、比利时、罗马尼亚、波兰等。使用"等同身份证"的国家有：美国、英国、丹麦、挪威、冰岛等。没能建立身份证制度的国家历史上也曾多次尝试建立身份证制度，比如英国、美国，但由于民众对于政府管控和个人隐私之间的理解无法达成一致，暂时还没有统一的身份证，目前暂用一些官方颁发的其他证件相结合使用来代替身份证，如税号、驾照等。

从证件身份到身份证件，代表身份属性的含义逐渐消退，而用于个体识别的含义逐渐成为核心。

证件身份并不是元宇宙中的身份逻辑。在元宇宙中，证件已退出舞台。元宇宙关心的是身份的识别逻辑，而把原来证件身份的功能交给更为一般性的成就证明——出席证明协议（Proof of Attendance Protocol，POAP）。POAP 使用区块链不可篡改的记录来证明某个人出席了某个事件。在实际应用中，我们用它来做成就证明，用来证明某个人已经达到的成就。POAP 使用的是 NFT 技术，在元宇宙的数字化世界中得到越来越多的使用。

4.2.2　唯一性的内在逻辑

现代社会公民身份是政治、经济、文化共同作用的产物。如前文所述，公民身份在不同时期、不同的历史条件下，在不同的国家有着不同的发展需求和历史责任。

在现代社会体系中,身份的首要意义是在于识别。

身份用于识别每一个人。身份是个体成员独有的标识。现代社会体系中的身份,可用于有效识别每个公民的个体差异,进行身份信息认证,有效消除安全隐患。这要求每个身份识别标识在社会身份的集合中必须是独一无二的。

同时,身份也用于公平地对待每位成员。此时身份的意义体现在其公平一致性,例如每个公民都拥有选举权和被选举权,拥有公平享受社会福利的权利,需要共同承担社会义务等。社会生活中,身份的公平属性至关重要。试想一下,如果有人有两张身份证,他就可以领取两份福利,投两次票;如果有人隐去了身份信息,他就可以逃避税务、兵役等。可见,社会身份必须对每个人都公平,每人一个身份,有且只有一个。唯一性是现在社会身份系统的内在要求。

理想的身份 ID 系统中,身份和人可做到完全的一对一关系。而非理想的身份 ID 系统中,一一对应的关系无法保障,导致一人出现多个身份 ID,或者一个身份 ID 被多个人使用,这都将导致识别错误。

典型的非理想身份 ID 系统即互联网平台的身份系统。每个用户在使用平台前都需要注册和登录,其本意是为了将使用关联到用户本人。但是由于系统识别能力有限,系统无法确认登录者是否为账号创建者本人,同时也无法阻碍一人创建多个账号。

建立 ID 唯一性的方法很多,比如递增法。互联网平台多用此种方法生成用户 ID(UID),依注册次序递增。这种方法很简洁,而且可以保证产生的 ID 不会重复。

然而递增法建立的 ID 不具备零知识能力,也就是说其他人可以在一定程度上推测出这个 UID 来,从而泄露用户的隐私。

目前比较常用的高质量 ID 唯一性建立方法是使用哈希摘要,对某些含义用户注册时间戳的信息进行不可逆加密,生成一串随机数。这种方法不仅可以建立一个平台的用户 ID,还可以建立 UUID,即通用用户身份 ID。在理论上,这类 ID 在所有可能出现的平台上都可以保证其唯一性。

4.2.3　客观身份

客观身份是指由权威机构建立和维护的身份识别符。相对而言,自主身份是指由本人建立和维护的身份识别符。客观身份的身份信息不一定由第三方提供,可以由身份所有者本人提供。甚至这些信息可以不经过第三方确认,只由本人声明即可。

客观身份让身份可以得到统一管理,在制造身份的第三方机构所管辖的应用场景范围内得到该机构的背书。但千万不要误解或者过度解读这样的背书。这个背书的对象只是该身份识别符，以及其下绑定的该机构收集到的所有者身份信息。该背书只对身份识别符的错误负责，不对身份信息本身的错误负责（除非该机构声明对此做过核实）。客观身份在社会生活中的作用非常重要，它比自主身份的可信度更高。

自主身份是自己声明的一个身份，在日常的生活中，普通的自主身份可以随意冒名顶替，因此不具备可信度。

有了客观身份，冒名顶替的可能性大大降低。因为那需要说服第三方机构与之合谋，或者破解第三方的信息记录，成本很高。

作为统一管理的客观身份，能有效防止个人对自己身份的随意变更，这样就保证了身份的稳定性。而身份的稳定性是可识别的前提，也是身份系统能在社会体系中发挥重大作用的前提。

作为维护客观身份的第三方，尽管可以不对原始身份信息的真实性负责，但也是负有相应责任的。它需要保证这些身份信息在它所维护的生命周期内不出问题。但客观身份存在着一定的风险。

区块链时代，随着更先进的 Web 3.0 自主身份的出现，直接解除了这种风险。

元宇宙正是以自主身份为基础，才有可能建设成数字化虚拟社会。

4.2.4　自主身份

自主身份相对于客观身份而言，是用自己声称的身份进行社会交往中的相互识别。

自主身份在身份系统出现以前是人类交往的默认方式。人们见面时的自我介绍就是典型的自主身份。在这里我们称之为原始自主身份。

原始自主身份中的身份识别符是抽象的，我们无法从中抽提出具体的、可明确定义清楚的识别符来，它通常是由一些身份信息的组合来作为识别方式，经常不完美，所以认错的概率相当高。

当社会发展到一定阶段，建立了中央集权机构，就开始有了客观身份。

客观身份第一次建立了定义清晰的不会重复的 ID 识别符，在长期的发展下推动了社会文明的进步。

随着互联网时代的到来，客观身份得到普及。任何提供服务的互联网平台都可以使用客观身份来为用户提供服务，包括个人临时架设的网站。这使得客观身份的权威性大打折扣。

随着区块链技术的产生及应用，由此诞生了 Web 3.0 自主身份，它是不可篡改的，这消灭了身份欺诈的基本条件。

Web 3.0 的自主身份由本人创建和维护其核心身份组件——身份识别符；任何其他人无法自称为这个身份识别符的主人，因为他们没有可以证明这个识别符归属的密钥。

更为底层的逻辑是，使用这个密钥进行的验证是零知识的。也就是说，观察验证过程和结果的人也无法重复这个验证，他的观察并没有给他关于这个密钥是什么的任何知识，因此他无法冒用。

元宇宙社会的身份系统使用的正是 Web 3.0 自主身份系统。因其自主性，从而保护了用户的隐私权。

与客观身份不同，自主身份的身份识别符掌握在用户自己手中，与其相关联的身份信息也同样由自己掌控，如果用户自己不释放，他人是无法获得的。同时，掌控并不表示可以篡改，这些信息的真实性是得到查询者反复验证并且不可抵赖的，这就带来了比客观身份使用第三方背书更加可信的身份真实性。

4.3　元宇宙社会的特点

4.3.1　陌生环境中的信任与合作

时代的发展使我们所要面对的环境也发生了深刻的变化。

与互联网时代创造了陌生的交往不同的是，元宇宙创造了陌生的社会，因为元宇宙比互联网更开放，更像个社会。

自古以来，技术一直在推动着合作，反之亦然。元宇宙中，合作者之间变得越来越陌生，但却越来越有效。这要归功于区块链技术的发展，它为陌生人之间开辟了一条可信度很高的快速通道，让远隔重洋、从未谋面、完全陌生的双方可以讨论和实施对双方都有利的方案，不必担心一方违约而遭受损失。

元宇宙将全世界的人重新纳入一个很方便"面对面"的世界里，你所见到的身边那些人很可能来自里约热内卢、首尔、圣彼得堡的某个街区或者周边的某个乡村，但是你们可能现在已经很熟悉，彼此一起玩过游戏，还交换了收藏品。

元宇宙是个陌生的世界，但你不会有强烈的陌生感。人们在真实世界差距很大，如果相互见面未必能相谈甚欢。但在元宇宙中，人们使用数字化身，看上去都很熟悉，可以在区块链系统的保障下放心合作，没有人能越过它的管理作弊，很安全。

所以，元宇宙社会给人最大的印象是：到处是陌生人，但可以信任与合作。

在这个世界上，无论在哪里，无论对谁来说，陌生人的数量都远远大于非陌生人的数量。当我们可以不依赖熟悉程度与人进行高效的合作的时候，这带来的潜在价值是无穷的。

未来，陌生交往模式将逐渐成为常态，人们在与陌生人打交道的过程中收获成果的比例将越来越高。

4.3.2　隐私保护和对行为负责

长久以来，关于网络实名制的讨论相当激烈，赞成实名制和反对实名制的人都各持观点，互不相让。

这是个全球化的讨论，至今实施过网络实名制的国家只有韩国一家。韩国在2005年发生了一系列由于网络暴力造成的多起严重伤害事件，使得支持网络实名的民众比例从30%多上升到60%以上。2007年网络实名制正式在韩国社会范围内实施。实施后各种网络诽谤略微有所下降，但同时导致参与度下降严重，更严重的是实名登记信息吸引了大量黑客的兴趣。2011年7月，韩国发生规模空前的信息外泄案，整个韩国70%的人口的个人敏感信息遭到外泄，包括姓名、生日、电话、住址、邮箱、密码和身份证号码，极为详尽。未过多久，韩国政府表示将逐渐取消实名制。韩国这一行动，让其他观望的国家都对网络实名制谨慎起来。

争论的激烈体现了需求的矛盾，本质上这是一个信息开放与隐私保护的需求矛盾。

争论的激烈还体现了矛盾没有被妥善处理，或是因为方法不对，或是因为技术不能支持。其中最大的问题是这些实名制平台保存的实名信息被黑客盗取。

实名制只是要求用户实名认证，使之可溯源，也就是说，谁做的事情谁负责。这和将实名信息保存在平台不是因果关系。实名认证由颁发身份的机构来执行，通过需要实名制的网站发起请求，获得验证结果，脱敏后存于后台以提供溯源。因此整个过程是零知识的，这些实名制网站不需要有用户的实名信息，只要提供实名制服务即可。如果它们那里并没有保存用户信息，又何来被黑客攻陷而泄露呢？

信息开放和隐私保护并不是直接矛盾的，除非开放的信息和保护的信息是指同一条信息且在同样的条件下实施。通常情况下信息开放不是指将信息无条件用明文展示在公共场合，而是指在合理合法的条件下能够方便地获得。隐私保护也不是指任何其他人都无法获得该信息，而是指在正常情况下应当防止其他人的获得。

元宇宙同时提供了信息开放和隐私保护的功能。通过自主身份的纯识别性维护了用户主管自己身份信息的权利。通过区块链的透明性提供了关于用户行为的可溯源。这实际上解决了上面韩国政府实行实名制所要解决的问题。

元宇宙的社会有一条共识：个人的隐私应该得到保护，个人也应该对自己的行为负责。因此，对行为的溯源不影响对个人信息的保护，反之亦然。

4.3.3　与现实的关联与不关联

大部分的时候，元宇宙是个独立的实体，不与现实世界直接关联。当人们进入元宇宙，沉浸其中之时，元宇宙外的事就抛之脑后。

这发生在元宇宙发展的早期阶段，社会生产还未进入元宇宙，元宇宙内主要入驻的是娱乐、品宣、旅游等服务业。即便这些商业于现实世界中的相关商业有协同，也不构成与现实世界的强互动。在这个时候，元宇宙体现了与现实世界的平行性，或者说不关联性。

这里的"不关联"指的是使用者身份不需要与元宇宙外的身份关联来使用元宇宙内部的功能。

但事情也有例外的时候，有少量事务需要我们在元宇宙内验证自己在元宇宙外的身份，比如一场为老人提供辅导课程的元宇宙现场教学，将为完成课程的老人提供完课奖励，课程只对社区内 60 岁以上老人提供。当老人进入元宇宙学习课程的时候，就需要验证老人在现实世界的身份，才能允许进入课堂上课。显然，这时候就出现了与元宇宙外的身份关联的情况。

关联现实的时候，是可以不泄露老人的个人隐私的。老人通过刷脸验证，从国家身份部门（在我国是公安部门）获得验证，验证部门将验证信息发给元宇宙，元宇宙得到正确结果则允许进入课堂，否则拒绝。

这样的关联对于元宇宙来说是近零知识的，也就是说，它帮助了元宇宙完成所需的对元宇宙外部身份的验证，但并没有获得这个信息的具体内容。并且该验证是一次性的，验证完成便切断验证，直到下一次需要验证的时候再做，再做的时候仍然需要老人自己操作，保证他的知情和同意操作。

因此，从隐私保护的角度看，此次的关联现实的操作对于元宇宙来说等同于不关联。

这种零知识关联现实的方式在元宇宙后期也一样适用，但不适用于需要持续保持现实身份的元宇宙内活动。这种情况在生产类产业进入元宇宙后将会普遍存证。届时，传感器加密身份可能成为更新的虚实身份一体化的社会基础。

第5章
元宇宙的经济逻辑

传统经济学历经数百年不断创新，发明了无数金融衍生工具，把各种资源资产的价值流动性不断提升。

区块链技术的出现让各类资产变得无形、数字化、虚拟化，使它们可以直接通过网络来跨国界、短时差、低成本地进行交易和支付，让它们的流动性远远超出所有现代货币及它们的衍生物。元宇宙便是区块链实现这个功能的重要应用场景，元宇宙的经济基础就建立在区块链技术之上。本章就将详细介绍元宇宙的经济逻辑。

5.1　元宇宙的经济基础

元宇宙的经济体系需要建立在基于区块链技术的加密数字货币上，除非这个元宇宙不使用区块链技术。只有一些小众的元宇宙不使用区块链，保留中心化商业特色，大部分元宇宙都建立在区块链底层架构之上，其经济基础受到区块链技术和经济模型的深远影响。

区块链上的数字货币都是加密数字货币。加密数字货币相比非加密数字货币的不同在于，其装有数字货币的账户是加密的。如果想使用账户中的数字货币，必须先证明这个账户的所有权属于你。证明所有权的过程是加密的，他人无法窥视。

互联网支付中使用的电子货币也是数字货币，但不是加密数字货币。用户通常只要登录到银行账户就可以使用其中的货币。登录就是证明这个账户属于你的过程。但是很多人都可以使用你的密码来开启这个账户。因为这个证明过程不是加密的，是可以"复制"的。具体来说，用户的密码或者手机验证码，这些信息都必须传到服务器端由服务器来做对比验证,服务器端有一个备份。

加密数字货币主要分为两类:区块链原生代币和智能合约通证。元宇宙通常使用后者,但后者的价值又要依托前者才能实现,因此元宇宙加密数字货币来源于区块链原生代币,底层技术使用的是智能合约。

5.1.1　以太坊网络:经济底层设施

比特币开创了去中心化加密货币的先河。经过长时间的使用,比特币已充分验证了区块链技术的安全性和可行性。但比特币的功能较少,仅提供点对点的电子交易系统功能。随着以太坊的出现,将智能合约带入区块链中。以太坊提供了一个图灵完备的虚拟机和专用的编程语言(Solidity),为用户提供在以太坊网络上开发和运行去中心化应用的工具。

以太坊是一个开源的、具有智能合约功能的公共区块链平台,以太坊相比于比特币而言,其扩展可用的功能性增强了许多。不仅仅限于点对点的去中心化支付系统,还为用户提供在以太坊网络上创建应用、使用智能合约的功能。相当于把互联网生态接入去中心化的网络当中,发展出 DApp、DeFi、DAO 等去中心化应用场景。以太坊作为一个区块链网络系统,一方面是一个去中心化的记录体系,用来记录和验证交易;另一方面是一个去中心化的执行系统,用来执行智能合约。以太坊相对于比特币更多的改进主要在第二方面,这也是区块链 2.0 的高级功能。

智能合约也称为 DApp,或者"去中心化应用",这两者本质上是一样的。起初是为了突出智能合约的分布式特征和以太坊的特别能力而提出 DApp 的概念,后来为了区别两者,把 DApp 具体解释成带有前端、后端是智能合约的去中心化应用。在以太坊网络,任何人都可以在平台上创建、发布和使用应用程序,并且使用网络中的原生加密货币——以太币来进行支付。

目前,市面上的元宇宙大多数都是搭建在以太坊网络上的,主要原因是以太坊网络提供 DApp 功能。区块链作为元宇宙的底层设施,为元宇宙的经济体系、社会体系都提供了可靠性保障,利用区块链的不可篡改、可溯源的功能特性,元宇宙上的所有记录和流程都可以具备更高的安全性和透明度。

以太坊网络分为主链、测试链、侧链和 L2 层。人们通常使用的是以太坊主链网络,它是以太坊生态体系的主干网络,其他网络属于辅助成分。

以太坊测试链主要用来做以太坊主链正式上线前的测试。测试链测试时会产生以太币和一些持有这些以太币的账户。测试链是不能够直接转为主链使用的。在主链上线后这些测试链就平行于主链单独运行,与主链通过网络 ID 来区分。现在这些测试链被用来为 DApp 用户提供智能合约的测试。以太坊网络目前有几条专业的测试链，比如 Ropsten 测试链、Kovan 测试链、Rinkeby 测试链等。

随着去中心化应用的增多，以太坊主链承受的压力也越来越大。在区块链上交易是要缴纳交易费的，按照区块链底层的机制，交易费越高这笔交易就会越优先地被接受上链。在以太坊网络，交易费又称为 gas。当交易量过大时，会出现网络拥堵和过高的 gas，导致用户成本升高，体验变差。另一方面，以太坊的交易速度虽然比比特币上了一个台阶，达到了平均每十几秒生成一个新区块，但随着使用者越来越多，还是跟不上需求的增长。为了解决以太坊主链网络交易速度过慢和高昂的交易手续费的问题，技术专家提出了新的区块链共识方案，比如使用 PoS 权益证明来代替 PoW 工作量证明，这样可以使速度提升到每秒生成一个新区块，同时因为消耗的算力低，交易费也可以大大降低。于是便有了"侧链"。

侧链是功能上辅助主链的区块链，侧链和主链是不同的区块链，不仅平行，而且算法架构都不一样。但是侧链具有与主链兼容的虚拟机和数字资产系统，这是侧链之所以为"侧"的含义，侧链能辅助主链管理数字资产，但是侧链使用的共识机制在提升交易效率的同时，也降低了去中心化。在区块链世界，去中心化是安全性的首要因素。

主要的以太坊侧链有 Polygon PoS、Skale 和 Rootstock 等。以太坊 2.0 将有自己的侧链变体，称为分片链。

区块链网络过慢和交易手续费过高影响了区块链网络的规模化。为此，以太坊网络扩展出了 L2 层。以太坊主链处于第一层，在它上面有 L2 也就是第二层，L2 层是链下扩展层，在第二层交易通常使用中心化机制（不一定是中心化系统，也可以是中心化程度高的区块链系统）来大大提升交易速度，然后再定期上链。上链后所有交易信息将被锁定不可篡改。使用 L2 层的问题是，在定期上链的过程之间是缺乏区块链机制保障的，而且一旦上链，如果有错只能将错就错，无法改正。因此 L2 的使用中带有优化性设计，通常是把非关键和安全需求低的数据处理在 L2 执行，把剩余的数据返回到第一层执行。

以太坊网络系统正在积极地向前发展。尽管时间上一拖再拖，以太坊团队希望在 2022 年底实现以太坊 2.0 版的系统上线。现在以太坊官方团队已经取消了以太坊 2.0 的称谓，改称"以太坊升级"，目的是避免被不法分子利用来骗取用户手中的以太币换取不存在的以太坊 2.0 币。为了明示变化，本书还是暂时使用以太坊 2.0 的叫法。

以太坊 2.0 是对原来的以太坊 1.0 系统的升级，链上资产没有变动，不会有另外的以太坊 2.0 币这种事情。相比以太坊 1.0，新的以太坊 2.0 系统有重大的改变，主要目的是解决以太坊网络规模化应用的问题。其中最大的改变就是共识机制将变为 PoS（权益证明）。在以太坊 2.0，取消了 PoW 机制中的依靠算力"挖矿"，取而代之的是依靠特定成员"验证者"来产出区块的 PoS 机制。你只要质押 32 枚以太币便可成为验证者。每质押 32 枚以太币就可以产生一个验证者，意味着验证者是虚拟身份，一个节点可以有多个，一个人更可以有多个。

PoS 的具体机制相当复杂，需要排除各种次生困难和安全漏洞。这也是以太坊 2.0 变化很大的根本原因，随之出现了"信标链""分片链""提议者""验证者""委员会""质押""最终确定性""检验点""插槽""轮回""交联"等新机制。简单理解就是通过将原有的区块链数据库的每个区块切分成多个分片而形成，而且分片的数量可扩展，因此原则上可以让容量变得很大，从而大大提升 TPS（每秒交易数）的值。以太坊团队打算先做 64 个分片，加上一个统筹出块事务的特别链"信标链"来完成升级计划。

5.1.2　原生代币：元宇宙价值基础

区块链原生代币是指区块链系统的原生数字货币，其伴随着区块链系统的创建而出现。如比特币区块链系统的比特币、以太坊区块链系统的以太币。

在现实世界中，货币作为帮助提升商品价值流动性的工具进入经济体系，是先有商品的。而在区块链生态中，货币则作为更可信的价值载体，一开始便带着商品的属性而出现。

在元宇宙中使用的数字货币，一般都是区块链加密数字货币中的智能合约通证数字货币。比如 Decentraland 元宇宙使用的 MANA，TheSandbox 元宇宙使用的 SAND 等。但是这些通证的都是由以太坊区块链原生数字货币 ETH（以太币）来背书的，这种关系有点像黄金或者石油对美元的背书。区块链原生数字货币比其上运行的任何智能合约通证都要更稳定。

区块链系统支持在同一个区块链上的加密数字货币转移，这种转移实际上就是更换权益所有人。对于区块链原生代币的转移，是通过区块链分布式数据库中的一条记录来实现的。正因为这条记录的不可篡改性，所属代币的权益在记录产生之后就发生了永久性的转移。所有的节点在验证交易时都不再认可之前的主人，而只认可转移之后的主人。

不同的区块链系统拥有不同的原生代币。两个不同区块链原生代币之间的价值转移不能直接进行。同步互换不可避免地会涉及实际上的异步性和中心化系统或者智能合约的帮助。当这种需求普遍存在时，交易所便出现了。

目前市面上主流元宇宙项目的加密货币大都不是区块链原生代币。主要原因在于区块链原生代币需要区块链底层链支持，技术开发难度大，成本高；另一方面，一些区块链 2.0 的系统已经支持链上开发智能合约，可以方便地开发需要的智能合约代币，具有类似的去中心化可信度。目前主流元宇宙多使用以太坊区块链上的 ERC-20 标准来发行自己的数字货币。

区块链的原生代币的价值来自区块链系统的本身价值，与其上构建的元宇宙智能合约通证代表的价值没有直接关系。比如 Decentraland 的 MANA 币、Sandbox 的 SAND 币，它们和以太坊原生代币以太币在价格上没有固定联系。

元宇宙项目与其依托的区块链项目属于不同项目，由不同的团队开发和维护，它们之间没有天然的合作关系。Decentraland 元宇宙项目的活跃度会影响底层以太坊项目的活跃度。Decentraland 元宇宙项目的价值上涨会对底层以太坊项目的价值增长带来好处。反之就不一定了。因为以太坊上有成千上万个项目在运行，每个项目的市值变化主要还是看各自的运营能力。

但是如果以太坊区块链底层系统出现变故，会严重影响上面搭建的各种元宇宙。假如以太坊发生分叉，Decentraland 的合约记录也会发生分叉，Decentraland 社区必须有应对措施，否则 MANA 的价值可能受到震荡。这是严重的问题。

区块链原生代币的作用好像水，智能合约通证的作用好像其上行使的舟，水能载舟亦能覆舟，区块链原生代币是元宇宙经济体系的基础。

5.1.3　智能合约：元宇宙经济引擎

智能合约是可自动执行的承诺，它隐含了区块链技术所提供的公开透明和不可篡改的特性。

智能合约是以太坊通过改进比特币的链上虚拟机得到的一种新能力。智能合约本质是上链的程序，通过链码引擎可以在区块链上自动执行，输出确定性的结果，保证整个程序执行过程的公开透明。

Nick Szabo 创造了"智能合约"这一术语。 1994 年，他撰写了智能合约的概念简介，设想了一个建立在这些自动化、加密安全流程上的数字化市场。在这种数字化市场中，交易和业务功能可以在无须信任的情况下进行，无须中间人。以太坊上的智能合约将这一设想付诸实践。

传统合约的痛点之一是执行，合约撰写容易，要达成一致也不困难，但是到了执行阶段往往会出状况。因为说和做是分离的，随着事物的发展，利害关系常常会发生改变，到执行的时候，原先的共识已不再是共识了，说得再好也有可能不执行。

智能合约通过将协议条款转换为计算机代码使协议变得可执行，然后代码就会在合约条款得到满足时自动执行。

自动执行的意义很大，它将协议的"说"绑定了"做"，它让建立信任这个动作变得多此一举，因为协议已经自动执行了。

这里所说的自动执行是有隐含要求的，中心化服务器上的程序都是可以自动执行的，但是无法保证是最初的程序，不满足要求。此处所说的自动执行指的是人为无法改变的自动执行，所以这个"自"动不仅仅是"自己会"动，还要"自"主地动。就是只按照既定的程序运行，不会被他人干扰、篡改、破坏。

智能合约作为高可信任的执行工具除了能自动执行外，还有几个优异的特点。比如它有公开透明的程序和记录：公开透明的程序代码让人们可以审查合约条款，看看里面到底是怎样的内容；公开透明的记录把执行的结果都明明白白地展现在日光之下，而不是不透明的暗箱操作。再比如它可以预知结果，因为程序的运行是确定的，程序现在运行出来什么结果，以后也会是什么结果，不会改变，这种可预测性是很有价值的，可以不断叠加系统复杂度，提升系统能力。还有它可以保护隐私，虽然合约执行是公开透明的，但是不表示调用的人需要让全世界都知道，通过区块链提供的匿名机制可以让智能合约的使用人自己选择他愿意告知的人，免受他人窥探。

这里所说的智能合约仅指区块链系统上的智能合约程序。如果把它放在一台普通的计算机上或者中心化服务器上，便不称它为智能合约，只叫它程序。因为合约是用来协调多人行动的，需要信任。普通的计算机上或者中心化服务器上的程序可以被计算机或者服务器的主人随意控制和更改，和区块链上的智能合约相比，不具备协调他人的可信度。

智能合约通证是一种由专门发行通证的智能合约生成的通证数字货币。随着以太坊 ERC-20 标准协议的推出，通证铸造和使用的规范性及便利性也得到了提高。

ERC-20 的通证铸造标准的出现，使通证的开发更加规范，不同通证之间以及和第三方之间更容易进行功能交互。有了 ERC-20 智能合约通证，DApp 和代币的开发人员就不需要自己创建区块链、开发原生代币、维护区块链生态系统了。这样可以节约很多时间与成本。相较于区块链原生代币，智能合约通证的开发简便得多，可用性更强，可以根据项目的需求进行灵活的编写。

但是智能合约通证需要依靠底层的区块链网络运行，如果底层区块链网络停止运行，那么智能合约通证也就无法运行，它的价值就会随之消失。

智能合约具有分布式的特征，因此抗单点失败的能力也非常强，这个能力是区块链系统共有的。智能合约由区块链节点来执行，区块链节点很多，一个节点遇到意外执行不了，其他的节点就会替它工作。因此在区块链上的智能合约可以保证它的执行和输出是稳定可靠的。

在安全上，智能合约也比中心化系统的程序要有优势。黑客对于程序的攻击主要是要"篡改"它，让它按自己的意图输出结果。由于智能合约存在于一个分布式的账本上，每个节点都有相同的副本，黑客是无法通过常规方法对它进行篡改的。所以智能合约所涉及的安全压力远比中心化系统要小很多。

有人说智能合约曾发生过好几起严重的安全问题，比如著名的以太坊"The DAO"事件和"美链"事件，损失了大量的链上资产。这些主要是因为编写智能合约的程序员的程序编写失误，出现了重大安全漏洞，才被黑客利用。事实上，智能合约的漏洞是放在光天化日之下的，谁都可以发现，更多的漏洞是被好心人发现后告知合约方，及时修补解决问题。试想这样的事情发生在中心化系统上是什么情形呢？中心化系统的运行机制是不公开的，能看到漏洞的多数是以探测漏洞为生的人，也就是黑客。

随着智能合约规范标准的不断改进，安全组件的开发使用，专业安全审计服务的出现，目前智能合约的安全性已经大大加强了。

因为有智能合约，使得元宇宙获得了与生俱来得天独厚的办事效率。这正是元宇宙离不开区块链的原因。这个效率的基础是信任，信任带来了经济的繁荣。元宇宙的生机勃勃并不是来自美好的 VR 体验。诚然，VR 沉浸感体验会吸引很多用户，但是光靠体验是留不住用户的。长久的繁荣很难只靠感观上的满足，而没有经济上的富足。智能合约以其无须信任的信任度而极具协作效率，成为元宇宙经济发展的推动引擎。

除了智能合约通证，DApp（去中心化应用）、DeFi（去中心化金融）、DAO（去中心化自治组织）、NFT（同质化通证）等重要应用领域都建立在智能合约之上，它们在元宇宙中得到应用。在元宇宙中，一切与规则相关的事物都可以由智能合约创造，比如代币铸造、社区自治（DAO）、用户自定义规则等。

智能合约是元宇宙中信任的保障。通过智能合约完成交易，所有的数据都会保存在区块链中，信息不可篡改、公开透明。如果有人居心巨测，想通过不法的手段来获取利益，在区块链中是藏不住的，他的所作所为会被一览无遗，永远留底。

智能合约是元宇宙维持基本运转的发动机，是元宇宙高效运行的基础设施。区块链目前的发展分为了三个阶段，第一个阶段是数字货币阶段，这个阶段区块链的主要应用为数字货币交易，主要是人们进行数字货币的买卖；第二个阶段是智能合约的开发和使用，标志性的产物是以太坊的诞生，并广泛应用在金融领域；第三个阶段是元宇宙对区块链的应用。智能合约出现在第二个阶段，繁荣在第三个阶段。在元宇宙中，智能合约时刻不停地工作在元宇宙的深处。

　　DAO 智能合约是元宇宙的秩序管理员。DAO 也被称为"去中心化自治组织"。DAO 将秩序规则以代码的形式编写成智能合约，然后上链到区块链中，通过 DAO 中规定好的规则来维持元宇宙的运行。传统的秩序管理是自上而下进行的，站在金字塔顶端的人往往拥有更大的权力，人数也非常少，随着越往下人数越多，权力也越小。传统的金字塔型社会结构是固态的，流动性低。在元宇宙中，按贡献多少分配权力，构建秩序，人们相互之间是平等的。如果成员对某个项目有兴趣，他可以多投入一些精力到这个项目中，从而得到较多的话语权。如果他对另一个项目感兴趣了，可以随时投身那个项目中去，参与其中获得相应的话语权。因此在元宇宙中的这种秩序管理方式更合乎情理，执行效率更高。

5.2　数字资产的形式

　　从严格意义上说，在区块链技术产生之前是不存在数字资产的。区块链技术的去中心化和加密技术形成的不可篡改和"防双花"（一个专用术语，指防止一笔钱被重复花两次）的能力奠定了数字资产的价值基础。

　　在此之前，看上去像数字资产的有：

　　（1）电子货币

　　这是一种由中心化计算机存储的个体账户余额记录，可以在互联网中通过计算相互交易的账户中的增减值来体现资产转移。余额以哪种法币为表达形式便称为哪种法币的电子货币，它无法成为数字资产。作为中心化机构的权益记录方式，其价值归属本质上在记录方。有能力左右中心化记录的任何人都有能力使这种电子货币所代表的价值一文不值。

　　（2）数字积分

　　数字积分是现代商业化操作中的惯用方式，它是人们劳动和贡献的一种电子记录形式，本身是有价值的。但该价值仅仅是一种劳动量的价值，类似于"劳动存款"的应收项目，需要取款成公众认可的货币才具有交换价值。问题在于劳动存款与取款的规则完全由商家决定，在实际实践中商家改变最初约定损害用户权益的事情屡见不鲜。因此数字积分同样因为用户毫无掌控权而无法成为数字资产。

　　（3）电子作品

　　由专业人士创作的电子作品本身具备专业上的使用价值，含有资产的要素。但是未经过不可篡改的绑定创作者的电子作品无法确认其归属权，因而难以成为被认可的数字资产权益，同时还时常被随意复制。在版权缺失的情况下，任何被复制的作品复件都具备同样的使用价值，这会迅速降低该作品的交换价值。因此电子作品需要经过去中心化系统彻底确权后才有稳定的交换价值，才能成为数字资产。

在元宇宙中，数字资产主要有两大形式：同质化通证（Fungible Token，FT）和非同质化通证（Non-Fungible Token，NFT）。

元宇宙通证是由分布式程序制造的权益凭证。在现实世界中，大部分的物品都有其归属的权益者。有的物品归属者是个人，有的物品归属者是集体。通证可以代表一切数字化资产的权益证明，比如身份证、文凭、货币、钥匙、卡券、股票、账目、资格等。倘若小明去餐厅打工，他向店长说自己工作一小时需要 100 元人民币的工资，那么这时候 100 元人民币就相当于他工作一小时的权益证明，可以用一个通证来表示。如果小明说自己工作八小时需要一台笔记本作为工资，那么此时一台笔记本就相当于他工作八小时的权益证明，也可以用一个通证来表示。

在数字世界，通证作为数字权益证明有三个要素。首先通证要有所代表的权益，通证有其价值对象，比如上面的例子中小明的一小时工作。其次是要有流通性，通证必须能够在数字世界流通，也就是可以买卖，可以买卖的例子很普遍，这部分不需要举例。那么有什么是不可以买卖的呢？在数字世界，不可以流通的物品通常是绑定初始拥有者的物品，它们无法成为通证。比如学历证明，它是发给某个参与过学习过程的人，如果被转让给另一个没有参与过学习过程的人，证明就失效了。第三是要能防复制，数字权益证明是数字资产，数字资产在区块链技术出现后才得到真正实现，其最重要的特征是防双花，也就是防止复制的能力，否则数字资产就会无限增多，变得一文不值了。

严格地说，同质化通证和非同质化通证是在以太坊区块链出现以后，有了智能合约才有的概念。基于以太坊区块链虚拟机系统，使用智能合约创建了新一代数字货币之后，在对这类数字货币规范化的时候提出了同质化通证和非同质化通证。同质化通证是基于 ERC-20 规范创建的数字货币，非同质化通证是基于 ERC-721 规范创建的数字资产通证，两者的区别是对每个通证个体是区分还是不区分。区分的为非同质化通证，称为 NFT；不区分的为同质化通证，称为 FT。

历史总是不断地重演，有些概念在开始定义时就注定了以后使用中的模糊与混淆。上述的两个概念在产生时是清晰的，但是一经使用就把原生代币牵扯了进来。因为 FT 和 NFT 没有限定必须是由智能合约生成的，所以原生代币也符合FT 的定义，而原生代币中是不存在 NFT 的。所以目前虽有些混乱但已经频繁使用的概念是：FT 包括原生代币和智能合约同质化通证，NFT 就是智能合约非同质化通证。

5.2.1　同质化通证

同质化通证（FT），是一种在虚拟世界里使用的数字货币。同质化是指相同的、可以相互替代的、没有区别的。因此同质化通证可以分割，通常可以分割到小数点后面 9～18 位，颗粒度比人们平时使用的法币要细小很多。或许谁都没有想到，正是同质化通证的这种极致的可分割特性彻底改变了现代金融生态，产生了"金融科技""数字资产""资产液化""分布式金融"等现代金融技术。

同质化通证指的是一类以完全一样的数字形式存在的权益凭证。相互之间可以互相替代，可以接近无限的分割。单纯不考虑人民币的构造，只考虑人民币能交换的等价功能，人民币也是一个同质化通证。人民币是有面值的，分为 100、50、20、10 元不等。无论人民币上面的编号是什么，它所代表的票面价值是同质的。人民币作为 FT 和数字资产中的 FT 相比的一个明显的弱势是，人民币无法作为非常小额的支付手段，也无法作为非常精确的支付手段，比如在计算利息的时候。其他的弱势还包括难以跨国支付，在很多场合下支付流程缓慢、烦琐且成本高昂等。

马克思在《资本论》中描述了货币作为一般等价物产生的过程。在社会发展的初级阶段，使用物物交换，缺点十分明显，交易不方便，商品价值难以获得对等性交换。后来发展出了一般等价物。最开始的一般等价物在形式上比较多，并不统一，主要特征是同质化程度高，数量多，比如大麦、贝壳、金属甚至食盐等。当一般等价物发展到一定阶段，随着世界地图的打开，货币便逐渐归到一些特定的物品，这种物品不仅同质化程度高，而且容易切分，方便存储不容易腐坏，本身具有比较稳定的全球产量，具有较高的价值，这样十分方便，于是金银成为传承至今的终极货币。货币之后出现了代币，为了让一般等价物的功能得到更好的发挥，让人们更容易和安全地携带和交易，权威机构通过绑定储备的金银货币发行自己背书的纸币或硬币。这样的权威机构现在一般是国家，发行的纸币或硬币称为"法币"，这时候的它们都是代币，各个国家发行自己的法币，通过国际货币市场和本国货币兑换政策形成兑换机制。随着全球经济的发展，储备的金银货币数量无法跟上经济发展的步伐，各国开始将"法币"和底层金银货币解绑，这些法币失去了代币的角色，成为纯粹以国家信誉发行的信用货币。

货币的发行对于一个经济体的经济运行影响很大，在全球化时代，还会不同程度地对其他经济体产生影响。以美国为例，新发行的美元以在开放市场购买国债或者其他证券的方式进入经济体，早期的发行方式是美联储印刷一定量的纸币，比如 1 万亿美元，然后通过运钞车送到美国财政部或者各商业银行资金备用池。随着电子化时代的到来，印刷纸币的工作几乎消失，新发行的美元变成在美联储的账户上凭空多加上 1 万亿美元的余额，然后通过电子转账方式购买相应的国债、证券或者直接转给需要的账户。这种铸币方式也称为"向虚空借钱"。美联储作为一家私企向虚空借了多少钱并不公开透明，但其中买国债的部分会有记录，对外公开，这就是美国联邦政府的债务。这种不公开透明会让人误解很多信息。并且这种纸币改成电子化后还难以控制"双花"问题的出现，这就是中心化货币系统存在的问题。

当去中心化货币系统出现之后，事情可以发生彻底的改观。各国央行也敏感地发现了这点，希望能第一时间通过区块链的手段来改进原来的系统。这样的系统称为数字法币系统。它需要在去中心化的基础上保持央行作为唯一人发行的能力。尽管目前各国尝试不同的方案，同质化通证是最合适的候选。

基于区块链技术的同质化通证具备以下特征：绝对的同质性、充足的数量、超细微的可分割性、绝对的防腐坏能力、零重量、产量可控等。同时还具备许多前所未有的优点：难以偷盗、难以抢夺、难以丢失、容易传承、财务隐私保护、全球化、可溯源、可审计等。

在区块链和元宇宙领域，同质化通证 FT 在技术上分为两种类型。一种是区块链原生代币 FT，另一种是智能合约 FT。两者的特征也有所不同。

原生代币 FT 一般随着区块链的延长而不断地流入经济体中，每个区块出矿的数量和新区块出现的速度由区块链底层代码定义，其权益由所有分布式节点达成共识。原生代币 FT 除了通过这种方式不断流入经济体外，有些区块链主链项目还在创世区块做了预挖矿的动作，定义了一定数量的原生代币 FT 给特定的账户。它们通常是区块链的创始人员的账户。比如以太坊在公布的时候已经预挖矿了 7200 万个以太币，在区块 0 有 8893 个交易记录，每笔交易数量惊人。

以太坊运行至今总共产生的以太币是 1.15 亿枚，也就是说正式挖矿至今的以太币产量还远不如预挖矿时的数量。这使人们对于以太坊 2.0 使用 PoS 后还有多少去中心化能力感到担忧，因为升级后记账可靠性依靠的是持有大量以太币资产的所有者，而不是无差别的世界公民的算力。预挖矿的数据说明，持有大量以太币资产的所有者主要是联合创始人和创始团队。

智能合约 FT 是由智能合约生成的同质化通证。由于智能合约本身不会向区块链系统那样运行，因此没有持续不断定时产生新通证的能力。智能合约 FT 通常是在智能合约部署上链时一次性产生的，智能合约 FT 的优势是可以通过程序性锁仓和释放来控制实际货币的流通量，从而达到调控经济的目的。对于智能合约 FT 而言，具有最大控制权的人是它的创建者，同时这种控制又是透明的。

5.2.2　非同质化通证

非同质化通证，也被称为 NFT（Non-Fungible Token），是一种在虚拟世界里以独有的方式存在的数字资产。非同质化通证指个体之间不同且不可相互替代的通证。

在 NFT 技术出现之前，所谓的数字化资产在互联网上盗版猖獗，并且很难确权。在数字世界中，所有存在的东西，都是二进制数字代码，在通常的技术条件下，任何人都可以通过简单的复制粘贴，快速得到大量的复制品，这些复制品无法与正版产品区分，对数字资产的价值造成强烈冲击。

NFT 技术有效解决了这个问题，使得数字资产具有明确的所有权，具有明确的所有者，保障了其特有的价值。

ERC-721 是以太坊上非同质化智能合约通证 NFT 的标准接口。ERC-721 在 2017 年底首先被 CryptoKitties 游戏所使用，CryptoKitties 的火爆让人们意识到 NFT 的重要价值。作为非同质化代币，意味着每个 NFT 都是不一样的，都有自己的唯一性和独特价值，这也就意味着它们是不可分割的，同时具有了可追踪性。NFT 内含对资产的所有权，为物品或权益的价值流通提供了可能。NFT 开辟了一个巨大的市场，包括现实世界的房屋（房屋是不可移动、占据特定空间的资产，具有唯一性）和艺术品（独一无二）、金融交易中的借贷交易记录、虚拟世界中的限量收藏品等，都可以以 NFT 的形式将所有人权益进行确权。

那么，NFT 是如何确权和防伪的呢？

NFT 确立的不是表面上可视化的物品存在形式，比如图片、视频、文字等，这些都可以复制。NFT 确立的是这些物品的唯一性特征，通过智能合约绑定它们的所有者，形成区块链记录。如果有人复制了 NFT 的外形，他无法篡改它与区块链上所记录的所有者的关系。

NFT 在元宇宙中承担的角色重要性甚至要超过 FT。如果说 FT 在元宇宙中主要以治理通证的功能存在，那么 NFT 就是元宇宙中所有数字资产的价值载体，帮助它们上市流通，实现所需要的价值。

5.3　数字资产的生命周期

数字资产的生命周期指数字资产从产生到消失的全部阶段。对于不同的数字资产，其生命周期各阶段的状态、特征与规律也有所不同。

与实物资产不同的是，数字资产是不会腐坏的。一般情况下它们是永存的，是无限寿命体。但也有例外，有些数字资产会被人为或者程序性地销毁，这时候它们就不是无限寿命体了，而成了有限寿命体。

5.3.1 原生代币的生命周期

原生代币是区块链底层链工作时产生的代币，也就是通过新区块的生成而产生的数字货币。原生代币是一种同质化通证。目前元宇宙最常用的底层区块链系统是以太坊，下面就以以太坊区块链的原生代币以太币为主要对象来说明这类代币的生命周期。

1. 原生代币的创世

对于原生代币而言，"创世"是最重要的时刻，这意味着从此这个原生代币就出世了。

大多数原生代币的创世都比较简单利落，比如比特币，其创世区块和之后的普通区块没什么两样，创世区块中的交易数量为 1，是一个 Coinbase 的奖励交易，数量为 50 BTC，如图 5-1 所示。

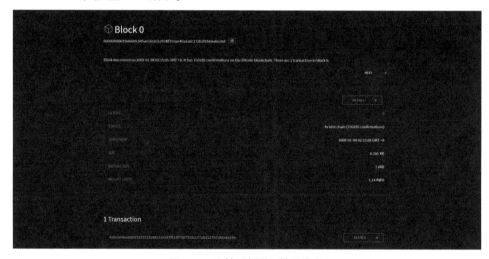

图 5-1　比特币创世区块的内容

以太坊的创世并不像比特币那样"简单"。

以太坊在创世的时候进行了 7200 万个以太币的预挖矿，这些以太币非常集中性地发给了以太坊的联合创始人。目前所有产生的以太币总共有约 1.15 亿个。那些预挖矿的以太币的数量比以太坊存在至今的所有通过挖矿获得的以太币还要多很多。到现在为止有很多预挖矿的以太币已经通过各种方式流入到了市场。

预挖矿是在创世区块中进行的。以太坊的创世区块中被一次性写入了 8893 个特殊交易，其交易哈希有"GENESIS_"前缀，如图 5-2 所示。

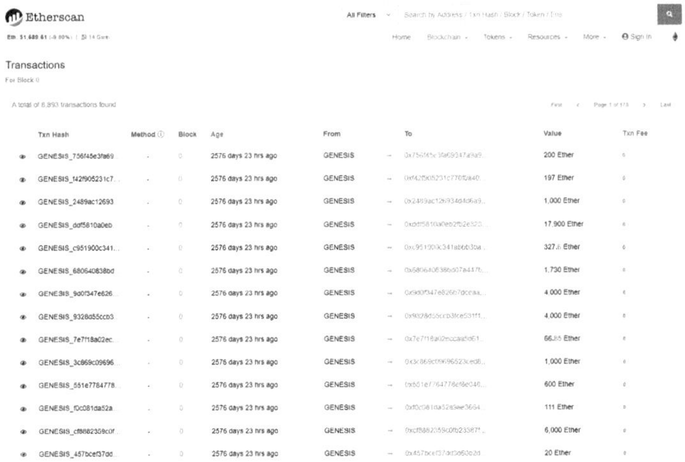

图 5-2　以太坊创世区块内的预挖矿

和挖矿奖励一样，这些交易没有交易费，因此称为预挖矿。比特币和其他大多数区块链系统的创世区块中没有预挖矿行为。

2. 原生代币的增发

区块链在创世区块之后便开启了真正的"挖矿"出块的生命历程。这个生命历程会按照既定的步伐源源不断地增多。这个"源源不断地增多"就是增发。

区块链分布式系统在代码中定义了原生代币产生的速度，该速度设定包括产出每个新块的奖励数量和每个新块的产出速度，在以太坊中，产出每个新块的奖励数量是两个以太币，每个新块的出现速度约为十几秒。但是以太坊的出块奖励会调整，历史上调整过两次。以太币还有一个与众不同的地方，它同时包含对产出"叔块"的奖励。叔块是在挖矿时，有时候出现超过一个块同时被挖出来时，最终没有成为正式区块的那些区块。由于有叔块的存在机制，以太坊区块的具体生产数量是无法预估的。

在 2014 年以太币销售的过程中，公告提及未来以太坊的年发行率约为初始出售的以太币数量的 0.26 倍。

原生代币的增发对于该代币的经济生态至关重要，它将影响未来的货币供应。比特币采取的是通缩模型。比特币原生代币是可预估的，它的总发行量计算值为 2100 万枚。2009 年比特币问世后，产出一个区块的奖励为 50 个比特币，并且规定每产出 21000 个区块，挖矿的奖励就会减半。比特币的出块速度为 10 分钟一个，通过计算大约每四年挖矿奖励会减少一半。随着时间的流逝，比特币的每次挖矿奖励会越来越少，最后趋向于可忽略不计，之后的矿工挖矿获得的奖励主要来自交易手续费。

通缩带来的问题是"囤币"。因为未来的币值会不断升高，这就会导致持有者不愿意当下使用，导致市场越来越缺少可交易的货币，这对于经济活动是有害的。

以太坊网络升级后将采用 PoS 共识机制，届时挖矿奖励将变成"验证者"奖励，同时随着以太坊 EIP-1559 的实施，以太坊上还会出现永久性的以太币销毁过程，这部分是通缩因素。

3. 原生代币的销毁

原生代币通常产生后不会销毁。但是以太坊 2.0 例外。

如前文所述，以太坊 2.0 的称呼前不久被以太坊官方宣告弃用，目前称为"以太坊升级"。升级后的以太坊区块链实行 EIP-1559 标准，这时候维持智能合约安全性的基本 Gas 将不再发给矿工（验证者），而会直接"销毁"。这里的销毁是直接抹去。

以太坊 EIP-1559 的"销毁"机制是一种通缩机制，相较比特币的逐年减半增发还要严重得多，如果没有其他的调整，可以预计未来以太币将不断升值。在 PoS 的机制下，以太币的升值非常有利于创世区块预挖矿的那些账户，预计会对以太坊未来经济和生态发展带来出人意料的影响。

5.3.2 ERC-20 通证的生命周期

ERC-20 通证指的是符合 ERC-20 协议标准的智能合约通证。这类通证是同质化通证。

ERC-20 协议标准是在 2015 年 6 月由以太坊联合创始人 Vitalik Buterin 提出的，它是一个简单的接口文件，里面包含了一些查询和转移代币的方法。开发者可以在以太坊区块链网络上通过 ERC-20 来创建同质化通证，并且此协议标准可以与第三方应用集成，可以在钱包或者交易所上使用此代币。通过 ERC-20 协议标准，用户对接口功能进行实现来满足个性化开发的需求，完成代币基本功能的实现。通过将 ERC-20 协议标准的智能合约部署到以太坊网络或者部署到以太坊侧链网络上，智能合约完成了初始化，过程中只需要支付少量的 Gas 费用。ERC-20 通证初始化后具有了固定的数量，并可以转移所有者，如此便就有了流通性，可以作为支付手段。目前，区块链上大部分加密项目都是以使用 ERC-20 协议标准铸造的通证作为项目内的流动性通证。ERC-20 协议标准是开发加密数字货币被广泛应用的 FT 标准，被大部分的数字钱包和交易所支持。

智能合约并非只有以太坊上一种，类似 ERC-20 这样的同质化通证的规范也不是只有 ERC-20，但是目前，以太坊上的智能合约是主流，ERC-20 协议标准更是主流，一些具有后发优势的新型区块链系统，为了获得更多的用户，都会使用兼容以太坊虚拟机的 ERC-20 协议标准，以便为迁徙提供零努力支持。基于 ERC-20 协议标准通证基本上代表了这类同质化通证的发展趋势。

1. 创建合约

ERC-20 通证智能合约的创建是指按照 ERC-20 协议标准完成智能合约的编写并上传到以太坊区块链网络。

ERC-20 协议标准规定了开发者可以对协议接口进行实现，也包括对一些简单功能进行开发，比如设置通证名称、设置通证的符号、设置通证发售的数量、设置通证的小数点位数、查询账户通证数量、授权转移、转移通证等功能。开发者通过对接口方法进行具体的实现，可以使自己创造的 ERC-20 通证被其他第三方程序使用，比如钱包和去中心化交易所。

下面具体描述一下 ERC-20 接口提供的主要方法。

（1）balance()函数

这是个查询函数，该函数可以通过一个给定的地址来查询相应通证的数量。

（2）transfer()函数

该函数可以从通证拥有者地址将通证转移到另外一个地址中。这个函数的缺点就是不会校验检查地址，所以通证拥有者在转移通证的时候需要注意正确填写转移地址，基于区块链不可篡改的特性，地址一经填写就无法更改。使用 transfer()函数用来转移通证给另外一个用户很方便，只需要输入转移的地址和转移的数量即可。但是无法使用 transfer()函数来直接做交易，因为交易涉及原子性的两步转移，而我们无法保证这个原子性。为了防止进入死循环，以太坊虚拟机使用了 Gas 机制，假如运行时 Gas 不够用，程序会退到最初，相当于没有做。

（3）approve()函数和 transferFrom()函数

approve()函数允许合约从其他人的账户转移通证到另外的账户。这和 transfer()函数是不同的，transfer()函数由账户本人调用，而 approve()函数则允许合约来调用，这是一种升级，它实现了通证转移的自动化。和 approve()函数协同的是合约调用时使用的 transferFrom()函数，合约如果转移自己账户的通证，使用 transfer()函数，如果转移被授权账户的通证，使用 transferFrom()函数。

（4）allowance()函数

这是个设定配额的函数，提供了允许从一个给定地址提取到另外一个给定地址的通证数量。配额只是授权其他地址可以操作的代币数量，并不真正执行，所以此时授权的数量是可以大于账户通证的数量的。

ERC-20 在执行相关的函数的时候，会有事件被触发。第一个事件是 Transfer()，注意，这个 Transfer()第一个字母是大写的，和上面所说的 transfer()函数是不一样的。在进行通证转移的函数（比如 transfer()、transferFrom()）执行的时候，该事件会将代币从一个地址转移到另外一个地址的细节展示出来。第二个事件是 Approval()，该事件在账户授权的时候会被触发，向用户展示一个地址授权另一个地址可转移代币的细节内容。这两个事件都可以用来跟踪地址余额以及配额的变更查询，不需要通过查询区块链账户的信息得知。

开发者按照 ERC-20 协议标准创建完成智能合约后通过以太坊网络节点广播到以太坊网络，经过矿工收集进入新的区块。当新区块出现时，智能合约便部署完成。

2. 铸币

智能合约部署好时只是一个初始状态。通常这个状态下 ERC-20 通证的实际数量为 0，需要通过铸币函数 mint()来产生 FT。在智能合约的初始状态会设定好 FT 总量，这个总量限定了可以铸造的通证的总数。用户也可以在一开始构建智能合约初始化时，直接在代码中调用 mint()函数为自己制定的账户先铸造一定数量的 FT。

基于 ERC-20 协议标准铸币通常会发出一个带有 0 地址的 Transfer()事件作为源头，通常从 0 地址转移的目标地址就是创建代币的人的地址。智能合约 FT 不仅可以铸造，还可以销毁，销毁的时候不会触发事件。基于这点特征，ERC-20 协议标准的通证通常会使用 transfer()函数将代币转移到 0 地址来达到销毁代币的目的。使用 ERC-20 协议标准铸造代币需要将一些关键性的信息（比如名称、数量）设定好，这些是智能合约的初始化信息，用于形成智能合约的第一个状态。

3. 发售

ERC-20 协议标准一般用于铸造链上项目的流动性通证。团队会将项目中的通证进行划分，用于不同的目的。这些用于分配的 FT 中有一些是用来向市场发售的。发售的目的是为项目开发和运营筹集款项，而剩下并非发售的 FT 也获得了交易价值。ERC-20 同质化通证的发行通常在比较大的数字货币交易所进行，兑换的也同样是数字货币，之前一般是主流数字货币如 BTC、ETH 等，现在更多倾向于稳定币如 USDT、BUSD 等。

稳定币（Stable Coin）是加密数字货币的一种类型。它是与现实世界的法币绑定的数字货币，稳定币可以看作法币在数字世界的映射货币，映射的方法是使用同样数量的法币抵押，类似于金本位制度下的法币。在金本位制度下，央行发行的法币数量和央行储备的黄金数量按固定比例绑定，这些黄金不得他用。稳定币也是这样，对于与美元绑定的稳定币，每一枚在数字世界发行的稳定币发行方必须在第三方信托机构锁仓一美元，并定期由第四方审计机构审查并公布结果。

稳定币是一种将现实世界的货币价值引入数字世界的方法，同时也将数字世界的价值连接到数字世界之外。在元宇宙中，稳定币也是常用的转换元宇宙内外资产价值的工具。

4. 交易

ERC-20 通证铸造后在二级市场可以交易。交易的底层逻辑是通过 ERC-20 智能合约里提供的转移接口将指定数量的通证从原持有者账户向新持有者账户转移。售卖的操作是由代币的原持有者向合约提交并授权一个转移的指令，目的地址为购买方在区块链上的账户地址。在提交转移指令的时候原持有者必须用私钥向合约提供签名，证明自己是拥有这些数字货币的所有权益的。

区块链上的交易（Transaction）和人们通常说的交易还有些不同，区块链上的交易实际上指的是通证的转移，所以一次转移就是一次交易。而人们通常说的交易实际上指的是交换，是两次转移：交易双方互换交易品。

原则上交易可以不需要第三方，只要双方就代币转移达成一致即可。虽然经常涉及的是双向转移，也常常会有许多单向的转移，比如赠予、本人多账户之间的转移等。

绝大多数的交易是双向交易，而且很多时候交易的一方看不到交易的另一方，也就是想买的人不知道谁在卖，想卖的人不知道谁要买。这就需要交易市场。对于加密数字货币领域也是如此，因此在加密数字货币繁荣起来的时候，第一时间便有了交易所。

交易所分为中心化交易所和去中心化交易所，两者性质完全不同，用户使用产生的效果也不同。

在中心化交易所买卖数字货币，实际上并没有发生真正意义上的区块链交易。买卖双方在交易所注册的账户都是虚拟的"用户"区块链账户，真正运作的是交易所自己的一个区块链账户。用户可能以为账户中的资产是自己的，实际上只是交易所"标记"在用户的名下，而资产在交易所的账户里。用户做交易时，是标记在转移，不是资产。直到用户向交易所申请"提币"时，数字货币才会从交易所的区块链账户转出到用户的区块链账户中。

提币是只有中心化交易所才有的操作，去中心化交易所不会有。提币是从虚拟的用户区块链账户转入真正的用户区块链账户，是要申请的。事实上这类交易所大都不希望用户提币，会用各种方式提高用户提币的成本，包括限定服务时间、要求

元宇宙底层逻辑

本人提交各种私人资料、不提供方便的交流方式、系统在维修、相关工作人员不在等，这增加了事实上用户不能成功提币的可能性。而用户对此无能为力，很被动。

早期的时候都是中心化交易所，现在它们依然占据半壁江山。一是这样的交易所容易创建，不需要多少区块链技术，主要用中心化服务器搭建即可；二是这样的交易所可以把用户的资产掌握在自己手中，还可以对市场的价格具备控制能力。三是这类交易所运行于国际之间，没有有效的协同监管机制来保护用户利益。

去中心化交易所与中心化交易所属于两个时代的产物，尽管读起来仅有一字之差。去中心化交易所在机制上与中心化交易所完全不同，它使用 Web 3.0 自主身份来授权交易，使用智能合约来处理交易，资产自主，过程透明。用户的每一次交易会真正上链，转账在用户之间的区块链账户进行，没有第三方介入，不存在第三方失信带来的风险。交易记录的可溯源可以消除通过虚假交易（Wash Trading）进行的坐庄和"割韭菜"行为。去中心化交易所保证了陌生环境下在线交易的安全，这是质的变化。

去中心化交易所的缺点是效率。由于区块链的记录速度和容量比不上中心化服务器，目前还不能把去中心化交易的所有过程都记录到区块链上（事实上也没有必要）。

早期的去中心化交易所还有一个流动性缺失的问题。由于缺乏像中心化交易所那样的统一有效的组织，市场流动性不稳定，也就是说有时候会缺乏买卖需求中的一方，影响供需关系的平衡。

为解决以上流动性的问题，区块链领域开创性地出现了"DeFi"这样一种金融模式。DeFi 是分布式金融（Decentralized Finance）的简写。DeFi 的本质是使用区块链智能合约以及区块链分布式存储技术代替中心化金融机构中介的人工操作流程，极大限度地简化了整个融资过程，降低了多方成本，而且还提供了迄今为止最高的透明度、公平性和可信度。

在 DeFi 出现之前，区块链的资产拥有者如果没有交易，其资产处于闲置状态，好像是存放在抽屉里的钱。作为流动性资产，如果不能流动起来就会影响社会经济运行效率。让它们流动起来的方法就是交给需要使用的人来使用。需要使用的人获得帮助解决了问题，应当给予帮助者一定的回馈，称为利息。这一切在区块链上凭借智能合约可以自动完美地实现。

去中心化交易所的流动性问题恰好提供了一个市场广大的需求。通过去中心化交易所的组织可以透明可信地协调好交易方、流动性池和流动性提供者之间的利益分配关系。

例如，有人计划在 The Sandbox 元宇宙经营一个项目，手头急需一笔该元宇宙流通的 SAND 代币，但是目前手上只有 Decentraland 元宇宙中的 MANA 代币，他需要尽快用 MANA 代币置换一些 SAND 代币。他在去中心化市场挂出这个需求，不巧的是目前市场上并没有出售 SAND 代币的需求单，特别是用 MANA 代币来置换的。假如这个去中心化市场没有 DeFi 流动性池提供支持，他可能等很长时间也没法获得 SAND 代币，这样会耽误他的计划。如果去中心化市场有一个 DeFi 流动性池，这个池会自动根据之前市场的交易数据挂牌一个稍高于市场价的卖单。这个人可以快速与之成交，置换代币，完成自己的计划。而这个交易的利润会一部分作为流动性提供者的利息，另一部分作为去中心化交易所的服务费分配。这将是个多方共赢的局面。

去中心化交易所给流动性提供者的利率是公开的，任何手头有多余暂时不用的数字资产的人都可以自由加入，可以在借贷合约到期后随时选择离开。中间的交易、结算、转账都是通过智能合约完全透明地进行，并留有所有的关键节点记录。

作为一种创新的金融工具，DeFi 不仅将资源配置的磨损降低到传统金融学无法想象的最低点，同时将金融的风险降低至传统理论可解释的曲线之外，这一切都是因为技术的创新。

5. 丢失

在 ERC-20 中提供了 transfer() 函数接口，这个函数需要填入两个参数，一个是转移的地址，另一个是转移的数量。通过这样简单的函数就可以达到将代币转移的效果。但是在转移的过程中会存在一定的问题，比如代币丢失问题。出现代币丢失问题最多的情况就是发送地址填错了。而按照错误地址发送之后将无法撤回。这样的错误一旦发生，除非能找到错误地址的主人，并说服对方还回，否则代币将无法拿回。

有时候错误地址被写成了智能合约地址，这种情况就更难追回了。智能合约本身并没有主人，转账需要符合合约内部逻辑，在多数情况下并没有可以让因为错误转入的通证转出的逻辑。

还有一种丢失是因操作失误忘记提供转账地址。智能合约是自动化执行的程序，在与智能合约互动时需要严格按照合约规定的输入来制定参数，假如合约写得不够完善而没有提示异常输入，而用户又由于疏忽忘了提供转账地址，资产将会转入黑洞地址，这等同于销毁。目前以太坊的黑洞地址上已有超过 1 万多枚以太币，接近 2 千万美元市值。

然而最为严重的丢失是忘记账户私钥，这将导致用户账户内的所有资产永久丢失，永无找回的一天。

6. 销毁

ERC-20 协议标准汇总没有提到销毁代币的方法，但是用户可以自己编写销毁的功能函数，在后续的 ERC-621 协议标准中新增了两个方法，分别是增加代币发行数量和减少代币发行数量。通常代币的销毁是将代币打入黑洞地址中，黑洞地址是全零地址。以太坊的黑洞地址为 0x0000000000000000000000000000000000000000。

5.3.3 NFT 的生命周期

NFT 也被称为非同质化代币。互联网的出现提高了人们的生产生活效率，丰富了人们的日常生活。互联网通过数字化手段来解决现实世界的难题。但是在区块链技术出现以前，数字化解决方案也不是完美的，所有权和稀缺性几乎不存在。和传统的实体商品相比较，数字化物品归属权的确权就异常困难。数字化物品在互联网上传播只需要简单的复制粘贴。正因为当前互联网数字化资产没有所有权确权的有效途径，人们也很少对数字化资产进行投资。而 NFT 的出现，有效地解决了数字化资产的归属权问题。NFT 提供了当前数字经济缺失的所有权认证，将数字世界的所有优势（如全球化、高时效、易传播）与实体世界的所有权和真实性等优势结合起来。

1. 铸造

ERC-721 是 NFT 的标准接口，是关于如何创建 NFT 的范式。

以下稍微介绍一下 ERC-721 标准的特性。它可以定义 NFT 的 name、symbol。但是在合约范围内，只有唯一的 token_id，且每个 token_id 只能被一个 owner 所拥有。一个 owner 可以拥有多个 NFT，它的 balance 只记录数量，另外的存储列表记录 token_id 和 owner_addr 的对应关系。NFT 有 approve、transfer、takeOwnerShip 等接口方法适于流通功能，即所属权转移。这些方法是在 ERC-721 标准中定义的。定义一个 multiaddr 形式的复合地址来索引该 token 对应的元数据（名称、图片、各种信息），即通过 tokenMetadata 方法来获取这个 multiaddr，从而获取 token 元数据。ERC-721 与 ERC-20 有兼容的地方，比如 token 的 name、symbol。这是便于 ERC-20 的钱包可以显示 ERC-721 的 token。ERC-721 和 ERC-20 一样提供了一个 balanceOf 方法用于查询目标地址的 token 余额。但是通过 ERC-721 所生成的代币是唯一的、不可分割的。如果想知道某个 token 的所有者是谁，那么 ERC-721 标准中提供了一个 ownerOf 的方法，使用 token-id 作为输入的参数，返回拥有者的地址。还包括一些所属权转移的方法，比如 Approval 和 ApprovalForAll，通过名称可以知道，这两个方法的区别分别是授权某一个 NFT 和授权账户所有的 NFT。在 Approve 允许的条件下，被授权者可以转移账户内的 NFT。当满足合约条件的时候，就可以使用转移 NFT 的函数了。那么如何完成一次 NFT 交易呢？首先需要判断授权者的身份，使用 getApproved 就可以查出当前 NFT 授权者的目标地址，如果正确，就可以进行转移了，使用 safeTransferFrom，在函数中需要添加当前所属者地址、转移的目标地址、转移的 toden-id。在转移成功后会触发事件 Transfer。

2. 发布

NFT 铸造后，会默认发送回创建者的地址，那么如何通过 NFT 获取收益？NFT 是基于 ERC-721 标准开发的一种同质化代币，其特点是唯一不可复制、可溯源、可以确权。基于这些特征，NFT 本身就带有一定的收藏价值。目前，NFT 主要用于制作头像、图画、视频、游戏道具、艺术品收藏等领域。各大社区艺术家都会和知名艺术家合作，共同推出一些合作 NFT，因为知名艺术家自带 IP 流量，所以往往合作款 NFT 都很受粉丝们的青睐。除此之外，社区还会积极培养艺术家、创作者。在知名元宇宙游戏平台 Decentraland 和 The Sandbox 中，社区都会经 DAO 通过资助和奖励等不同的方式对艺术家和创作者们进行资金上的帮助。

关于 NFT 的发布有几种不同的方式。第一种是官方发售的 NFT，比如元宇宙游戏平台的土地 NFT，这属于一级销售，往往刚发售就告罄了。因为一级市场发布的土地价格相对便宜，二级市场上的土地价格都比较高，可以通过一级市场购买土地，然后在二级市场出售，从而获取一笔不小的收入。第二种是个人发布的 NFT 项目，一般来说，个人发布的 NFT 项目数量会比较大，就像 BAYC，一个项目拥有一万张 NFT，现在每张 NFT 都价格不菲。没有名气的个人发布 NFT 系列项目的风险比较大，发布 NFT 需要支付 Gas，销售平台还要收取一定的手续费。所以说只发售单张，那么价格肯定是高的，因为需要支付 Gas 和手续费用，还要保持盈利空间。大量发售则是降低风险的最好方式，通过铸造大量的 NFT，使每一张 NFT 的价格更低。购买者也更愿意购买低价的 NFT，因为低价的 NFT 在未来会有更大的上涨空间。目前，NFT 的价格都比较高，主要是因为目前的 NFT 市场还没有成熟化，这些 NFT 物品还没回到正常的价格。不过，NFT 自带的附加属性可能是造成溢价的原因。如果 NFT 的创作者是一个知名的艺术家，并且制作出来的 NFT 具有一定的艺术价值，在交易的过程中，被一些明星、名人购买，舆论就会报道，那么该 NFT 物品在市场上就会受到玩家们的追捧，价格就会上涨。

那么 NFT 如何发布？最简单的方式就是通过 OpenSea NFT 交易平台进行发布。首先需要一个钱包，主流钱包推荐使用 MetaMask，这个项目由以太坊孵化器 ConsenSys 孵化，是以太坊平台最老牌且最流行的钱包工具，国内大家一般叫它小狐狸钱包，可以在 GooglePlay 上下载。下载后创建或导入已有的账户，并转入一定价值的以太币作为 Gas。使用小狐狸钱包登录 OpenSea 后，单击 create 就可以创建一个 NFT。创建完成之后就可以发布了。不过第一次创建需要支付一定的 Gas。每个 NFT 销售会有 2.5% 的手续费。定价方面支持固定价格、最高竞价、打包销售三种定价模式。

3. 交易

NFT 的交易主要分为一级市场和二级市场，一级市场是厂商公开发售，特点是价格比较低，通常可以从推特、Discord 以及区块链社群等渠道去获取最新的 NFT 项目发售信息。许多项目通常会采取限时限量的方式进行发售。一般来说，官方首次发售的 NFT 价格非常低，不少参与者购买后会在二级市场进行出售来赚取差价。一级市场参与方式比较有限，通常是对项目白名单进行开放，白名单一般为前期对项目关注比较多，甚至是做出贡献的人。随着发行 NFT 越来越容易，市场上劣质 NFT 项目也越来越多，参与一级市场发售也会面临着破产的风险。

二级市场是非官方发售，在商品的流通市场。在 Decentraland 元宇宙中，有土地、可穿戴设备等 NFT，玩家可以在官网的商城里购买土地和可穿戴设备，也可以将自己库存的资源上传到官方的商城里出售。除此之外，国外还有一些比较大的二手交易市场，这些二手市场，通常拥有种类繁多、数量较大的 NFT 项目。

OpenSea 是一个通过 Web 3.0 方式进行 NFT 交易的市场，它是目前最大的综合类 NFT 销售市场，可以创建和交易数字资产 NFT（如图片、音乐以及以太坊上的域名）。其库存、交易额、用户数量都远超其他 NFT 交易平台。任何人都可以在 OpenSea 上进行交易。在 OpenSea 中，用户创建 NFT 是不需要费用的，只是在上传到发售的时候需要支付一定的 Gas。购买之后会扣除 2.5% 的手续费。OpenSea 给 NFT 创作者默认的版税是 8%，也就是说，创作者出售了自己的 NFT 给其他用户，其他用户再次交易该 NFT 的时候，创作者将获得支付交易金额的 8% 作为版权费。这个设定大大激励了 NFT 创作者的创作热情。

Rarible 是一个基于以太坊的 NFT 交易平台。尽管 Rarible 是作为一个中心化的平台推出的，但其创建者计划随着时间的推移逐渐将其去中心化，最终将控制权移交给一个去中心化的自治组织（DAO），由 Rarible 社区管理。Rarible 计划通过其 RARI 治理代币来实现这一目标，该代币使用户有权参与平台的管理。2021 年，Rarible 推出 Flow，这是一个来自 DApper Labs（CryptoKitties 开发团队）的快速、去中心化且对开发者很友好的区块链（公链）。旨在托管去中心化的应用程序并实现快速交易。要使用 Rarible，用户需要一个以太坊网络的钱包，如 MetaMask、Argent 或 Coinbase，以及以太币来支付佣金（用户可以用信用卡直接在平台上购买以太币）。链接钱包之后，用户可以浏览 NFT Rarible 交易平台，寻找自己青睐的 NFT。该平台将 NFT 分为图片、游戏和 meme 等不同类别供投资者检索。

此外，针对艺术家或创作者群体，他们可以使用 Rarible 来直接铸造自己的 NFT。首次铸造 NFT 时，Rarible 用户必须支付两笔费用：一笔是其钱包与 Rarible 互动的权限费用；另一笔则是"调用铸币功能"的费用，简而言之，它会将创作者的文件放入星际文件系统（IPFS）和以太坊区块链中。

这两项费用都是与区块链互动的成本，本身并不算平台收入。在首次授权之后，用户再想创建新的 NFT 将只需要支付 Gas 即可，而该费用会根据以太坊网络的负载情况而变化。当创作者决定出售其 NFT 时，Rarible Art 交易平台允许创作者从后续的销售中赚取一定的 NFT 交易费用，让创作者真正地受益于自己的 NFT。

4. 珍藏

就像一个世界上找不到两片相同的树叶一样，NFT 是独一无二的。由于数字藏品有交易简单、可溯源、展示方便等优势，所以 NFT 在数字藏品方面的应用范围很广。

数字藏品是指使用区块链技术，对应特定的作品、艺术品生成的唯一数字凭证。在保护其数字版权的基础上，实现真实可信的数字化发售、购买、收藏和使用。在元宇宙快速发展的今天，人们可以通过购买数字藏品来实现在互联网上的收藏。当下数字藏品已成为行业热点，其品类丰富，包括数字图片、音乐、视频、3D 模型、电子票证、数字纪念品等多种形式。目前，蚂蚁、腾讯、百度在内的各大互联网巨头均开展了相关业务。以蚂蚁集团为例，自发起"宝藏计划"以来，目前已有 17 家博物馆加入并陆续发行数字藏品，蚂蚁链为其提供了技术支持。换句话说，这是种"看得见，摸不着"的藏品。

与实体藏品相比，数字藏品的优势相当明显。首先是价格亲民，收藏者花几元到几十元即可购买到心仪的藏品，收藏价格不高，让藏品从"曲高和寡"真正"飞入寻常百姓家"。其次，收藏便民，解决了实体藏品容易损坏或丢失的缺点，让欣赏艺术没有了时空限制。第三，站在文创产业和文化艺术发展事业的角度看，数字藏品进一步拉近了公众与博物馆和文化艺术欣赏的距离，对于培育社会审美和文化自信，作用不言而喻。

虽然从整体上来说，数字藏品依旧是"小众"的新鲜玩物。但是这些小众玩家对数字藏品的热度很高，好的数字藏品"秒光"已经成为一个常态。据相关媒体的报道，2022 年春节期间有 24 家博物馆发行了文创型的数字藏品，上线几十秒就被抢购一空，数字藏品销售异常火爆。

在收藏方面，数字藏品比实体藏品在保存和运输上有很大优势。数字藏品保存和运输只需要处理相应的数据即可。而对于实物来说，其条件就要苛刻许多，不仅要为藏品提供安全的物理空间，还要防止它因为环境问题或者外力因素造成不可修复的后果。数字藏品更加易于保存、不会损坏、几乎是永恒的，只要掌握密钥就可一直持有，区块链能运行多久，资产就能保存多久。

5. 传代

NFT 主要用于铸造数字资产，常用于数字藏品、数字艺术品之类具有高价值的数字资产。数字资产和实体资产藏品的存在形式不同，其功能、价值、观感等都大不一样。不过作为藏品，都具有一定的收藏价值，价值体现在艺术家们的创作上。由于区块链具有不可篡改、可确权和使用非对称加密的账户的特点，可方便地实现数字藏品传代。

这里解释一下什么是非对称加密。在区块链中非对称性加密使用公钥和私钥两把不同的密钥。公钥（Public Key）与私钥（Private Key）是通过加密算法得到的一个密钥对。它们连续加密可以得到解密的明文。换而言之，如果用公钥对会话加密，只有使用对应的私钥才能解密会话数据，反之亦然，从而保证了数据传输的安全性。公钥是对外公开的，私钥则由用户自行保管。通过加密算法得到的密钥对可以保证在世界范围内是唯一的。

接下来再回到传代的问题。

NFT 的传代并非转移资产，当然也能通过转移资产的方式实现账户内物质的转移。传代更突出的是继承的关系，是对账户的继承，由上一个主人传递至下一个主人，真正传代的只是一个密钥。

6. 丢失

随着一系列 NFT 丢失的事件报道而出，引发了人们对 NFT 安全问题的担忧。音乐家 3LAU 出售的 NFT 专辑丢失并非个例，还有 Nifty Gateway 上一些用户也声称自己的 NFT 集合丢失。NFT 丢失的主要原因是数据存储的问题。因为区块链中区块的存储容量有限， 而 NFT 的形式却多种多样，包括视频、音乐、电影片段、图片等。区块无法存储 NFT 的内容，所以 NFT 将智能合约和内容分开，通过链接的方式，将内容链接到 NFT 的智能合约上。NFT 的内容则是保存在智能合约以外的存储设备上，有可能是中心化存储设备、分布式存储设备、云存储等。

因此 NFT 需要考虑两方面的安全性问题。

首先是 NFT 权益部分的安全问题。每个用户的账户地址是通过公私钥来验证交易的。如果私钥丢失，那么 NFT 将永远无法找回。

其次是 NFT 内容部分的安全问题，如果保存元数据的存储设备出现故障，那么

NFT 的内容就会丢失。另外内容的链接是由第三方厂家创建的，第三方的可靠性也是需要验证的安全问题。以分布式文件系统 IPFS 为例。一般来说，将文件存储到 IPFS 中，系统会根据内容进行哈希运算，得到一个哈希值作为链接的区别性内容。也就是说，根据链接能够打开保存的内容。如果系统修改运算规则，或者在不修改地址的情况下修改保存内容，则 NFT 链接的内容就会随之改变。

7. 销毁

NFT 的销毁和 FT 的销毁类似，主要有两种方式：一种是将 NFT 主动转移到黑洞地址，此时 NFT 不可再用，因为至今尚无人能够破解黑洞地址的私钥；另一种是直接烧毁，需要在智能合约中定义烧毁函数来实现。

5.3.4　无限寿命体与有限寿命体

寿命体是指具有生命周期的事物。

有限寿命体和无限寿命体的区别在于，在其生命周期中是否有天然的消亡机制。

比如人是一个有限寿命体。人从幼儿到少年，再到青年、壮年直到老年，最后走向死亡。而人类是个无限寿命体，人类的生命周期中不存在天然消亡机制，通过人的传代机制人类可以无限地存在下去。

计算机是人造的寿命体。计算机只要不断更新组件就可以成为无限寿命体。

寿命是个有意思的东西，它必须有明确的主体才会存在。但是人们可以通过模糊它的主体而突破寿命的存在限制。

若一台计算机经过不断更新组件"存活"了两百年，它可能已经完全智能化。再看这台计算机，它可能从里到外没有任何一个组件是最初的，但它依然被认为是同一个寿命体。这说明有某些东西是这台计算机一直以来延续的，它不是计算机的芯片，不是内存或者硬盘，更不是外壳。它是系统及其内在的价值。

倘若将这台计算机分解成零件，拿去组装其他的一些计算机，这时候它的系统连同其特有的价值就不存在了，这时候人们才认为它的寿命"终结"。而由它身上的零件组装起来的计算机，自新系统启动便开始成为新的寿命体，具有新的"价值"。

人作为系统也是一样。

原则上人类个体的有限寿命也可以通过上述方式突破限制。因为通过新陈代谢，人很快从里到外也已经没有任何一个分子是原来的了，可见老旧不是必须寿终正寝的真正原因。人的系统之所以不能延续下去，是因为人们的基因决定了人们无法如同计算机那样自由地更换组件。为了种群的利益，基因在人们的体内制定了天然的消亡机制。

当谈到"系统"作为寿命体的本质时，主角是信息，而不是物质，物质作为载体是可以更换的。这在元宇宙系统中得到更为深刻的体现。

元宇宙的内容无论天地万物，全部是数字建造，不存在物质载体，都是信息。如果要说有物质载体，那就是运行数字空间的硬件设备。但是很明显这些载体更不能限制元宇宙内容的寿命，软件可以随意在硬件间转移，设备坏了更换新的即可。

在元宇宙中，有很多物品都是无限寿命体。这首先是承蒙数字世界"没有磨损"的恩赐，其次是依赖区块链"不可篡改"的加持。

为什么说"有很多物品"而不是"所有物品"？因为在元宇宙中两种寿命体还是有区别的，有限寿命体和无限寿命体，它们的区别在于：有无区块链"不可篡改"特性的加持。在元宇宙，凡是经过区块链记录锁定的信息，都是无限寿命体，而没有上链的信息，即是有限寿命体。

元宇宙中无限生命体有很多，比如用户的地址。用户的地址其实代表的就是用户的身份，用户的资产保存在用户的地址中。账户地址是不会随着人的消失而销毁的，可以将账户的私钥传代给后人使用。

元宇宙中的化身是无限寿命体。它不会衰老，会青春永驻，即使你把它的样貌做得很衰老，它也不会死亡。因为化身的本质源于 Web 3.0 区块链账户，它在这个宇宙中是唯一的存在，它是一种"唯一性"信息。

元宇宙可以在虚拟空间让人成为无限寿命体。随着人工智能技术的发展，当本尊消亡时，他的化身已通过机器学习和训练获得足够的智能。他会在元宇宙的虚拟空间里永远地存在下去。他将和他的子子孙孙一起生活，永不分离。

元宇宙的虚拟无限寿命体可以携带本尊的全部基因编码信息，以及大脑神经网络全息电磁谱图，在物理环境支持的时候使用真实物质还原成本人，从而实现人类涅槃重生的奇迹。

第 6 章
元宇宙的治理逻辑

对于主流的元宇宙项目来说，当项目进入正常稳定运行状态时，其服务对象是整个元宇宙的使用者，即这个元宇宙的"居民"。也就是说，元宇宙的建设、产出和未来发展都必须依靠居民，必须服务于居民，居民是最终的管理者和受益者。元宇宙从服务范畴的角度来看比传统商业公司要更广阔、更加社会化。

那么对于元宇宙这样一个商业项目来说，创始团队如何实现自己的最终收益？元宇宙的商业模式和商业逻辑又是怎样的？本章介绍的元宇宙的治理逻辑将给出答案。

6.1　DAO：创新的运作模式

商业是人类社会发展到一定历史阶段的产物，是随着商品生产和商品交换的发展而产生的，至今已有几千年的历史了。在商业发展的漫长历史长河中，诞生出各种各样的组织，用来应对不同时代的商业挑战。在古罗马时期，为了能使当事人在履行国家契约的同时从事一系列商业活动，通过建设分润模式和责任制度的商业实体来推动商业发展。在资本主义发展的早期阶段，包括工场手工业时期和机器大工业初期，通行的是规模较小的独资经营的业主制企业。

随着社会生产力的进步，机器生产逐步取代手工生产，生产规模的扩大需要更多的流动资本，仅靠私人资本单独出资已经不足以兴办更大规模和竞争力更强的企业，从而产生了合伙制企业。早在 12 世纪，意大利沿地中海商业城市中的一些从事贸易（特别是从事海外贸易）的贵族，为了分散经营风险和适应大规模商业经营对营运资本的需要，开始在家族内部实行资本联合，组成公司形式的企业，这就是公司制企业的萌芽和雏形。到了 16 世纪，随着航海贸易的不断发展，现代股份制公司诞生并开始发展壮大。股份制公司的不断出现，标志着在大航海时代，公司已成为最重要的商业组织。

19 世纪中叶，随着工业时代的到来，工业大生产需要更大规模的资本联合，同时，资本所有者希望承担有限责任的要求日益迫切。由此，主要资本主义国家的公司法应运而生，从法律上赋予法人企业独立承担经济责任的地位和出资者只承担投入资本的有限责任。这种现代公司制度推动了全世界范围的经济高速发展，不仅扩大了组织范围，增强了执行力，同时也降低了投资风险。公司制企业产生之后，迅速为现代社会所接受，成为现代经济的主要载体。

随着数字化时代的到来，在区块链技术出现后，去中心化自治组织（DAO）横空出世，成为元宇宙治理数字化社会的主要工具。

DAO 是什么，是怎么产生的，有什么特征呢？

6.1.1　公司制的元宇宙

先来看一下中心化元宇宙第一股 Roblox 公司的商业模式。在其招股书中，Roblox 对于其商业模式是这样描述的：

Roblox 拥有一个充满活力的经济体，建立在一种名为 Robux 的货币上，Robux 可以通过 Roblox 客户端和 Roblox 网站购买。Roblox 与亚马逊、苹果等厂商合作，用户还可以通过每月订阅 Roblox Premium 来获取 Robux。通过订阅，用户将获得打折的 Robux 以及市场中的独家或折扣物品。开发人员还可以选择以虚拟商品特有的折扣价格或体验独家游戏内功能的形式向活跃的高级订阅者提供额外的好处。

选择购买 Robux 的用户，可以将代币用于作品体验和购买服饰道具来装扮自己的虚拟形象。

开发人员和创作者通过构建引人入胜的体验和琳琅满目的商品来赚取 Robux。开发人员还可以通过基于参与度的支付系统推动高级订阅者的参与度来赚取 Robux。当高级订阅者在开发人员的体验中花时间时，该开发人员将按比例获得用户游戏时长的分成。

Roblox 允许开发人员和创作者通过 Roblox 的开发人员交换计划，将赚取到的 Robux 兑换成现实世界货币。所有开发者交换计划的兑换请求都采用基于安全的风险方法进行审核，以减少欺诈和洗钱。

图 6-1 总结了在玩家侧和开发者侧消耗和赚取 Robux 的方式。可见，

Roblox 的商业模式的特点是为玩家和开发者建立一个经济模型循环平台，并从中获取抽成。

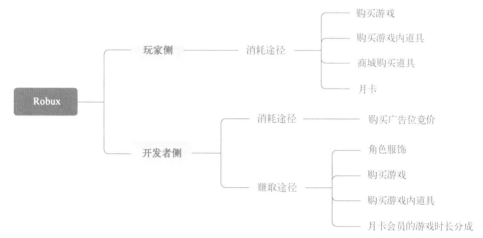

图 6-1　Robux 的消耗和赚取方式

图 6-2 进一步说明对玩家的付费收益，Roblox 是如何进行分配的。玩家的付费方式都是经过 Robux 来进行的。Roblox 先抽取 22% 的费用覆盖平台的成本，再抽取 35% 的费用为平台的收益，再将剩余分给开发者和渠道。其中开发者得 18%，渠道得 25%。

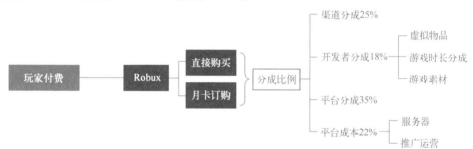

图 6-2　Robux 的玩家付费收入方式和分配比例

Roblox 的商业运作模式的增长主要是由对技术的重大投资和两个相互加强的网络效应推动的：内容和社交。

首先，由 Roblox 的开发人员和创作者为用户构建的游戏体验内容，会为 Roblox 平台提供支持。随着开发人员和创作者构建越来越高质量的内容，越来越多的用户被 Roblox 平台所吸引。使用 Roblox 平台的用户越多，参与度就越高，Roblox 对开发人员和创作者的吸引力就越大。随着用户的增加，更多的 Robux 在 Roblox 的平台上消耗掉，开发者得到的收益会越来越高，这样会激励开发人员和创作者设计更加引人入胜的内容，并鼓励新的开发人员和创作者开始在 Roblox 平台上进行内容构建。

其次，Roblox 平台是具有社交功能的。当用户加入时，用户通常会与朋友一起来玩。这激励他们邀请更多的朋友，而这些朋友又邀请他们的朋友，推动有机增长。每个用户在 Roblox 平台上一起玩的朋友越多，Roblox 平台就越有价值和吸引力。这样会推动更多用户访问 Roblox 平台。

当用户注册 Roblox 时，用户可以创建一个头像并免费探索 Roblox 平台的绝大多数体验游戏(大多数为免费体验)，允许用户花费 Robux 来购买特定于游戏体验的增强功能。用户还可以使用 Robux 从 Roblox 平台的虚拟化身市场里购买服装、配饰和表情等物品。Robux 只能以官方设定的价格从 Roblox 平台这里购买，Robux 购买价格为 0.01 美元，卖出价格是 0.0035 美元，并且仅限在 Roblox 平台上使用。Robux 在 Roblox 的平台之外没有货币价值或内在价值，只能通过 Roblox 的开发人员交换计划兑换成美元。一些用户试图使用未经授权的第三方网站将 Robux 兑换成现实世界的货币，被 Roblox 使用条款所禁止。

Roblox 采用了中心化模式，所有的规则和收益兑换比例等都是由 Roblox 平台官方制定的，开发人员和创作者其实没什么参与决定权，利益方面也没有保障。开发者的 Robux 兑换比例完全取决于官方的设定，Roblox 平台随时都有权利修改规则。

Roblox 的中心化运作方式，无法让元宇宙的使用者收获元宇宙发展的红利，项目方依然把使用者放在消费者的位置。这是中心化元宇宙的不足。当去中心化的元宇宙出现之后，人们顿时感到眼前一亮。

6.1.2　DAO 的元宇宙

DAO（Decentralized Autonomous Organization），又称去中心化自治组织，是一种建立在去中心化信息技术基础上由公开代码确立组织规则的自我管理组织。DAO 由项目方发起，由数字通证持有人运营并监督，不受制于中心化机构。它用智能合约来执行运营，把执行规则代码化并与执行数据上链，以实现公开公正、数据透明、审计安全和自主运行的模式。DAO 是公司这种传统组织形态的革新版本，是从私有制向公有制自然过渡的创新方法，与以往的方式不同，DAO 采取的是基于所有相关方的共识达成的平滑过渡。

分析一下已经使用 DAO 模式运作的 Decentraland 元宇宙项目。在

Decentraland，DAO 上发生的交易行为和资金流动等会通过上链的方式对所有人可见，这会极大地降低腐败行为和审查成本。在传统公司组织中，股东们不能随时随地地查看和了解公司当下的财务情况，只能通过公司发布的季度或年度财报来了解公司财务状况。但 DAO 的资产负债表会存在于公共的区块链上，可以通过区块链浏览器查看，每笔交易记录以及决策提案都会公开展示，非常透明。DAO 与传统中心化组织的对比见表 6-1。

表 6-1　DAO 与传统中心化组织对比

性能	去中心化自治组织（DAO）	传统中心化组织
公平性	成员之间相互平等，按贡献分权重集体决策	决策机制等级鲜明
规则性	需要成员投票才能实施任何实质性更改	可能部分人就能进行决策，也可能投票表决，具体取决于组织结构
自动化	不需要可信的中间人就可以自动计算投票、执行结果	如果允许投票，则在内部计票，投票结果由人工处理
篡改性	以去中心化方式自动提供服务（例如慈善基金的分配）	需要人工处理或自动集中控制，易受操纵
透明性	所有活动公开透明	活动通常秘密进行，不向公众开放

在现代化的商业组织中总是会存在企业家、高管以及工薪阶层等不同阶层，前两者总是以股权形式达到利益最大化，这和工薪阶层有本质的区别。尽管有员工持股等制度，但这种多以期权股票为持有规则的中心化制度，话语权被牢牢掌握在商业管理者手中，普通成员的积极性很难得到长期的调动和有效的激励。

元宇宙世界中，去中心化自治组织（DAO）不同于传统的私有组织形式，它消除了职位等级和权力意识，DAO 成员依据规则共同决策，共同维护社区（由持有加密资产的相关利益人群体构成）发展，利益充分共享，这在没有区块链技术之前是想象不到的，它的先进性不可忽视。

DAO 是一种新型的组织架构，在去中心化自治组织中，会把事先通过商议达成共识的治理和运营规则写成可以自动触发执行的智能合约，在区块链上公平透明地运行。DAO 的运营由遵守这套规则的群体社区成员进行监督和参与管理，不存在中心化控制机构。DAO 是自动化的，能够充分节约议事成本，能够避免无休止的争论。在传统组织内，大多数的决策过程由董事会决定，其他相关方要想参与是相当困难的，甚至连知情权都难以方便地获得，更别说随时随地地提出建设性的意见了。往往一些具有创新性的想法或者及时的问题发现来自身处不同岗位的各级人员。DAO 让所有人参与共建变得非常方便可行，从提议或者发现问题到讨论和商议，再到决策，DAO 让这一切变得如上网阅览资讯一样方便，这在传统模式下是很难做到的。

Decentraland 元宇宙的 DAO 赋予 Decentraland 中 MANA、名字和土地的持有者参与决策的权利。通过在 DAO 中的投票，社区可以颁发赠款并更新被禁止的名字、POI（兴趣地点）和催化剂节点的列表。DAO 还控制着土地和地产的智能合约。只能通过使用可在 Governance.Decentraland.org 中访问的预定义提案来颁发赠款并更改 DAO 拥有的记录和合同。

这些提案、提交的投票和最终结果通过无须缴纳 Gas 的投票客户端工具 Snapshot 存储在 IPFS 中，Snapshot 使用 IPFS 的可验证文件地址来存储这些内容。执行委员会通过多重签名在以太坊区块链上制定具有约束力的已批准提案，可以保证这些重要资料已变成不可更改的历史。该委员会由安全顾问委员会（SAB）监督，SAB 是另一个具有多重签名的可信密钥持有者，由 DAO 社区共同决策成立。

6.1.3 治理通证：治理权与贡献挂钩

DAO 会把组织逻辑和规则写进代码里，即 code is law，代码即规则。

DAO 在治理虚拟世界社会规则时，先让所有"公民"参与讨论，然后投票决策，确定好以后形成智能合约，写在区块链上，这就保证了所有人可随时参阅，无人可以篡改。规则还可以升级，升级规则就是升级智能合约，但是升级规则需要经过最严格的流程，需要先由社区提议，达到足够多数的拥护，再提交表决，根据最严格的表决规则决定是否修改，以及如何修改，最后推选最负有责任的多人委员会来执行修改，他们需要进行多重签名，全部完成才能用新的智能合约取代旧的智能合约。不仅如此，所有修改过程中的关键记录都要上链，所有担任节点执行工作的个体都要签名，同时旧的智能合约仍然存作记录，永不可篡改，也永不丢失。

可以提出提案以及参与投票决策的人是相关利益人的群体，也就是持有相关加密资产，即治理通证的用户天然获得投票权。没有相关加密资产的用户是不能参与投票决策的，他们不是利益共同者。

加密资产是 DAO 实现治理功能所依赖的重要激励手段，围绕经济激励可以形成组织的强力纽带，所有相关利益人为了获取激励和让自己的加密资产升值而努力贡献自己的力量。DAO 中的行为都受到治理代币的激励，该代币授予持有者访问非公开事件或投票权的权限。

因此，DAO 的实际运作是通过经济联系建立起来的。每一次 DAO 提案的决策与执行，都是一次经济关系上的协作，所有加密资产的持有人为社区做出的积极贡献，也是在为了自己持有的加密资产能带来经济回馈，成为相关利益人。

这种经济回馈不是以工资的方式，而是以整个项目的发展和走势为参与成员带来直接或者间接的收益。

随着 DAO 成员对元宇宙社区做出的贡献越多，就会拥有更多的加权话语权，也就"拥有"更多的元宇宙资产。

在行使投票权方面，DAO 成员与持有公司股票的散户在实际权利上是有本质性不同的。我们知道，"权利"是否真正给予民众，并非文字上写了一个"有"字，而是有没有让他们不困难地实现这个权利。在现实世界，散户从成本的角度出发几乎无法行使这个权利，其所谓的权利"公平性"一直受到诟病。

在理解权利的公平性方面，DAO 表现得更为理性和具有洞察力。DAO 通过"代码即规则"的模式让成员极为方便地真正行使到了这个权利。DAO 很少使用按人头计票的方式，随着在实践过程中的不断优化，DAO 一般都按成员"参与度"来分权重计量投票。

你很难提出比按参与度分权重计算话语权更能让人一致同意的方式了。不同程度的参与度反映了不同的参与能力和参与愿望。参与能力对应着对社区贡献的客观能力，参与愿望对应着为社区贡献的主观能动性。两者形成的合力落实后形成了对社区实际的贡献。在社区发明了治理通证后，人们的贡献很容易通过这种无差别的一般等价物将落实了的参与度计量出来。比如说有个人购买了"土地"，在上面建造了展馆，布置了数字艺术品的展位，他的元宇宙资产可以折合成 500 万治理通证，这说明他深度参与进了元宇宙的建设；另一个人购买了 500 个治理通证用于体验元宇宙，他的体验对于推广元宇宙社区是有益的。这两个人都参与了元宇宙的发展，对社区有贡献，因此都应该给予话语权。但是两者的参与度是不同的，如果按人头计算投票权就会明显不公平，影响社区的发展走向。如果按照折合的治理通证的量来计算，就把各自不同的参与行为进行了无差别化，并进行了量化，形成可比行为。这种方法明显要公平合理得多，而且效率也不低。这就是治理通证的优势所在。

在共同愿景的感召下，基于"代码即规则"的优秀执行力，元宇宙所有相关利益人用 DAO 模式形成强大的凝聚力，贡献出出类拔萃的群体智慧，带领着项目和社区生态朝着符合集体利益的方向不断向前发展。

6.1.4 公民的权力：提案与表决

以 Decentraland 为例，DAO 的表决内容包括对元宇宙政策的更新，对公有"土地"的拍卖，审查可以在元宇宙世界、场景建造车间和 Decentraland 市场内使用的 NFT 白名单以及社区认为应当表决的任何相关内容。投票在 Decentraland DAO 的治理界面上进行，由 Aragon（一个第三方合作平台）提供支持。DAO 由多个智能合约构建、执行特定的、预定义的任务，维护基金会"治理通证"加密货币资产的所有权。

通常会在组织成员之间分配职责（包括部署相应的智能合约代码），这样会使 DAO 的相关事务在未经多方投票和明确通过的情况下无法处理。这是结合了区块链的不可篡改性，使组织无法控制规则的制定，在一定程度上避免了不公平，一旦智能合约运行起来，内部人士也无法修改已经制定好的合约规则。比如 Decentraland 中 DAO 资金的使用需要先提议，进行社区内讨论，当提议的支持率达到某个阈值，便可发起提案，提案将开启投票议程，进入正式投票，投票通过后，才能由委员会执行资金的拨付，资金的使用的重要信息需要实时对 DAO 更新，确定的数据将上链，并通过网页端界面公布这些进展。

如图 6-3 所示，这是 Decentraland 的 DAO 社区提案界面,在 Decentraland 官网上，网址是 https://governance.decentraland.org/proposals/。主内容区是提案的列表，列出这些提案的标题、是否正在进行投票、主题类别、已投票数量、结束日期等。单击可以进入详情页面。左边栏提供了分类筛选。

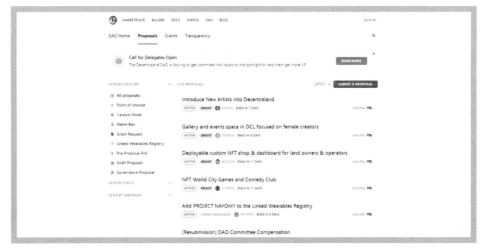

图 6-3　Decentraland 的 DAO 提案界面

任何持有合法 Decentraland 元宇宙资产的成员都可以参与到提案和投票，DAO 不需要区分你是谁，从哪里来，什么国籍、族裔、性别、信仰、价值观、社会层级等。

合法的 Decentraland 元宇宙资产目前包括通用的治理通证——MANA 本身，按其面值计量"投票点数"（VP），Decentraland"土地"按每块 2000 个 VP 计算，"名字"按每个 100 个 VP 计算。

关于 DAO 的透明性，本书第 1 章已经带领读者体验了 Decentraland 的透明度政策、实时更新和公开的审计数据。

需要指出的是"多投"始终是投票机制的敌人。在投票期内资产很容易被多次挪用，导致出现多投的现象，这就是生活在现实世界的人们总是使用按"人头"计票的原因，因为这样做才能通过实名制防止多投现象发生，否则更不公平。但是在元宇宙的 DAO 中，由于使用了可以溯源数字资产的区块链技术，以及可以自动执行的智能合约，人们对于每笔资产的流动都了如指掌，解决多投问题是简单明了的。

只要将资产时间计入投票规则，写进智能合约，就可以自动计算出准确合格的投票权。在 Decentraland，每个启动的投票都设定了一个投票期。投票资产的投票权只属于投票期开始那刻的资产拥有者，有效投票只属于投票期内发生的投票。因为投票期是上链的，资产归属的时间戳也是上链的，因此对于广大社区成员，他们无须做任何事情，只要投票即可，智能合约会自动处理好所有投票事宜，把结果即时准确地昭告天下。

6.1.5　安全委员会：紧急事务的处理

完全使用投票制来决策事务会有一些 Bug。比如在一些紧急情况下等待投票会错失良机，而在另一些需要保密的情况下公开投票又会弄巧成拙。比如在关于地产的智能合约中发现一个缺陷，即有人可以使用某种方式盗取他人地产，这时候就需要尽早尽可能隐蔽地解决这个错误，更新合约。假如将事务公开让全民投票，无疑会将这个缺陷和盗取方式公之于世，在投票决定前产生真正的甚至更多的地产盗用事件。因此需要有一个全民授权的由少量专职人员组成的"安全委员会"来负责处理紧急事务。

上述风险并非基于纯粹的假想，就在 2022 年 5 月 3 日，Decentraland DAO 发布了一个安全更新，其更新内容就是一个被安全研究人员发现的土地智能合约的关键漏洞，该漏洞允许任何人在未经土地所有者许可的情况下转让土地。为此，Decentraland 基金会紧急联系 DAO 安全顾问委员会成员当即修改智能合约，并在确认后的两小时内修复了漏洞。

Decentraland 的 DAO 建立的安全顾问委员会（SAB）是智能合约安全的保证者，其任务是对错误报告提供快速响应。安全顾问委员会将能够快速升级 LAND 和 Estate 合约的智能合约实施，并在收到负责任的披露错误报告后将其替换为无错误版本。负责任的披露遵循此协议。

安全顾问委员会的运作会保证所有合约更新必须一致，因此多重签名管理更新将需要至少三个签署者，并且没有反对票，才能升级 LAND 合约。董事会由 5 名成员组成，将由 Decentraland 团队最初选择的并随后由社区任命的若干专家实体或个人组成。

Decentraland 使用的是 Aragon 的 DAO 平台。Aragon DAO 可以更改安全顾问委员会成员，而且是必须通过投票才能删除或添加新成员。

Aragon 是一个专门提供 DAO 建设服务的平台，创建于 2016 年 12 月，Aragon 平台提供三个 DAO 的必备功能：投票执行(Aragon govern)、提案管理（Aragon voice）、争议解决（Aragon court）。

Decentraland DAO 拥有一些关键数字资产，包括 Decentraland 元宇宙中的公共道路和广场。而 DAO 也是治理通证早期分配时的行权合约的受益人之一，这份合约未来十年计划释放 2.22 亿 MANA 代币。安全顾问委员会（SAB）主要解决智能合约的技术缺陷并升级合约。

除了安全顾问委员会（SAB），DAO 还建立了 Decentraland 基金会。Decentraland 基金会是 DAO 在现实世界中的"法人"，主要工作是代表 DAO 处理法律相关问题，以及监督内容团队，包括创始团队。基金会是独立主体，独立于 Decentraland 创始团队。Decentraland 基金会持有 Decentraland 知识产权、商标、Web 域名、开源代码库、社交媒体账号以及 DAO 因为缺乏法律支持而无法拥有的所有其他资产。

6.1.6　透明度：公共洞察力的来源

很多人都听说过"割韭菜"，但可能不知道"拉地毯"。"拉地毯"和"割韭菜"是类似的含义和操作，一个是国外的说法，一个是国内的说法。两者都是指数字通证项目方对投资人实施的一种欺诈行为，指的是项目方并没有打算或有能力实现其所称的项目发展规划，而是预谋在获取投资人的资金之后跑路的做法。项目方与早期资助人合谋利用数字通证的免费发行，将早期资金投入通证的发售宣传，包括官网、白皮书、社交账户运营等，使大量不知情的投资人投资入场，当资金池满后项目方转走资金，关闭官网，删除社交账户，人间蒸发消失。最后一步动作称为 Rug Pull，即"拉地毯"。

如何避免"拉地毯"或者"割韭菜"，现实中有三种方法：

第一种是禁止任何数字通证项目的开展，从源头上解决"割韭菜"的问题。这种方法的确能从根本上消除问题，但也严重阻碍了科技进步和正当的项目开展。

第二种是告知人们这些欺诈手段的内幕，客观地评述事物的逻辑和科学原理，加深人们对新事物的理解，提高人们的辨别力，这是使人类进步的方法，也是本书正在做的。

第三种是建立项目的透明度，提供公共洞察力。"不能作恶"是比"不要作恶"更好的策略，是解决问题的正解，比如 DAO 所采用的"透明度管理系统"。

DAO 将工作规则和实施记录都记录在区块链上，保证信息公开透明、可溯源。

首先，DAO 的投票规则是公开透明的，通过链上的智能合约，任何人都能看到这个规则，审核这个规则，看看是否公平，有哪些问题。当然，不是所有人都能读懂代码。但是没关系，因为代码本身的公开性，总有人能读懂，而且不止一个，这些都证明了实施方的公信力，他们愿意接受所有人对规则合理性的挑战。

其次，DAO 的投票过程是公开透明的，通过链上的交易数据，任何人都可以监督实施过程。如果发现有任何问题，将很快让全世界都知晓。这样的问题是无法偷偷摸摸地改正或者隐藏起来的，任何人都无能为力，它不仅会公之于世，还将永远存在。这样就没有人再愿意从事不法行为，自挂耻辱柱上成为笑柄。这就是区块链的反欺诈力量之所在。

下面以 Decentraland 的 DAO 为例说明其透明度。Decentraland 的 DAO 建立了一个透明度操作系统（Transparency OS），该操作系统结合工具和信息空间，为公众洞察力提供从宏观到细粒度级别的信息视图，提升 DAO 成员彼此间的互动信任，增加参与度，提高社区贡献的质量标准，从而使整个社区蓬勃发展。

图 6-4 所示为 Decentraland DAO 的透明度操作系统的基础组件之一——透明度页面报告，它输出了基于以太坊网络的审计和基于 Polygon（以太坊侧链）的审计信息。对于具体区块链上的信息，用户可以单击"对 ETHERSCAN 进行审计"跳转到区块链浏览器相应的数据页面查看（见图 6-4 方框所示）。这是关于交易数据的透明度。

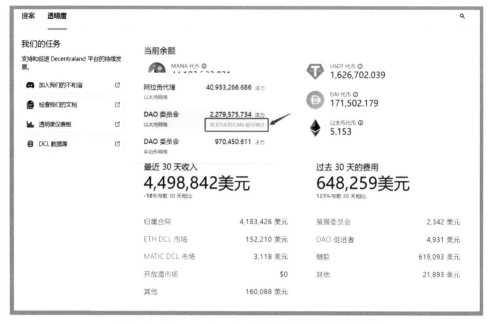

图 6-4　Decentraland DAO 管理的审计报告界面

DAO 的核心是透明的，去中心化使组织中数据可以自由流动。但数据与信息在理解的层面上是有本质区别的。用户通过 Etherscan 检查区块链上的交易记录或者审核智能合约上的代码只适合于高度专业化的人士。他们能够从深奥的数据中发现有用的信息，但对于普通大众则不行，这无疑平添了一层不透明，尽管本质上它是透明的。

Decentraland DAO 致力于消除这层对于普通大众的不透明，并将透明度制度化，这将为社区带来实际上的好处，比如大大降低用户使用元宇宙和处理 DAO 事务的决策成本。

从 Decentraland DAO 的透明度操作系统（Transparency OS）的具体实践中可以看到，一个好的"透明度系统"应该具有以下特征：

第一，应当让用户方便地获得这些信息，包括查看和下载。"查看"这个操作应当很容易被发现，用户可以按照自己想要的关键词过滤信息，系统提供用户所想的分类和排序方法，"下载"应当提供了简洁的途径、常用的使用格式以及毫无保留的数据。

第二，应当让用户容易地理解这些信息。杂乱无章地堆放信息会增加用户的理解难度，应当对信息进行合理的整理归类，提供清晰的归类逻辑。除此之外，还应当提供原始信息或者方便的链接以便公众核实，对于只有专业人士才能够理解的信息也应当公开并有所解析。

第三，在向公众提供数据和信息时，应当针对不同的受众提供不同的使用选项。要考虑到每个人都是不一样的，不是每个人都以同样的方式消费信息，或者希望对项目有同样程度的关注。

6.2　元宇宙的项目方

与普通商业的起步逻辑一样，元宇宙的创建是以项目的方式筹资、开发和落地的。元宇宙的项目方是指元宇宙的项目团队，包括创始人以及创始人领导的工作团队。当谈到"项目方"时，意味着有一个时间节点，这个时间节点是指元宇宙项目的"上市"，元宇宙的项目方是元宇宙项目在"上市"前与项目有关的利益群体，包括本节将要阐述的创始人、开发团队、早期资助人及创始时期的其他贡献方。"上市"前的这段时期也称为"创始时期"。

首先要澄清一个概念，像元宇宙这类基于区块链的项目　"上市"和传统中的公司"上市"是有所区别的。区块链项目的"上市"是指项目方公开发行一种称为"治理通证"的加密数字货币，这种"治理通证"允许持有者根据持有量来参与项目上线后的决策和治理。它类似于股票。所不同的是，"治理通证"的持有者对项目方的公司层面没有话语权，对项目有话语权。这里的项目方的公司通常在项目上市之前就由创始团队建立了，项目由该公司创建并推出。

公司在推出元宇宙项目前全权掌控项目。项目"上市"是元宇宙项目推出的必经之路。公司推出元宇宙项目是为了将项目落地，实现营收，在目前元宇宙发展的初期也是为了获得公司在业界的名誉和行业地位。

公司在元宇宙项目"上市"后将逐渐过渡掌控权。一方面，公司和项目方用对项目的掌控权换回自己劳动的报酬，或者说"变现"。另一方面，元宇宙项目的内在价值特性和元宇宙本身的持久性要求实现这种转换，否则元宇宙将无法真正落地。

为什么这么说呢？

元宇宙推出之后，现实世界的人们便逐渐进入元宇宙，他们是元宇宙的成员，元宇宙后期的发展取决于他们的共同兴趣，他们必须对元宇宙有话语权。因此作为元宇宙创造者的项目方应当把元宇宙交还给它的使用者掌管。

元宇宙是一个新创建的世界，从无到有的一个完整真实实用化的世界，创建元宇宙项目也是一种商业行为，元宇宙的创始者需要获取一些报酬。

元宇宙项目的上市和治理通证的发行是项目创始团队获取报酬的方式。创始团队通过专注的工作造出元宇宙来给人们免费使用，同样，创始团队通过发行零成本的通证以各种方式转让给元宇宙的使用者，利用铸币税原理从中换取劳动报酬。至于铸币税的税率该如何设计，是否合理，将在下文讨论。

6.2.1　元宇宙的创始人

创始人有时候是一个人，有时候是几个人，更多的时候是几个人，但不会很多，称为创始人团队。创始人团队是指在创业初期(包括企业成立前和成立早期)，由一群才能互补、责任共担、拥有强烈的愿望和使命感、分享共同的愿景并愿意为此奋斗的人所组成的特殊群体。

在元宇宙领域，创始人团队通常是一些在该领域内有丰富经验的人，他们对技术的应用和发展具有洞察力，对元宇宙项目的开展有清晰的思路和方法，对自己所擅长的工作领域有充分的自信。他们因为相互熟悉和信任，在能力及资源方面互补，具有相同的理念和认识，看好元宇宙的未来发展，为了共同的目标而聚合在一起，共同决定开始一项事业。

评判一个创始人团队是好是坏，没有既定的套路。不应按既定规则给创始人打分，再按打分高低判断未来成功与否。如果给你 100 个能力点，分别给"体力""攻击""防御"分配能力值，你认为怎么分配才可以打赢下一场战斗呢？你会无所适从，因为没人告诉你下一场战斗将面对什么样的敌人。

尽管不能按套路去识别一个创始人团队的成功可能性，但是从客观上来说，创始人团队的好坏对于元宇宙项目能否成功起着举足轻重的作用。对于投资早期元宇宙项目的人，重要的是加深与创始团队的接触。越是早期的项目，投资人越应当与团队密切接触，以成为伙伴的态度积极参与其中。不能仅限于准备好的资料或者按照书本套路来理解项目的进展状况，更不能由代理人代而为之。

在处理创始人之间及创始人与早期合作者之间的关系时，需要亲密和包容，而不是亲密无间。人和人之间总是有差异的，在"亲密"之外更多的应该是"包容"，而不是进一步的"亲密"。"亲密"是黏合剂，对于项目的稳定性至关重要，但是过度会导致差异性的消除，压制特质的发挥。而"包容"一方面加强了这个稳定性，另一方面让每个人的"优势"可以得到充分发挥，从而提升了团队的整体质量和项目的成功率。

通过理解元宇宙项目的商业逻辑，通过与项目创始人团队的亲密而包容的接触，以及保持具有洞察力的鉴别分析，可以大幅提高对元宇宙项目的判别能力。

6.2.2　元宇宙的开发团队

元宇宙项目的落地需关注三个重点：前期重点在开发，中期重点在运营，后期重点在管理。

元宇宙的开发是通过编程将元宇宙数字世界实现的过程。

元宇宙的开发需要开发团队来完成，这支队伍是创建元宇宙的核心骨干。就像新建一座城市，如果没有建筑团队，一切只能流于幻想，或者纸上谈兵。

因此，观察一个项目必须先审视这个项目的开发团队。

开发团队中的关键人物是技术带头人。他的经验和对技术及行业的理解直接影响着元宇宙建设的成败。

元宇宙的建设需要基于区块链公链技术、AI 技术、云计算技术等新一代的前沿信息技术，如果技术带头人对这些技术的理解不够深入，将无法提出清晰易懂、切实可行的方案和便于实现的开发需求，这将严重影响元宇宙项目的落地。

开发团队带头人不是实现这些开发需求的人，而是提出这些需求的人，是总设计师。项目的成功，顶层设计至关重要，失之毫厘差之千里，分分钟千万元资金可能烧个精光，所以方案必须正确和恰当，这是对技术带头人的高要求。

由于这种高要求和其在整个项目中的重要地位，开发团队带头人一般作为创始人团队的关键成员。在激励机制方面，他一方面在公司拥有股份，成为公司的决策人，另一方面拥有元宇宙项目的创世权益，是治理通证的重要持有者。

开发团队的其他人员通常不会是公司的股东，而是被聘用的员工身份。他们服务于公司，获取工资待遇，同时通过免费获取元宇宙项目的创世权益作为激励。

有些时候，某些公司在招聘员工时用治理通证来代替员工的劳动工资。这种方式对于员工来说既不具备吸引力也不"厚道"，因为治理通证远比高风险的公司初始股份的风险更大，后者至少已经有公司实体存在。大部分员工通过工作赚取工资主要是保证家庭生活所需，不想拿来做风险投资，更何况如此高风险的风险投资。公司用发放治理通证的方式给员工发工资，实际上是免费拿走了员工的劳动报酬，让员工非意愿性地承担自己没有决策权的公司早期项目的高风险。

元宇宙属于新生事物，在很多应用领域还处于灰色地带，任何违背公序良俗的设计或者看上去明显不合理的运行方式都会在未来带来法律和道德风险。一个有潜力的元宇宙项目，首先需要排除这些潜在风险。

对于开发团队而言，与项目方其他成员不同的是其权益锁定期较长。由于系统需要升级和维护，这个需求在项目 DAO 化之后依然不会改变。尽管后期其他团队可以参与竞争，但原始开发团队相对而言更具有信息和经验上的优势，他们更知道如何处理自己制造的系统。即便过渡到了 DAO 时代，开发团队仍然可以为 DAO 继续工作，继续获得治理通证作为报酬。而一旦元宇宙到达 DAO 时代，治理通证就像丑小鸭蜕变成天鹅，完成了价值升华，到那时来自治理通证的收益可能会比开发团队的实际工资更多。

6.2.3 元宇宙的早期资助人

像元宇宙、区块链这类高科技项目，在早期建设时期的开发投入是最为重要的。虽然作为软件产业本身来讲具有轻资产的优势，但高质量的技术人才的人力成本将成为主要的支出，这个支出价格不菲。在这个阶段产品还没出炉，不可能有任何进项的收入来源。对于项目团队来说，没有这笔投入很难开始组队开发。对于投资人来说，对产业未来捉摸不透，也不敢冒昧进场。

早期的投资人是对元宇宙项目贡献最大的投资人。通常来自项目本身的创始人团队，创始人团队筹集注册资金，一起出资运营项目，共同分享公司股权。

有时候，除了创始人团队自筹的资金之外，还会引进其他投资资金，这些后续进场的资金方一般不参与公司实际运营，只占有股份，称为"早期资助人"。

因为早期资助人参与了最开始的项目投入，提供了最关键时期的帮助，也承担了最大的风险，所以早期资助人的股权份额可以与创始人比肩。

早期资助人的这种投资方式也称为"天使投资"。

天使投资是权益资本投资的一种形式，是指具有一定净财富的人士，对具有巨大发展潜力的高风险的初创企业进行早期的直接投资，属于自发而又分散的民间投资方式。这些进行投资的人士被称为"投资天使"，用于投资的资本称为"天使资本"。

投资天使是风险投资的先锋。当创业设想还停留在创业者的笔记本上或脑海中时，风险投资很难眷顾它们。此时，一些个体性质的投资天使则会出现对其投资。投资专家有个比喻，好比对一个学生投资，风险投资公司着眼大学生，机构投资商青睐中学生，而天使投资者则培育萌芽阶段的小学生。

对于元宇宙公司，这些作为天使投资的早期资助人不仅仅获得的是相当大份额的公司原始股，更多一层的收益是未来的治理通证。早期资助人获得的治理通证的数量通常和创始人权重一样高。

在元宇宙 DAO 化之后，早期资助人一般会退出历史舞台，实现其资本投资的收益变现。早期资助人是否会在元宇宙中存在下去，继续成为 DAO 中的骨干成员，取决于早期资助人的兴趣，以及项目的进展状况。一般来说，DAO 会给予早期资助人优先权。

6.2.4　元宇宙的创始贡献方

任何创业项目都会在不同的时间、不同的方面，需要不同的相关方参与其中，提供多方面的贡献。这些贡献有些是以工资现金的形式作为报酬，有些则是以一种未来可能实现收益的方式作为报酬。

在元宇宙，这种未来可能实现的收益方式是治理通证，一种加密数字货币。治理通证是元宇宙中 DAO 使用的股票，持有者可以对元宇宙的事务进行投票，参与元宇宙的运营决策，它代表整个元宇宙价值的份额。由于治理通证是可交易的，因此，治理通证可以随时变现。

一个元宇宙项目的成功创建，不仅需要技术团队和早期资助人，还需要其他专职人员、专家顾问以及可持续发展的生态圈。

元宇宙项目方中的创始贡献方，是指在元宇宙"上市"之前帮助过元宇宙项目的被元宇宙的创始人团队认可并分配有部分"治理通证"的人。这些人可以是某些工作突出的员工，可以是为项目发展提供过重要服务的第三方，也可以是公司聘请的兼职顾问，甚至可以是一些基石粉丝用户。

被授予免费治理通证的元宇宙创始贡献方，一般不是指创始人团队的核心成员，也不是早期的资助人。但创始贡献方与他们有两个共同特点：一是他们的工作为项目的开展带来了切实的帮助；二是他们看好项目，愿意跟随项目的腾飞获取更高的收益。

对于元宇宙最早的粉丝用户，元宇宙项目方给予重视，会用"空投"的方式授予一定数量的治理通证，激励他们为元宇宙项目的推广做贡献，除此之外，还给予他们元宇宙早期治理架构的优先权，为这部分人和工作所提供的治理通证通常也被归入创始贡献方的份额。他们被认为是元宇宙的基石用户。

6.3　元宇宙的创世

元宇宙的创世并非元宇宙的创始，元宇宙的创始是元宇宙产品从立项到创世前的阶段。

在元宇宙的创始阶段，创始人团队通常会组织各方面力量，先进行元宇宙项目立项或者成立新的公司，这个新项目或者公司以建设元宇宙为主要目标，然后经历 1~3 年的研发周期来建设元宇宙系统，从设计、开发到测试，不断丰富场景化应用，以求为用户提供更好的体验，最后公司内部验收合格后，启动产品上线。

元宇宙的创世指的是在产品上线之后，创始人团队将元宇宙的基本治理权益分配出去的一段时期。

到了元宇宙的创世阶段，项目方的工作重心从系统开发转向项目运营。工作任务是按经济模型的计划完成部分治理通证的分发，建立用户生态圈。

理论上是治理通证的分发，而实际上出现的形态很多。有些项目方看准用户的投机心理和对通证经济学的不了解，故意发放了一些非管理的通证，这些通证不具备对项目的投票权，仅是为了炒作而发行的。比如一些游戏公司开发的游戏元宇宙，将原来让玩家充值用的游戏代币或者积分做成区块链上的智能合约代币，它们本身没有投票管理功能，只是用来获取更好的游戏装备，本质上是换一种充值形式。

需要提醒大众的是，通证的可交易性很容易掩盖其背后的"空价值"，除非理解其经济学本质，否则容易成为不法欺诈者的猎物吃亏上当。

6.3.1　元宇宙的项目通证化

如前文所述，元宇宙项目的"上市"不同于公司的"上市"。Roblox 作为元宇宙第一股上市是指公司的上市，即公司股票的首次公开发行。元宇宙项目的上市是元宇宙产品上线，元宇宙项目首次面向大众公开，登上历史舞台。元宇宙项目的上市过程是通过分配元宇宙的治理权来获得项目的顺利自治理化。元宇宙使用"治理通证"来分配元宇宙项目治理权的过程，称为"项目通证化"。

元宇宙的项目最终是要建立一个成功运转的元宇宙生态系统。经过了元宇宙的创世时期，元宇宙的平台系统已经构建完成。接下来就进入元宇宙的运营阶段，开始建设元宇宙生态。

元宇宙生态中最重要的是人，即使用者。在接下来的时间段项目方的工作便是吸引用户，使他们愿意成为元宇宙的主人。项目方需要将信息快速、充分地向世界传播。项目方通常会建立官方网站，发布白皮书，建立公众号、社交账号、自媒体账号，开启视频号、YouTube，联系媒体和业内合作方，定期组织 AMA（Ask Me Anything）回答公众疑问等。还会组织形式新颖的线上线下活动来引起用户的关注，用不同的优惠政策组合来刺激用户的消费欲望，比如限定名额的免费通证或者 NFT 甚至现金等。

这个阶段的工作核心是元宇宙项目的通证化。项目方将告诉世界：元宇宙属于全人类，只要积极参与到元宇宙的建设中来，便可以获得元宇宙的治理通证，随着元宇宙的发展获得丰厚的收益。

元宇宙使用治理通证来计量每个用户对元宇宙的贡献，并赋予用户在元宇宙世界中的话语权。元宇宙的通证化将元宇宙本身的所有权益变为可分割的具有流动性的价值体。当元宇宙的整体价值增加，每份通证的价值也会随之增加。

由此看来，一个前途无量的元宇宙项目，它的治理通证是最为吸引人的。

6.3.2　元宇宙的通证分散化

从最初的中心化商业项目到去中心化的元宇宙社会系统，需要一段过渡时期。元宇宙的创世阶段的主要任务就是完成这个过渡。具体来说，就是将元宇宙的治理通证分散化。

从元宇宙的发展来看，只有治理通证掌握在更多的人手中，元宇宙才属于更多的人，才会真正成为一个世界和一个社会。

从元宇宙项目方的发展来看，只有通过实现通证的分散化，元宇宙的项目方才能将手中"零成本"获得的治理通证变现。没有用户的元宇宙是没有价值的，无论元宇宙做得多精彩，零乘以任何数都是零。只有当元宇宙开始有了用户，让他们成为元宇宙的主人，让治理通证发挥决策作用，产生发展的价值，元宇宙逐渐成长，项目方才能够获得对前期投入的回报，才能激发热情继续努力，为元宇宙贡献更多力量。

至于具体在何时以何种速度"变现"，取决于项目方的集体决策。理论上变现得越早，风险越小，收益也越小。一个正常研发的元宇宙上线之后会进入一个快速发育期，元宇宙的价值会快速成长。如果此时过早地转让治理权，治理通证的价格就越低，获益也越小。但是如果一点都不转让，会阻碍通证分散化的进程，使元宇宙无法成长，未来的收益也就成了无源之水无本之木。

从用户的角度来看，会有另外的考量。一方面，越早获得元宇宙的治理通证，成本就越低，越晚参与到元宇宙中，购买治理通证的市价就越高。另一方面，如果项目方过快过多地转让通证，也会存在"拉地毯""割韭菜"跑路的嫌疑，用户的风险将很高。因此，用户需要做好调研和评估。

为了使元宇宙项目的通证分散化工程得以成功完成并取得有益的可持续发展效果，建议项目创始团队在元宇宙创世（上市）后分阶段地释放"治理通证"，并设定锁定期，同时根据需要设计锁定结束后的释放速度，释放速度可以是线性的也可以是阶段性的，以线性释放为佳。这些需求在技术上都可以得到智能合约的支持。在区块链技术的合理使用下，很多之前曾出现的不规范、混乱的局面可以得到控制。

随着人们对区块链和元宇宙理解的深入，在未来的某一阶段，元宇宙将呈现出更加公平、有序、有益的繁荣景象。

6.4　元宇宙的创世分配

元宇宙通过发行治理通证进行项目的通证化，逐步实现从中心化的公司管理向去中心化的 DAO 社区管理的过渡，使元宇宙被全社区成员所拥有。

同时，元宇宙公司将通过治理通证向社区分散的过程"回收"开发成本，并获取公司收益。这就是元宇宙的商业逻辑。

元宇宙的创世是一个关键节点。治理通证的通证化和将通证分散化的执行架构需要写入区块链分布式智能合约之中，写入了就不可篡改。因此这个执行架构对元宇宙的未来无限发展是至关重要的。

通证分散化的执行架构就是创世分配方案，它是对未来元宇宙所有权益的分配机制。元宇宙项目的成功运行，离不开高质量的权益分配。

项目通证的分配早在区块链时代就开始普遍应用。本书在第 5 章阐述了区块链代币和元宇宙通证的共同点和差异。区块链代币关联的是区块链项目上运行的数字货币，这种货币只能在该区块链上运行和使用，因此它的价值只与它在该区块链有多少使用价值相关。从某种意义上来说，这与元宇宙的治理通证关联元宇宙的使用价值是一致的。代币或通证的分配对于项目来说是个至关重要的节点，人们一直在摸索中前进，积累经验，逐渐形成较为有效合理的解决方案。

作为创始人，他们是元宇宙的奠基者，需要从零开始，出钱出力。所以在创世分配时他们可以优先得到最大份额的"免费"治理通证。

作为早期资助人，他们是元宇宙的天使投资人，在项目还没有成型之前提供了资金上的帮助，承担了高风险，因此在创世分配时他们也可以得到可观的初始"免费"治理通证。

还有一些人既不是创始人也不是资助人，他们同样在元宇宙"上市"之前提供了有重要作用的贡献，因此在创世分配时也可以获得相应的一部分"免费"治理通证作为奖励或补偿。

到了创世的时候，元宇宙的系统已经开发出来了，元宇宙已经有了一定的实体功能价值，因此接下来对于治理通证就不再是"分配"的方式，而是"购买"的方式了。每一份治理通证代表了一小部分元宇宙实体的现实价值和未来价值，它有点像股票在二级市场的销售，新加入的投资者将为此付出成本。

可以借鉴目前已有区块链项目的发展情况，来了解一下各个利益相关方的分配比重的变迁过程。如图 6-5 所示，这是 2017—2022 年关于区块链创世代币的分配方案的变迁。这组信息中对于元宇宙项目有借鉴的数据是前三个类别的分配比例。核心团队的占比基本固定到了 17% 左右，投资者（即早期投资人）占有 10%，公司财务备用池占 20% 左右。公司财务备用池对于元宇宙来说等价于 DAO 基金会的基金池，它为 DAO 对元宇宙的运营提供一定的储备资源。

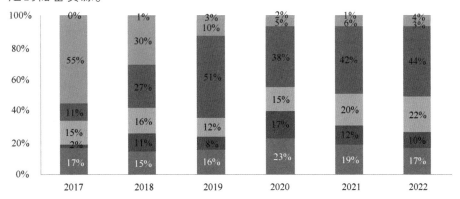

图 6-5　2017—2022 年区块链项目代币分配比例的变化

可以看到，随着区块链项目的实践开展，其中最为关键的部分，即社区激励部分，已经慢慢走向成熟，其比例大致维持在五分之二左右。它吸收了原本作为公开发售的部分，原因是后者目前法律地位不清晰，在大部分地区不被支持。社区激励和公开发售这两部分构成上文所说的通证分散化的部分，其余的则是属于"零成本"授予的部分。目前，元宇宙项目主要通过社区激励的方式来实现通证分散化，实现元宇宙的发育成熟。而这部分比例应该不大于一半。

接下来从用途和发行时间的结构上来对治理通证的分配做进一步的分析，这包括为项目方开发项目的先天分配、为元宇宙创世后的运营分配，将元宇宙治理权推向市场的流动性分配。

6.4.1 项目方的先天分配

在元宇宙的创世分配方案中，第一个要考虑的是项目方的利益。项目方是元宇宙"上市"前唯一付出的群体，也是设计分配方案的人。项目方有权利也有能力来决定自己能够获得多少分配额度。我们称之为先天分配。

这里所说的项目方包括项目创始人团队、开发团队、早期资助人和创始贡献方。

虽然整个创世分配的计划由元宇宙的项目方全权负责制定，项目方也不能不考虑其合理性，否则从短期讲会影响元宇宙的通证分散化工程的效果，从长期讲会影响元宇宙的未来可持续发展。对此项目方不可以不察。

负责具体制定和决定创世分配方案的通常是项目方中的创始人团队。而其他相关利益方也具有一定的话语权，他们通过更早期签署的合作协议、条款、奖励规则等约定锁定一定的合作框架。这些框架会约束项目方内部的份额比例。

作为典型的例子，来考察一下 Decentraland 的创世分配方案，如图 6-6 所示。

在 Decentraland 的创世分配方案中，将所有的治理通证 MANA 分为 5 份。

- 开发者、贡献者和顾问：1 份；
- 社区成员和合作伙伴：1 份；
- 基金会：1 份；
- 融资和市场流动性（投资者）：2 份。

MANA 的发行总量为 28.1 亿个。这个总量不必太纠结，它说明不了什么问题，总量大，每个通证的价值就低；总量小，每个通证的价值就高。在区块链上的数字代币，一般都可以细分到小数点后 18 位，因此完全不必担心分割的问题。

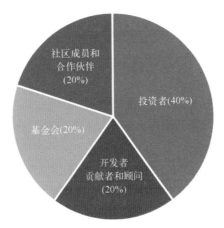

图 6-6　Decentraland 的治理通证 MANA 的创世分配方案

需要深入看到的是一些表面数字背后的信息。作为先天分配的部分，具有"免费性""补偿性""确定性"三大特征。

第一，这部分是免费分配的，也就是说获得分配的具体的每个人是不需要掏腰包来购买这些通证的。但并不是每个分配都是免费的，比如投资者的那 2 份，是已经出钱购买的。

第二，有些人可以免费获得，而有些人则需要出钱购买，是不是看上去很不公平呢？这个问题如前文所说，免费分配是为了奖励项目方群体对项目 "上市" 之前的无偿劳动付出，这是其 "补偿性" 的特征，原则上是公平的。

第三，作为先天分配的部分是确定的。也就是说，这部分既定的治理通证会在创世时全部自动分配到每一个项目方的个人账户中，这是其 "确定性" 的特征。

那么是否还有不确定的部分？答案是有。

6.4.2　元宇宙的运营分配

从 Decentraland 的创世分配方案中可以看到，有五分之一的治理通证是为基金会留存的。

基金会是 DAO 的法人机构，DAO 是元宇宙的运营机构。在元宇宙系统上线之后，DAO 充当元宇宙管理员，这个管理员的工作更多不是对程序的运维，而是对元宇宙社区的运营。DAO 基金会在元宇宙中的职能可以对标现实世界的政府，在顶层设计和执行上推动元宇宙向更好的方向发展。

DAO 基金会需要各种资源的支持来做到这一切，获得这些资源需要资金，治理通证就是元宇宙世界的资金。在创世的时候，留出一部分治理通证作为元宇宙 DAO 基金会的运营资金有助于元宇宙后期的发展。这部分的分配相当于中央财政拨款。

同样来分析一下这种"财政拨款"的特征：

第一，作为拨款，这部分分配是"免费"的，DAO 基金会不需要用现金来购买。

第二，这部分资金是"非确定性"的，是预留式的。也就是说，基金会不会预先知道需要花费的具体数目，而是用预留的方式一次性划拨到基金会的管理账户，再由管理账户在具体使用时将准确的通证数量转到需要使用的地方。

第三，这部分资金的使用性质是"未来时"的。和先天分配不同，元宇宙运营分配的通证要在未来才能实现价值，而且是渐进式的实现，不是一下子兑现的。这个过程可能需要历时多年。

从目前的实践来看，用于此类项目运营的储备金或者资金池一般在五分之一（20%）左右。

6.4.3　给市场的流动性分配

第三种分配类别是投资者，这称为给市场的流动性分配。这个时间点是在创世分配完成了其他明确既定的分配项目之后。

对这种类别与其说是分配，不如说是发售，因为这部分治理通证不是免费得到的，用户想要得到必须用现金购买。这里的现金是法币或者主流数字货币，是指在当前有明确市场价值的一般等价物。

这部分治理通证大约占总量的 40%。任何个人或者实体只要购买了这部分通证，便成为元宇宙的主人之一，拥有了元宇宙的决策权。

需要注意的是，40% 是个重要的设置。它关系到项目的控制权和中心化事态。

元宇宙给投资者的创世分配总量不应当超过 50%，否则意味着投资者有能力一次性买断整个项目。这种情况对于社区的其他成员是灾难性的，因为他们发现去中心化已经遭到破坏，自己的话语权事实上已经失效。在通证分散化的过程中不断加入元宇宙的用户都是元宇宙的拥护者，他们之所以拥护这个项目是因为看中了早期的创始人团队和整个元宇宙的发展规划，他们不希望看中的这一切一夜之间突然消失，取而代之的是不确定的人选和规划。假如中心化事态形成，将不可避免导致社区成员的离去，通证分散化逆行，最终导致元宇宙的消亡。

市场流动性分配是实现通证分散化的根本途径，是让元宇宙走入千家万户成为真正的元宇宙的必经之路。当元宇宙的治理权属于不同的用户，特别是属于不同的非项目方所有者，市场开始体现真正的流动性，元宇宙世界才能具备真真切切的活力。

6.5　元宇宙的治理

创世分配是元宇宙从顶层定义整个经济体的起步参数，如同宇宙诞生之初的初始值。创世分配从经济层面建立了元宇宙的初始状态，但是并未说明接下来如何发展的规则。关于经济体将如何发展的规则是在经济模型中定义的，这是元宇宙治理逻辑中最重要的部分。

作为社会化的元宇宙，其运行模式已经远远超出了现实世界中公司运营时的商业模式。普通公司从来不需要考虑经济模型，它们也从来没有能够达到这个高度和具备这个能力来考虑这样的问题。

元宇宙是个全球化的社会实体，它必须站在顶层考虑经济和政治这类起到大范围作用的问题。元宇宙发行的数字货币将在整个元宇宙的范围和整个元宇宙的生命周期内通行，对宇宙内的所有事物的价值起到定义和交流的作用。作为治理通证的数字货币还将在治理层面起到功能核心的作用。不仅如此，这些价值还将溢出到现实世界，对现实世界的经济产生重要影响。因此，关于元宇宙内流通的数字货币的类型、数量、增速、供应模式、生命周期等如何定义，是关系到整个元宇宙是否能够长远顺利发展的问题。这类问题被称为元宇宙的"经济模型"，是治理元宇宙的关键。

6.5.1　平衡通胀/通缩的模型

元宇宙中的"治理通证"是一种区块链上产生的加密数字货币，它是无法离开区块链的，只能在该区块链上流动。在区块链上的这部分加密数字货币的总量就是这个元宇宙的货币总量。元宇宙的经济模型本质上与之相关。该总量的动态变化相对元宇宙经济体的变化将导致整个元宇宙经济的通胀或者通缩。

通胀（Inflation），通俗的理解是在一定时间内一般物价水平的普遍性持续上涨现象。它的反面，通缩（Deflation）是指物价普遍性持续下跌的现象。"普遍性"排除了商品相互之间的差异，排除了地区价格的差异，排除了季节性、人们兴趣起伏等的差异，表示的是作为一般等价物的货币与所有商品的对比。

关于通胀通缩的成因，一般只解释到供需平衡，也就是货币供应量超过需求就造成通胀，货币供应量少于需求就造成通缩。人们通常把造成通胀的原因简单理解为"钞票"印多了。

在现实世界，"印钞票"的过程就是提高货币供应量的过程，也称为货币"增发"。钞票对应到元宇宙就是数字货币，包括数字代币或者数字通证。但是元宇宙中增发的方式与现实世界有所不同。在现实世界，印钞票是个物理过程，即使用印钞机或者铸币机制造新的纸币或者硬币，产生的物理货币有多少就增发了多少货币。在元宇宙中不存在物理制造，数字货币的增发是通过程序按照既定的规则注入区块链上的总量中。由于区块链的防双花特征，它和银行中的"电子货币"有本质区别。电子货币是对现实的物理法币的数字孪生，在用户取出现金或存入现金时会自动销毁或生成，以同步反映本币的数量状态。而区块链数字货币是一种独立的完整的货币，货币中的每一个个体货币都是唯一的，并且只能转移，无法消失。

元宇宙的经济模型主要是考察数字货币的需求。货币的需求来自两个方面，一是"做交易"的需求，二是"存价值"的需求。

"做交易"的需求构成了当前的流动性需求。因为它的翻转率高，所以货币的利用率高。比如 1000 元的货币在频繁的交易中能完成很多次资源的兑换。

"存价值"的需求构成了类似冻结的货币状态，降低了货币的利用率。"存价值"的需求会导致实质上的货币整体供应量降低。

为了更有效地利用货币，人们发明了"融资"这样一种方式，融资实质上就是把这种冻结状态的"存价值"货币通过借用的方式变成流动起来的"做交易"的货币，然后将收益分享给借出者。这就是"金融"。

虚拟经济的经济模型来自于早期的区块链项目。由于区块链项目的主链会使用一种区块链基础代币，而且区块链赖以运行的共识机制中天然需要激励机制，区块链便以币的方式激励那些被称为矿工的社区成员加入分散性机制的力量。

起初，这些币只运行在区块链自己的空间，这些奖励和游戏里的虚拟币看上去没什么区别，属于对区块链痴迷的"极客"圈内自得其乐的工具。回顾起来，在区块链技术诞生的最初数年内，币的价值一直处于一种若有若无的状态。曾经有人用 1 万枚比特币买披萨的故事便是这种启蒙状态时的历史快照。

虽然这种虚拟经济模式在早期发展得很慢，新技术还是不断吸引着人们的到来，玩挖矿攒币的极客也越来越多。由于区块链是去中心化的，没有任何机构控制，绝对公平可靠，得到链上玩家的普遍信任，这些游戏币的可信交易性逐渐建立起来，开始出现交易市场，币值不断上涨。同时也促进区块链系统的分散性越来越强，系统越来越完善，其不可篡改、防双花等前所未有的优质特性越来越得到彰显，获得人们的认可。人们开始尝试拓展"币"的用途。

币值的增长进一步提升了区块链的知名度，引起了周围世人的注意。这是一种经久不衰的正反馈式的增长，直到有一天万众瞩目。

区块链的货币增发从经济模型上是通过挖矿奖励逐步将货币添加到市场中的。这种流动性注入机制在公平性上堪称完美，远高于各国央行开动印钞机通过借贷或者福利的方式注入市场的传统方式。比如美国，将新印发的美元注入美国是不公平的，因为美元不止一个国家在用，每当美国央行向自己的金融系统注入新铸造的美元的时候，其他国家人民手中的美元的价值就被稀释了，这相当于美国以此盗取了其他国家美元持有者手中美元的一部分价值。这正是中心化机制带来的症结所在。

区块链的货币注入方式无差别地赋予所有链上使用者，因此不存在以部分损害全体的行为。同时区块链的货币注入是非免费的，它等价于获得者付出的劳动，也就是矿工为了保障去中心化系统的安全所做的记账工作。这种货币增发方式公平而精准地做到了"机会平等，按劳分配"。

解决了经济模型中货币发行调控中的公平问题，接下来就要研究什么样的注入速度是合理的。

对于比特币而言，由于其工作量证明的高能耗和 1 小时 6 次确认的低效性，不适合将其作为大规模的平台设施使用。比特币将自己定义为一种未来的存储货币，通过让其他区块链对它的锚定，将它的影响力和使用价值拓展到整个区块链领域的生态圈。它将作为中流砥柱的角色，稳住整个区块链虚拟货币世界的基本盘。比特币使用了明显的通缩机制，作为存储货币，人们需要它放的时间越长，价值越高。比特币的通缩经济模型，则恰如其分地符合这一需求。比特币的通缩来自其生命周期中设定的总量 2100 万个比特币单位。在比特币的"货币增发"规则中，大约每过四年便会将出块奖励折半，使已发行的总量形成一条对数曲线，将无限接近于 2100 万的数量极值。

对于以太坊而言，它创造性地发展出了智能合约，被业界公认为第二代区块链的开始，因其支持去中心化应用，支持"代码即法律"，将会作为区块链技术大规模使用的核心平台，其基础代币也将会变得最为活跃，因此它将成为未来区块链交易货币的主体。目前，区块链生态圈的发展还处于初期阶段，需求还没有完全打开，它的一大主力应用元宇宙的市场才刚起步，因此当前阶段以太坊的供应量是远远大于需求的，我们还无法确定的是以太坊目前线性增长的注入速度是否能满足未来可能出现的非线性增长需求。

元宇宙继承的是前辈区块链的经济系统和经济模型，并且有所革新。元宇宙的经济不再直接建立在区块链底层的原生数字货币之上，而是利用智能合约，打造自己的治理通证。这样的经济模型在更新时不会发生像早期的区块链经济模型那样导致区块链分叉，还可以设计程序性归属、锁仓、解锁、销毁、自毁等机制，灵活度发生了革命性的变化。

综上所述，元宇宙经济模型各方面的基础已经被前人所建立，接下来只要把通胀和通缩按照需求平衡好就可以了。

6.5.2 平衡开发团队的收益

在元宇宙创世之前，项目方内部各方的博弈是广泛的。创始团队也经常会用股权的比喻来说明通证的作用并与其他方进行谈判，博弈对象主要是开发团队。创始团队希望用这样的方式来节省当前的人力成本，同时降低对未来收益的出让。

在产品开发完成之前，开发团队起着至关重要的作用，在交付上线之后其作用就显得不太重要了。这种重要性的转变一部分来自工作重点的变迁，另一部分来自项目所处的阶段带来的财务意义上的变迁。因此，开发团队能为其在项目治理通证总发行量中的分配占比议价的时间点非常重要，特别是当开发团队成员并非创始团队核心成员时。此时，双方均要考虑如何分配才能保证双方权益的平衡。

一个项目是否能够成功不是仅靠某一方的力量。对于元宇宙项目来说，开发团队固然重要，但依然无法确保项目的成功。开发团队除了要审视项目的难度和自己的能力，还要检查其他项目合作者的情况，估算项目成功的可能性。假如开发团队对此信心还不够，应当主要接受以现金支付的方式，避免过多地接受用通证代替现金支付的部分。假如开发团队信心充足，则可以考虑接受更多用通证支付的部分。

开发团队往往期望有个确定性的可以预期的分配方案，而不是一个包含视情况而定的方案，这种不确定性并非是他们可以掌控或者主导的。对于此时的项目方来说，重要的是项目顺利进展，而不是其他。让开发团队有个愉快的心情开始工作，比什么都重要。

倘若要求开发团队接受的通证份额过高，可以预先设立对赌条款：设定在未来某个时间内若不能发布，或者约定到期后通证的价值无法覆盖原定的工资时，将由创始人团队按工资价格将这部分通证回购。

还需要为开发团队考虑的是通证锁定期带来的风险。创始人团队本身的通证锁定期不应低于任何其他成员，否则开发团队应当拒绝合作，往往在这种情况下，出现"拉地毯"的概率会明显上升。

6.5.3　对创世权益的分配

前文已经讨论了元宇宙创世分配的目标对象、特征、意义，并通过历史经验数据给出了一些分配比例的建议。元宇宙的经济模型不仅需要考虑元宇宙生态圈形成之后的发展趋势，还需要考虑从创始团队向 DAO 过渡时期的各早期项目贡献者的经济收益。这些考虑会综合体现在对创世权益分配的设计中。

在一些创世权益的分配中，创始团队和投资者被分配了相同的数量，使项目可以平衡地代表早期贡献者和后期使用者的利益诉求。

为基金会预留相当大比例的权益似乎是常见的做法，这部分也包含空投或社区激励的分配。有时候也可以将社区激励作为另外一个分类拿出来在分配列表中呈现，这时候基金会的所占百分比应该相应减少。

还有一些代币或者通证会被指定用于公开销售。按照专业的管理逻辑，这部分代币属于基金会的范畴，从基金会提取销售并将收入归入基金会名下。并非所有的项目操作起来都很专业且逻辑清晰，这其实预示了风险的存在。有些项目将团队和投资人的权益也放入公开销售中，暴露出项目创始团队和早期投资人急于套现的心理，是一种非常有害的操作。有些项目甚至将私募发售和公开发售混为一谈，全部在公开平台发售，仅仅是前后次序不同，发售价略有差异，这些不专业和明显的逻辑错误会让人觉得团队对项目的诚意不足，具有风险。

最后但同时也很重要一点是，社区生态激励一直是一个重要的手段，在公开销售出现困难时，应当为此预留 25%以上的空间，这将带来非常好的灵活性。该部分属于项目运营，应当交于基金会来管理实施。激励机制在形式上可以多样化，因地制宜，富有创意，而根本上还是以贡献换通证的方式，童叟无欺。

总的来说，这些方面的考虑应当作为建立元宇宙创业项目时的参考标准。

6.5.4　治理通证的铸造和销毁

尽管还有其他的范式协议，但是在目前的元宇宙中，以太坊的 ERC-20 标准是元宇宙货币经济学的核心范式，控制着大多数元宇宙项目的治理通证。治理通证是指前文所说的 FT，即同质化通证。

目前，以太坊 ERC-20 是加密数字货币领域最广为接受的通证合约标准，大多数数字资产钱包、交易所和其他相关数字加密技术服务都支持该标准。以太坊被认为是加密数字货币空间中的安全区块链平台。以太坊区块链支持用于加密货币通证的创建、智能合约的开发和去中心化应用程序的开发的多种通证范式标准。ERC-20 是其中最重要的一种，其他重要的范式标准还有 ERC-777、ERC-721、ERC-1155、ERC-232 等。在这些以太坊通证标准中，ERC-20 和 ERC-721 受到广泛青睐，它们分别对应的产品是 FT 和 NFT。

熟练掌握 ERC-20 通证合约技巧可以实现对元宇宙经济体灵活有效的治理。比如使用铸造和可铸造来提供和控制治理通证的经济总量，使用锁定和销毁来降低治理通证的局部流动性或者全局流动性。

先来了解一下治理通证铸造的过程。这个过程是用于增加元宇宙全球加密数字货币市场中该治理通证的总流通量。

作为 ERC-20 通证，治理通证在其一生中原本拥有固定的总供应量。但是如果在 ERC-20 通证中集成了 Mintable（可铸造）功能，通证的发行者就可以根据需要任意铸造通证。因此，启用可铸造功能将导致非固定的总供应量。但只有当所有者拥有通证合约地址时，才能铸造这些代币。同时，可铸造的 ERC-20 代币自带一种特殊的方法，称为禁用铸造方法。这种方法有助于不可逆转地停止铸造过程。

启用可铸造功能是目前 ERC-20 通证的一个额外选项。可铸造的 ERC-20 通证是治理通证的优化部分，这种类型的通证预计在未来几年将变得更加流行。

将 ERC-20 通证销毁的一般做法是项目方将代币发送到全零地址，这个地址又称"黑洞地址"，这是一个目前没有人知道私钥的账户地址。事实上你也可以发送到一个任意构建的但不是通过区块链程序构建的账户地址上，效果是完全一样的。

对治理通证的销毁通常由元宇宙基金会来进行，该操作公开透明。这些治理通证一般是从社区回购，或从现有治理通证基金池中提取，其所有者都是基金会。目的是调控货币的供需平衡。

比如 MANA 是 Decentraland 元宇宙内使用的虚拟货币，也是元宇宙的治理通证。该通证在 Decentraland 元宇宙创世时期的供应量略高于 28 亿枚。在 Decentraland 元宇宙创世后的五年里，这个数字已经下降到 22 亿枚以下。这属于 Decentraland 经济模型的主动设计。每当用户购买土地或注册一个新名字购买数字藏品时，都会销毁一定比例的 MANA，形成模型预期的通缩机制。

理论上，随着 MANA 供给的减少，它会变得更有价值。如果 Decentraland 可以让 MANA 变得更具效用性，同时再增加它的流动性，将有助于吸引更多用户。

也有私人销毁治理通证的情况，有的人将自己拥有的治理通证转移到黑洞地址，具体原因不明，但这类情况被认为是丢失，不构成经济模型中的销毁。

6.5.5　建立自治基金会

区块链项目，包括元宇宙项目，在技术上实现了对去中心化自治理组织（DAO）的支持，但 DAO 作为新生事物，目前尚未被纳入商业注册体系，因此缺乏法律地位，无法成为法人实体。基金会是一个有法律地位的非营利组织，且与 DAO 的性质比较相符，适用于作为 DAO 的"法人容器"，旨在帮助区块链项目实现权益人公有化管理。基金会还负责与社区一起实现项目通证的分散化。

为何要选择基金会的形式而不是公司的形式呢？

区块链有去中心化的特点，无论从理论上还是在实践的检验中都与公司制难以协作。区块链的运营和区块链公司的运营是两回事，区块链公司提供的是区块链技术服务，使用中心化的公司制管理是合适的。但是如果区块链平台也使用中心化的公司制管理，就无法调和去中心化架构和中心化利益之间的矛盾。区块链的去中心化架构要求利益相关方去中心化，这样才能达到不可篡改的能力，确保系统的稳定，输出预期的功能。倘若利益相关方过于集中，就会损害系统的基本能力，更何况是公司制这样一种强中心化的环境。

曾经有一段时间联盟链成为热潮，支持的人认为将区块链的公链本质修改为联盟链的方式就可以巧妙地利用区块链技术来为中心化实体服务，达到既获得不可篡改的高可信度，又保留了中心化的效率和控制力的双重效果。这缺乏对区块链技术的深度理解，其结果实际上既损害了区块链提供的高可信度特性，又损害了中心化的效率和控制力。

对于使用区块链公链系统作为基本骨架的元宇宙，更不适合使用公司的形式来管理，它们在所有制上有着不可调和的矛盾。元宇宙需要由全体元宇宙的"市民"（即使用者）来拥有，而不是任何一个中心化的实体。

与公司的盈利性质不同，基金会是非营利组织，其初衷就是为公众利益服务，利益取向与元宇宙运营需求一致。与法律上也是兼容的。基金会还可以为区块链项目或者元宇宙项目募集初始基金，也可以为 DAO 持有在元宇宙虚拟社会的虚拟资产。用基金会作为 DAO 模式的现实法律化身，既可以解决当前 DAO 由于过于前卫暂时无法融入现实体制的问题，又可以成为连接虚拟世界和现实世界的桥梁，允许先进的探索可以在虚拟空间的沙盒中安全尝试。

以 Decentraland 基金会为例，在获得社区大众的授权和资助时，Decentraland DAO 基金会决定致力于创建一个令世人瞩目的"透明度管理系统"（见本章第一节），该系统通过改善社区成员之间的互动方式来增加成员参与度并提高成员为社区贡献的质量。这个系统实现了运营的透明度，使社区得到蓬勃发展并使每个人和社区得到了互信。Decentraland 基金会被认为元宇宙 DAO 模式的先驱，探索着之前无人走过的道路。

6.5.6　制定发展路线图

为了让社区生态更好并持续运营，在项目初始的时候就应当设计好通证的运行规则。这就是治理路线图，又称项目路标。

项目路标是指在项目从无到有的整个过程中，对时间轴上的关键节点需要实现的子目标进行的标记。路线图是带有这些路标的整个时间轴。

很多时候，项目不是一蹴而就的，会经过一个从简单到复杂不断完善的过程。以太坊为例，以太坊是继承比特币之后的区块链，以太坊团队对比特币区块链进行了有目的有步骤的改进。

以太坊在最初开发时设定了四个基础路标，也就是四个发展阶段，分别是 Frontier（边界）、Homestead（家园）、Metropolis（大都会）、Serenity（宁静）。

在初期阶段，也就是 Frontier（边界）阶段，以太坊仍采用的是比特币玩家熟悉的模型。Frontier 只负责为以太坊网络完成最基本的形式：一个挖掘以太币的接口，以及一种上传和执行合约的方式。在功能上，Frontier 的主要用途是让采矿作业和以太币交易可以运行，这样社区就可以启动它们的采矿设备，并开始建立一个实时环境，人们可以测试 DApps 并获取以太币将自己的软件上传到以太坊。Frontier 版本不提供用户界面，目标用户为专业用户，使用命令行执行。

Homestead（家园）阶段是对 Frontier（边界）的优化，依然是命令行，与 Frontier 的功能集合相似，但是这个功能集合已趋于完善，可以进入实用化阶段了。

Metropolis（大都会）阶段可以称为正式版，它有能力为以太坊的非技术用户提供功能齐全的使用，它包括了 DApp 商店和主要租户的项目，其中有功能齐全、设计精良的浏览器程序，可以展示区块链网络的全部功能。

Serenity（宁静）阶段是在 Metropolis 基础上的进一步完善，主要解决工作量证明"挖矿"机制的能耗问题，Serenity 计划使用权益证明来替换工作量证明。

回顾以上的路标可以看到，以太坊当初的项目路线图是相当稳健踏实的，实践也证明了以太坊一步步完成了它们的所愿，一路走向了世界之巅。

对于有些创始团队来说，会有不同的路线图展示给不同的人看。然而路线图的首要查看者应该是执行路线图的项目团队本身，而不是别人。那些制定路线图仅仅是为了给别人看的项目不太可能获得成功。类似以太坊路线图的这种设置看上去很难讨好到早期其他的加入者，特别是非专业的出资人，但恰恰这样脚踏实地的计划才可能付诸实现。创始团队需要清楚路线图的真正作用，稳扎稳打地做好这份计划。

再来回顾一下 Decentraland 元宇宙的发展路线图，它分为以下三个阶段：

石器时代：至 2015 年 6 月。石器时代是 Decentraland 的 2D 实现，作为概念验证。它实现用户在 2D 网格上购买具有唯一性的像素，更改这些像素的颜色，并将这些像素的所有权转让给其他人的功能。

青铜时代：至 2017 年初。青铜时代是 Decentraland 的 3D 实现，其中区块链存储了每块土地的完整内容信息。可以通过网络演示，可以用 VR 头显的方式或不带 VR 头显的方式进行探索。

铁器时代：至 2017 年底或者 2018 年初。铁器时代将在青铜时代的基础上实现以下功能：

- 建立用于用户交互的 P2P 网络；
- 建立世界经济的小额支付系统；
- 建立用于开发、购买、出租和出售 LAND 地块的土地管理界面；
- 建立用于元宇宙世界内编程用户体验　的一种脚本语言。

除了这些大阶段的路标，团队还需要在每个阶段设定次一级的路标。这些路标一方面帮助项目团队保持正确的前进方向和进展速度，另一方面产生持久的凝聚力，在不断前进与"做到"的过程中获得信心和信用，提升项目的评测价值，进而获得更多所需的帮助，促进项目更快更好地发展直至完成。

6.5.7　阶段性的调整

基于区块链的元宇宙虚拟世界，其货币的发行应该是透明的、不可篡改的，特别是当控制人从创始团队向 DAO 过渡时。

例如在 Decentraland 中，MANA 是 Decentraland 的同质化 ERC-20 加密数字货币通证，初始总供应量限制为 2,805,886,393。最初这份合约由 Decentraland 的创始团队所有。试想一下，假如创始团队将手中持有的 MANA 全部抛售，这时候 Decentraland 转为由 DAO 来运营，可是此时，发行 MANA 通证的 ERC-20 智能合约的所有权依然在创始团队手中。假如有一天创始团队利用手中的所有权再次启动 Mintable（可铸造）功能，为自己铸造一倍的 MANA 数字通证，就会对社区造成掠夺，把市场彻底搞乱。所以，在 2018 年 11 月，Decentraland 创始团队自发将托管 MANA 智能合约的密钥被发送到一个（自毁地址）（https://etherscan.io/address/0xdf8619 93edbe95bafbfa7760838f8ebbd5afda9f），这是以太坊推荐的"去掉密钥"的智能合约方法。这个动作有效地使 MANA 智能合约永远不可变，无法铸造更多代币或暂停它。此举让 Decentraland 社区的所有人相信，创始团队当初所说的 Decentraland 元宇宙属于所有人的初衷是真实的。

但是随着项目的发展，很多情况会发生变化，可能会出现新技术将改变原来使用的方法，可能会出现新需求而旧的设定已无法满足，可能会发现一些意外的错误需要纠正。因此，当项目进行到运营阶段，也同样要有能力及时对规则做出必要的调整。

比如 Decentraland 的虚拟世界代币 MANA 的供应总量已被固定在 28 亿枚，由于铸币密钥被毁，已经无法再增加了。但是仍然是可以往下调整的。当前 MANA 的总供应量为 2,194,916,827 个，已经通过销毁机制减少了 20%有余，形成一种供给上的通缩。这有利于 Decentraland 元宇宙更好地营销自己，为现有用户带来好处，因为他们现在对 MANA 的持有会为未来带来价值提升。

目前 Decentraland 核心产品包括 Builder、SDK、Marketplace 和 World。Decentraland 于 2020 年 2 月 20 日发布了其虚拟世界，所有基础设施由分布式网络节点运行。治理体系逐步走向去中心化的模式，它成立了 Decentraland DAO 和 Decentraland 基金会。

后续的运营阶段调整，都是通过 Decentraland DAO 的投票决策的。

Decentraland DAO 是链上组织，未来会负责控制核心智能合约，负责协议升级。MANA 代币的持有人可以通过 DAO 投票来批准智能合约的任何改变。此外，Decentraland DAO 拥有关键资产，包括 Decentraland 的公共道路和广场。DAO 也是行权合约的受益者，这份合约从一开始就锁定了五分之一的 MANA 资产为 DAO 运营使用，在未来十年计划释放 2.22 亿的 MANA 代币用来调解经济体的通胀/通缩模式。

Decentraland DAO 的最终目标是成为实现集体决策的工具，尤其是涉及经济的参数。MANA 合约在 2018 年 11 月变成不可篡改的，不过关于 LAND、Esates、装饰品、市场以及其他的智能合约，都有可调整的参数，社区可以进行不定时的更新。例如，市场交易费用是否需要更改？MANA 持有人是否因为参与治理和维护网络而获得奖励？诸如此类的问题，不能由创始团队一个主体来决定。Decentraland 一开始是通过网上民意调查来解决的，但这没有约束力。从治理的角度，这些问题需要通过 DAO 来解决。

Decentraland DAO 基金会的成立是一个里程碑。基金会的主要工作是监督内容团队，同时处理一些 DAO 无法解决的问题。Decentraland 基金会是独立的法人主体，独立于 Decentraland 创始团队。Decentraland 基金会持有 Decentraland 知识产权、商标、Web 域名、开源代码库、社交媒体账号、以及 DAO 因为缺乏法律支持而无法拥有的所有其他资产。

Decentraland 通过现实世界的基金会和元宇宙的 DAO 两者相互配合，以去中心化的方式运作，而不是由创始团队操控运营，包括营销、社区管理、产品路线等。去中心化的治理模式也有过渡的过程,开发团队在这个过程中,为战略性的和战术性的事项提供咨询,向 MANA 和 LAND 持有人分享项目进度的相关看法。

此外,为了激励更多人参与到虚拟世界的创造中来,Decentraland 还有"创作者计划"。创作者会获得基金会给予的 MANA 资金资助,已经有一些在 Decentraland 上成为全职建设者。Decentraland 让专门的内容小组负责评估项目是否可以成为"创作者计划"的一部分。创作者需要每两个月向社区汇报一次其进展。合格的团队通过 DAO 向社区提交项目提议,让社区投票,并有机会得到批准。

当有新的运营调整方案出台时,会在 Decentraland 的官网公布。

在任期方面,Decentraland DAO 将根据 DAO 批准的路线图,把开发和维护的责任委托给基金会,为期 12 个月。基金会将负责编写路线图的发展并每 6 个月进行一次迭代,而且每次迭代都必须得到 DAO 的审核。

关于路线图,DAO 必须有一条清晰的途径,为路线图贡献必要和重要的想法和要求。Decentraland 采取类别轮询的形式,在 DAO 中为客户端提供请求和建议的新功能。随后这些提案由社区进行投票,接受的建议被传递给基金会,然后被包含在产品路线图的下一次迭代中。

DAO 能够修正偏离的路线图,并利用基金会的资源来充分地应对竞争市场。比如聘请的开发人员的薪酬将由基金会提供。

DAO 与基金会有一定的分离性,DAO 可以随时选择撤销对基金会的授权,转而将其交给另一个实体,通常是另一个基金会实体。

授权是有限制和目标明确的,比如关于新功能的开发,它仅限于此,不允许对 Decentraland 平台的其他领域进行更改(例如,更改市场的智能合约);任何不同类别的更改都必须通过 Decentraland DAO 的投票。

第7章

元宇宙的发展逻辑

目前的元宇宙还处于初级阶段，未来的元宇宙之路将会很长。人们正处于一个定义元宇宙时代的阶段。现在要做的是将元宇宙带入一个正确的轨道，让其健康地成长，稳健地发展。从前几章介绍的内容（元宇宙的时空逻辑、社会逻辑、经济逻辑和治理逻辑）可知，元宇宙本身的框架已基本成熟，区块链的底层技术已经足以支撑自主身份、零知识隐私保护、DAO 模式、NFT 等一系列社会、经济和治理层面要素的运行。

本章将对元宇宙未来的发展逻辑：提升真实感、完善大社会、回归现实三个阶段进行解读。

7.1　元宇宙发展第一阶段：提升真实感

元宇宙是一个平行于现实世界的数字化宇宙，是现实世界的拓展。在未来，元宇宙的功能将越来越丰富，人们日常生产、消费活动或都将向元宇宙偏转。

但在起步阶段，元宇宙是相当独立的虚拟实体，虚拟是指它建立在数字空间，实体是指它具备独立而完整的体系。元宇宙需要先完成初步的普及，才能有后面的发展。起初的元宇宙更多偏向消费。在元宇宙系统还不够完善，内容还过于稀少，体验还不足够的时候，很难孕育出生产制造类产业，甚至连寻常的服务类产业也难以支撑。元宇宙中率先入住的是消费娱乐类，其中游戏将成为先驱，像苔藓地衣开拓沙漠冰川那样率先探索元宇宙最初的荒漠之时，建立起人们对元宇宙的丝丝点点滚滚潮涌般的热度。因此，元宇宙世界的体验需要先从直观上让人们对它的存在质量感到惊艳。同时人们也在这个过程中，开始真正的认同元宇宙，参与元宇宙。这就是元宇宙发展的第一阶段：提升真实感。

现阶段，出于软硬件发展水平的不足，在未来的几年元宇宙的发展将集中在以下几个方面。

7.1.1　算力与网络的提升

真实感的呈现要求元宇宙能够为人提供身临其境的感觉。但目前元宇宙的真实感和沉浸感水准有待提高。

以主流元宇宙平台 Decentraland 为例，进入 Decentraland 元宇宙有两种方式，一种是浏览器直接进入，另一种是使用客户端进入。两种方式都需要使用计算机作为媒介手段，并且在使用过程中还暴露出很多问题，比如画面卡顿、BUG 等。不论是浏览器或是客户端，用户都是通过计算机屏幕进行操作，好像是在玩 PC 游戏，沉浸感基本谈不上。画面卡顿主要是因为带宽不够或者图形处理器渲染速度不够。在传统游戏中，游戏场景相对狭小很多，没有化身，数据量少，所以画面较为流畅且精细程度比较高。但是元宇宙世界场景宏大，化身数据多，在线人数多，大量数据需要实时动态更新，加上地图上的内容时刻都可能发生变化，这就给网络和处理器等硬件设备造成难以应付的压力。

作为现代人工智能、云计算、边缘计算、5G、VR 等高新技术的集大成者，元宇宙当前的发展却受制于硬件和网络方面的硬件设施的影响。只有快速提升硬件和网络的能力，才能提高真实感和沉浸感，才能最直观地体现元宇宙的存在形式，为后续的深入发展提供体验基础。

1. 接入设备

接入设备是人们进入元宇宙的大门，相比于用传统显示器以界面的方式呈现元宇宙场景，VR 和脑机接口等接入设备将更具体验优势。AR（增强现实）和 VR（虚拟现实）是元宇宙最主要的沉浸式体验接入技术。AR 相比于 VR，更加强调现实与虚拟相结合，通过在现实场景中增加辅助性的虚拟物体，使现实场景内容增强，对场景进行延伸。而 VR 技术更加强调的是独立于现实场景之外，提供一个完全虚拟的环境，与现实场景无关。接入设备的技术发展将直接影响到人们对元宇宙的沉浸式体验。

AR 技术和 VR 技术是两个不同的方向， AR 设备相比于 VR 设备对硬件和技术要求更高，同时发展也比 VR 技术更慢。AR 技术通过测量用户和现实场景中物体的距离，来渲染图像，在现实场景的基础上，添加虚拟物体，实现现实与虚拟的交互。VR 设备则是通过对用户定位，利用双眼的视差提供不同画面。AR 技术的难点在于算力方面，需要根据实时场景计算图像，而 VR 技术的难点在于定位和传输速度。目前，AR 设备更多面向企业级用户，价格偏高；VR 设备更多面向消费级用户，价格能够被大众消费者接受。综上可见，VR 设备作为元宇宙的接口更具竞争力，也更值得期待。目前，VR 头显设备亟待改进的问题是体积大、视角不足、续航短等。VR 技术发展时间尚短，还有许多进步空间，我们拭目以待。

2. 芯片

在现实生活中，一切的事物都在实时发生着变化，元宇宙也是如此。元宇宙需要依靠强大的算力来维持元宇宙世界的正常运转，算力是元宇宙的底层资源，是构建数字化社会"原力"，元宇宙的低延迟、沉浸感、功能、运行无一不需要算力的支撑。算力的来源是芯片技术，芯片技术水平的高低很大程度影响了元宇宙能够达到的高度。那么元宇宙究竟需要多强大的算力呢？有专家（刘韵洁）做过一个估算："元宇宙相关技术的实现需要依靠超强的算力，需达到 AR/VR：3900、区块链：5500、AI：16000（单位：EFlops）"，EFlops 指的是每秒进行 10^{18} 的浮点运算。另有学者（沈阳）称："打造一个比较好的元宇宙，算力至少要比现在提升 1000 倍以上，按照摩尔定律，大概还要十多年时间"。摩尔定律指的是在当价格不变时，集成电路上可容纳的晶体管数目大概每 18 个月增加一倍，性能也提高一倍。在算力开发的道路上，科研人员任重而道远。

3. 云计算

英伟达曾经在其线上 GTC 视频发布大会中以假乱真地穿插了 14 秒 "数字黄仁勋" 的替身，这个数字替身与原来的真实视频无缝结合骗过了所有人的识别。这需要 30 多位工作人员先使用 RTX 光线追踪技术扫描黄仁勋本人，拍摄几千张各种角度的黄仁勋以及厨房照片，在英伟达开发的虚拟协作平台 Omniverse 中为厨房场景建模，最后通过 AI 反复学习迭代修改，最后生成以假乱真的数字分身。仅仅只是搭建一个厨房和人就需要大量的数据来生成数字分身，更何况是一个元宇宙世界。

元宇宙中的一切物体。建筑等都是虚拟化的，大量的数字化场景和虚拟世界的正常运作都离不开云计算的支撑。短短 14 秒的模拟场景就需要耗费大量的资源，而元宇宙内容更加丰富，大量的数据交互和计算导致资源的消耗激增，普通人的计算机难以承受如此巨大的资源消耗。云计算基于互联网，使用 C/S 架构将大量计算和存储资源集中式地放在云端统筹管理和运作，只需要将所需的最终结果返回到需求者的终端设备上，大大降低了使用者对于 IT 资源的要求。目前云计算的应用正在不断普及。在元宇宙时代，云计算将作为基础设施的角色，为虚拟世界提供丰富而高效的各种服务。

4．5G

我们目前主要使用互联网来传输网页、图片、视频等信息，这类网络基础设施已经基本建立健全。4G 可以提供每秒 100MB（12.5M 字节）的传输带宽，已经能够满足互联网时代的需求。但是当人们步入元宇宙时代时，现有的 4G 网络传输速度是明显不够的。在元宇宙，特别是使用 VR 设备时，高清晰度地呈现动态实时刷新的场景需要更大的带宽来支持。稳定的网络传输和低延迟的交互需要更强大的通信技术来支撑。元宇宙的沉浸式体验特别需要避免卡顿现象，卡顿除了硬件算力原因外，另一大原因就是网络传输速度的过低。因此，具有更大的容量、更高的带宽、更低的延迟的互联网是实现元宇宙万物互联的基础。

5G 技术建立在更高频率电磁波的基础上，可提供比 4G 高 10 倍的带宽，达到了元宇宙对网络传输的起步要求。人们无法预测未来到底需要使用到多大的带宽，但是就目前来说，5G 网络对于 Decentraland 这类 PC 界面的元宇宙来说暂时是够用的。但是 5G 网络的基础建设还没有达到完善的水准，目前仍然存在着相对覆盖范围小以及穿透能力差的问题。现在需要解决 5G 基站覆盖度的问题，然后再消除技术代差，以尽快达到可以支持跨全网的沉浸式体验的能力。只有到那时，人们才能在元宇宙世界里开始大有作为。

5．边缘计算

在元宇宙发展过程中，算力的需求不断增强，受制于网络技术发展以及带宽成本，中心化服务器将越来越难以负载各个终端的算力需求。算力边缘化部署能提供非常好的补充和支撑。边缘计算指在靠近数据源的网络一端，就近提供最近端服务。边缘计算意味终端的许多算力需求将不再通过远程云端进行处理，而是使用本地边缘计算层来完成。由于数据是由边缘服务器进行处理，不需要经过网络传输。将算力分布部署在边缘端，一方面可以降低中心化服务器的负载量，另一方面能够有效缩短信息传输的距离，获得更快更及时的反应。这将提升事务处理效率，减少终端对远程服务器的请求，缓解网络主体的拥堵状况，降低整个互联网系统的工作压力。

对于元宇宙发展出现的现实瓶颈，边缘计算不失为一个优秀的优化和促进问题解决的技术方案。

7.1.2　UX 软硬件的增强

UX（User Experience）指的是用户体验。

传统互联网产品有前后端之分。前端的功能主要是获取与用户之间交互的数据以及渲染后台处理完返回的结果，后端则是接受前端发送来的参数，根据业务接口调用不同的业务功能，包括数据的存取等。

以 Web 网站的登录功能为例，很多网站都需要用户登录或注册，注册账户需要在页面填写账号或者手机号、密码、验证码等。为了减少后端处理多种不同数据类型带来的数据压力，网页会在用户填写这些信息时进行一个正则校验，判断用户输入的数据格式是否符合需求。但是用户在每个网站都可能有不同的账号，或者不同的网站使用不同的密码。这样的设定在一定程度上保证了信息安全，但是也损失了一定的用户体验感。

随着微信产品的崛起，很多网站都增加与微信账户绑定的功能，用户可以直接微信扫码登录，不需再填写账号密码和验证码，大大提高了用户的使用体验。

用户体验一般源自界面提供的信息是否充分和清晰易懂、前端的交互逻辑是否直觉化和免人工介入、画面是否美观等。

在元宇宙中，3D 世界带来的沉浸感和数字化身的体验方式给用户带来了全新的体验，让人们感觉自己亲身畅游在新的世界中。这时候，传统的键盘、鼠标、显示器等输入输出设备已经无法满足人们在元宇宙中的体验需求，这就需要沉浸式的接入设备来配合实现。

目前比较好的接入设备是 VR 终端设备。也被称为 VR 头显，一种头戴式的虚拟现实设备。但是目前 VR 设备虽然能够实现在虚拟世界里的基本操作，还是受制于软硬件发展水平的局限，需要通过手柄传输信号，不能够像正常人一样随心随意地将操作信息传输到数据处理中心，这严重破坏了操作的真实感。如果能将用户的动作信号传输到数据处理中心而无须通过使用手柄，那么用户操作的真实感就会增强许多，沉浸感也会大大提升。

元宇宙之前的时代，人们与计算机之间的交流基本上都是人操作物，再以物为媒介传达计算机能懂的信息，计算机给人的反馈则是通过图像。元宇宙时代，这个交流过程将通过 AI 传感器变为人直接与计算机对话，称为

"免中介"人机交互。这可以解决由于中间物传达的信息不足而导致的人机互动浅的问题，不仅能大幅提升元宇宙的体验感和真实感，还能将计算机的服务能力提高到一个新的水平。这些都依赖于 UX 传感器的发展和 UX 人工智能引擎的进步。

UX 软硬件能力的提升主要体现在两个方面：一是信息输入能力的提升，二是信息输出能力的提升。信息输入能力的提升是指通过更简易、更人性化的方式输入信息，并且使输入信息更加多样化。信息输出能力的提升是指输出多元信息集成到 VR 设备形成沉浸式的感官体验。

2022 年 8 月，索尼确认新款 VR 头显 PS VR2 将于 2023 年初正式发布，据悉，该设备将配备 4K 分辨率的显示器，可在 90 或 120Hz 刷新率下运行，具有 110° 的视场角，并使用注视点渲染，可将图像的某些部分渲染得比其他图像更清晰。注视点渲染技术指的是渲染用户注视点范围内的场景，降低注视点周边视觉的成像质量，从而降低设备的算力负载。这一技术背后依赖于眼动追踪技术。运动传感器包括了陀螺仪、磁力计和加速度计等，陀螺仪主要用于确定角度和姿态，磁力计是通过磁场强度来确定设备位置，加速度计则是测量加速度以获得作用力的信息。通过此类运动，传感器可以获取到人体的姿态和运动情况。目前，眼动追踪技术还不太成熟，主要原因在于人与人之间的生物学差异过大，很难适应各种人眼的情况。

全身追踪与反馈技术将会使元宇宙的真实感和沉浸感达一个新的高度。这需要用到大量的外部传感器或者摄像头追踪实现，采用外部跟踪设备不利于便携性，如果使用摄像头进行追踪还会有精度和丢失率等问题。通过对眼睛和全身动作姿态进行捕捉，将人体的各种行为信息通过人工智能技术、机器学习技术转为对应的明确指令，这也可以使用户在虚拟世界的化身更加形象逼真，交互方式更丰富。信息输出也需要有反馈传感器。反馈能够使人们感受到真实感。比如通过 VR 进入一个冰天雪地的严寒场景，那么用户应该会有寒冷的感觉。或者在进行撞击、敲打的时候，有回震的感觉。这种感觉的反馈是提升元宇宙真实感的一大重点，这是不远的将来可以做到的事情。

目前这种体感反馈的设备有 VR 手套，VR 手套中需要完善手部追踪和手势识别的功能。手部追踪指能够在 VR 头显设备中定义用户的双手，并且能够精准地展示每个手指的动作。手势识别是识别手的各种手势形态。目前使用 VR 手套还存在一定的难度，首先是不同人的手型大小不同，最好是按使用者的不同情况进行定制，不然效果不一定好。其次是技术层面，手势交互技术需要使用深度学习算法，但是手势数据获取成本很高，无法保证质量和一致性。尤其是手势的精准度，既要保证实时获取到数据，又要保证数据处理后能够得到精准的结果。而 VR 手套提供的手部反馈仅仅是全身反馈的一小部分。如果实现了全身反馈，那么就离进入全面真实感和沉浸感的元宇宙世界不远了。

7.1.3　交互模式的优化

在不断提升真实感和沉浸感外部能力的同时，元宇宙的数字世界里也需要同步提升虚拟场景中的交互模式，两者的完美配合才能达到真正高度还原的真实感。

以 Decentraland 元宇宙为例，目前的场景交互是非常简单的，仅仅是视野焦点点击和〈E〉、〈F〉两个可操作按键。在识别普通画面和智物的时候只能让视野焦点划过所有场景中的物品，查看有没有提示弹出。这种交互方式目前还没有非常拟人化，会出现如图 3-21 所示的人背对着桌子拿起桌上杯子的奇怪情形，破坏了用户与化身的一体感。后续可以设计"手眼分离"的交互模式，观察使用视野焦点，互动使用化身的手来执行，这样感觉与动作就一致了，真实感会好很多。

在人与人互动方面，目前已有的模式也比较简单。在元宇宙中，目前化身之间的对话窗口与化身并没有直观上的实时关联，界面里看不出对话是在相关的化身之间进行的。例如，在 Decentraland 中，场景窗口左下方可以调出聊天小窗口，用户可以在里面公开说话，或者单独和一个人说话。但是这种聊天是用户之间的聊天，如同使用微信或者 Telegram 聊天，并没有任何场景化或者身临其境的感觉。在界面的另一边，用户的化身仍然在自己的场景里做着自己的事情。他可能在一个地方参加化装舞会，身边围着不少一起跳舞的人，从画面上看他们好像在一起说话，但实际对话的人却在几个街区之外。

元宇宙交互模式的改进涉及底层内容框架的改进，牵一发而动全身。但同时这部分也直接影响元宇宙真实感的完美体验，是未来元宇宙需要尽早完善的部分。

7.2　元宇宙发展第二阶段：完善大社会

当现代高新信息技术以及硬件发展水平到达元宇宙需求的理想状态时，元宇宙将从低可用状态进入高可用状态，这片"新大陆"才真正浮出水面。

在第二阶段初始之际，"新大陆"将显得格外一望无垠。人们会成群结队争先恐后地进入其中，开拓定居或拓荒，填补无垠的元宇宙空间。

7.2.1　内容市场的大覆盖

一旦支撑元宇宙的软硬件设备达到基本要求，内容市场会达到前所未有的繁荣。试想一下，当你穿上全息反馈服，当你和化身已经无间到如阿凡达一样，你的一举一动毫无延迟地反映在另一个空间的分身上，甚至连你的容颜、身材都与分身幻化为一体的时候，你会觉得自己开启了全新的人生，遨游在一个有太多机遇的全新世界中。你接下来会怎么做？每个人接下来会怎么做？

毫无悬念，不仅仅现实世界中各行各业不需要过多思考便会第一时间在新世界开铺营业，新的创意、想法和无限可能性的实践也会如雨后春笋般蓬勃发展起来。

元宇宙是个完全开放的世界，人们按照自己的兴趣聚集在一起，按照自己的能力协作建设新世界，按照自己的付出获取愉快公平的权益回报。所有事都按达成共识的代码规则执行，没有暗箱操作的空间，你将在这里享受着由机制带来的纯粹，由纯粹带来的轻松愉悦，由轻松愉悦带来的更高质量的生活。

但是，这些都是需要时间和研发人员来建设的，元宇宙的虚拟世界和梦中的虚幻世界是两回事，无法通过意念解决。但元宇宙给了每个人建设的自由，无论是谁，元宇宙都留有一席之地让每个人都可以凭借一己之力建筑自己的梦想之城，让自己在擅长的领域成为一方之主。这种自由比有史以来现实世界所能给的自由更为彻底，你可以突破物理规律、地理空间、人文差异的限制，成为万花齐放中的一枝独秀。

即便元宇宙此时的发展速度是那样的迅猛热烈，它仍然是一个巨大无垠的空间，需要经过漫长的时间积累和完善。混乱和有序的波动将会成为前进中的常态，局部与全局的创新与突破都可能交织在一起。元宇宙将出现与众不同的竞争模式。

第二阶段大概率会是一个多领域革命频生的阶段，在元宇宙中，现实世界中许多行业已有的格局将重新洗牌，人们也会发现在元宇宙中出现了人生第二次机会。

蓬勃发展的第二阶段将走到何时我们无法预测，可以预测的是它有能力大面积覆盖可以看到的现有行业市场，甚至更多。这种覆盖不止一层，是重叠的，是不断迭代的，它将走向结构化、规模化和体系化。

7.2.2　DAO 的普及与完善

　　Web 3.0 带来的最大变革就是：再强大的信任也不如无须信任的信任，所谓无须信任的信任就是机制上已经保证了可信，不用再依靠人的主观承诺以及评估是否该信任。也就是说，无论是否有承诺或者是否有意愿，都变得不重要了，因为该如何就一定会如何。这是一种根本性的提升，超出以往任何时刻。

　　在安全防御方面也是如此。机制上的"无法作恶"（Can't Be Evil）比教人"别作恶"（Don't Be Evil）要好太多。

　　去中心化自治组织（DAO）是一种建立在区块链信息技术基础上的自我管理组织，是一种社区成员参与共建的组织形式，所有中心化机构受其雇佣和监管。DAO 的组织规则写成代码存储于区块链上，形成可执行的智能合约，所有执行规则、算法、逻辑、内容以及过程和结果都公开透明。在机制上实现了公平、公开、公正。

　　虽然元宇宙是数字社会，但其归根结底是现实世界的拓展，是承载人类消费和生产活动的第二载体。数字社会的开放性蕴含了匿名性，而匿名性降低了社会交往的可信感，给合作带来了风险和低效。区块链能构建在天然不可信环境下进行可信交往的安全通道，克制匿名性带来的风险，同时保护了个人信息的隐私权，成为社会安全和个体隐私保护皆得的双赢局面。

　　在区块链第一层的无须信任的信任机制的加持下，DAO 又将区块链第二层的"代码即法律"的功效运用到极致，将投票机制这种相对弱势的低效决策机制变得高效，同时保持甚至加强了原有的公平和贴近民意的优势。作为上层建筑的守护者，DAO 为元宇宙必将超越前人的成功保驾护航。

　　公司制或者中心化在元宇宙中不会成为主体，但它们可以成为次要补充或者次层内容，比如成为元宇宙中的商业个体，或者子宇宙。它们在元宇宙的自己的虚拟领地中可以自由搭建属于自己的规则和利益实体，就像在现实世界中的商业那样。子宇宙是从空间逻辑上的理解，是商业实体在元宇宙平行空间中的商业窗口，享有元宇宙卓越的体验，而在利益主体和管理上属于中心化公司的方式。DAO 会在更高层级发起建设，可以把它看作元宇宙中的中央决策机构，对公共事务进行管理，使公共事务有人来做，有法可循。随着市场关系变化而变化的两种组织形态，将持续助力发展整个社区。

　　尽管 DAO 在元宇宙社区治理上具有明显的优势，但它并不是放之四海而皆准，不是在各方面都有优势完美无缺的。DAO 需要很多补充机制，比如上面所说的子宇宙的公司制利益决策体架构，是一种很好的配合方式。

DAO 不适于多层嵌套。多层嵌套不仅会降低决策效率，还会制造协调机会产生作弊空间，还会模糊利益取向增加不一致，结果使成员的参与兴趣降低。使用 DAO 多层嵌套时需要考虑这些问题，要分清权益，加强一体化，必要时进行结构化的设计。

DAO 机制本身也有一些天生的短板。例如 DAO 的决策机制是异步的，紧急状态下反应速度不够。另外公开透明也有它的反作用，意味着信息泄露，在某些情况下反而导致不想要的结果。这些问题都需要通过其他的一些措施来补充和加强。

7.2.3　标准化建设

现阶段的元宇宙缺乏标准，尚未建立行业规范，基本上各自为政，各行其是，独立性非常强。互联网的本质特征是联通，而元宇宙的核心是社会性，社会性意味着更广泛的联通，依托互联网而建的元宇宙应当充分体现联通的力量。

孤立的元宇宙就如同闭关锁国的孤岛国家，不与外界进行接触，不进行经济往来，在各方面都学习不到外部的优势，享受不了协同的红利，这会限制其良性发展。对外开放才能走得更久。所以不同平台开发出的元宇宙，必须在某种程度上联系起来，兼容并蓄，才能发挥出更为强大的作用。

在元宇宙发展的初期，不同的开发商之间因为在硬件配置、技术方法的使用上选择不同，导致各厂商的元宇宙平台并不兼容。项目方也尚未有闲暇关注向同行开放的接口，不同的用户在使用不同的元宇宙平台时多数资产不能得到很好的互通互用。在涉及此方面的事项上，开发商即使有些想法，相互之间也缺乏共识，更没有形成统一的标准。如果项目双方想要打通元宇宙，也只能通过一对一的协商来解决。

互联网的发展从一开始就定义了一些重要的协议标准，比如 HTTP、HTML、C/S 架构等，几乎同互联网实用化的时间同年。正因为基础打得好，所以互联网一开始就发展得非常迅速。元宇宙的未来也一样，如果不实现标准化，每个项目都使用自己的参数建设，不同的项目在基础设施搭建阶段就会出现分歧，会导致整个大元宇宙世界凌乱纷杂，良莠不齐，人们在反复试错中疲于奔命，很难有清晰的思路推动元宇宙向高质量的纵深发展。

在元宇宙发展的初期，需要百家争鸣，百花齐放，以创意为先。不同的元宇宙项目可以形成差异化。经过实践，差异化的元宇宙会经历优胜劣汰的过程。优质的元宇宙项目将脱颖而出。这些优质建设方案也会给大家很多借鉴，行业中也将不断涌现更多成功的更高水准的元宇宙项目。这是正向发展的必经之路。

当元宇宙发展到一定的时期，优质的方案被多次验证，就需要将它们保存下来，在此基础上构建一套完整的标准协议，包括自主身份、数字孪生、资产液化、代码规则、服务接口、数据分享、隐私保护、DAO 机制等。通用的标准协议可以使用户在使用不同的元宇宙时大大降低学习成本，提升用户体验，也使得不同的元宇宙相互补充，相互协作，共同繁荣。

元宇宙的标准化将是未来元宇宙发展第二阶段的目标之一。实现统一标准的元宇宙将形成规模效益，具备更强的稳定性和抗风险能力，元宇宙将因此进入成熟阶段。

7.2.4　统一经济体的建立

商品流通是以一般等价物作为交换介质，一般等价物的具体形式是货币。建立货币制度的目的是保证货币供应和货币流通的稳定，使之能够满足日常交易的需求，为发展商品经济提供有力支撑。

在现代社会，有效的货币制度日益成为宏观调控的重要内容，充分发挥货币的五大职能（价值尺度、流通手段、贮藏手段、支付手段和世界货币）将有效地促进实体经济的发展。

在元宇宙世界实现的加密数字货币，无论是基础代币还是合约通证，都具备上述的五个货币职能。它们在世界货币、流通手段和支付手段上具有更出色的表现。随着元宇宙的不断扩增，对数字货币的使用也会不断增多。

然而数字货币的出现也带来一个过于多样化的问题。在元宇宙之前，人们从来没有见识过创建一个货币种类是如此容易。即便过滤掉大量没有实际项目支撑的数字货币，仅仅估算元宇宙将带来的货币种类，就是一个难以想象的数目。每一个元宇宙都至少使用一种数字货币，作为治理通证的数字货币直接绑定该元宇宙，因此这些货币作为价值尺度的走势是完全独立的，尽管它们自己是同质化的一般等价物，在内部没有区别，但作为货币种类它们之间却是完全非同质化的，意味着无法相互替代。可以想象，元宇宙世界很快会出现不计其数的各种货币。

那是否会出现一个超元宇宙的统一经济体，使用统一的货币呢？

答案是这个统一经济体的基础其实一开始就有，它就是以太坊加密数字货币——以太币。以太坊创造了智能合约，并一直引领智能合约生态圈的主流方向。绝大多数元宇宙都是建立在以太坊区块链基础设施之上的，其治理通证和 NFT 都离不开智能合约。所以在这方面连比特币也只能退居二线。

以太币是以太坊的原生数字货币，它不是由智能合约创建的 ERC-20 通证代币，而是由以太坊区块链底层链通过"挖矿"机制不断产生的加密数字货币。以太坊上所有的智能合约通证代币都以以太币为基本交换货币，也就是说它们都可以与以太币方便地兑换。正因为如此，可以将其上运行的所有元宇宙经济集成在一个框架内，形成统一的经济体，通过以太币交换价值。

这将是一项跨元宇宙的伟大工程，以太坊需要在未来打造一个标准范式方案，形成一个超元宇宙的统一经济体框架，使层出不穷的新元宇宙可以快速融入这个统一经济体内来，这些元宇宙一方面可以享受统一化的红利，另一方面它们也为整个大元宇宙社区添砖加瓦，为元宇宙生态的日益完善不断做出贡献。

7.3　元宇宙发展第三阶段：回归现实

起初，元宇宙是另一个虚拟空间宇宙。最终，元宇宙将回归现实宇宙。

当元宇宙已经形成了体系，这个在现实世界不占一寸土地的庞大虚拟空间，必将占据人们大量的时间。

因为，在元宇宙中生活是活在数字空间，但时间是现实世界的。

有时候，人们进入元宇宙是以另一个身份来实现的，与现实脱钩，独立运行。比如玩游戏、虚拟景点的游览、参加虚拟音乐会等。这时候元宇宙如同运行在平行空间，与现实世界没有什么重要联系。

有时候，这种进入是以带入现实社会关系来实现的，是用户自身的进入，与宇宙内外都相关。比如数字版权服务、虚拟法院开庭、区块链投票等。这些应用明显更具有现实意义，因为它实现了现实社会的某些功能需求，形成了跨元宇宙和现实生活的资源整合。这时候，元宇宙便成为现实世界的"扩展空间"。

随着元宇宙发展程度的深入，社会化大体系的建成，人们也必将会逐渐从"虚"的元宇宙中"走出来"，回归现实。

7.3.1　全球实时操作

在元宇宙发展的过程中，产业入驻其中是分层次的。

这取决于元宇宙创世年代的现状。人们正处于这个创世年代，而当下的现状是：支持元宇宙体现深入人心特征的基础条件尚缺火候。最能深入人心的特征是"沉浸感"，目前这方面还无法令人满意。

在元宇宙高调出世且表现平平之时，资本进驻意愿普遍不会太高，投资者正以谨慎的态度静观元宇宙的发展走势。

早期进入元宇宙的是娱乐消费产业，比如游戏、娱乐活动、广告宣传等，这些产业比较容易从元宇宙的初期发展中找到利润增长点。

随着元宇宙基础设施的完善，更多的消费产业将陆续进驻其中。消费产业的生产已经非常成熟，而收益主要来自用户。元宇宙直接实现了全球用户市场直面用户，还可以让用户实时体验真实感极佳的产品。对于商家来说，这是全新的营收增长点。想想看，一个企业在全世界 200 多个国家 10000 多个城市建立实体体验店，成本极高而在元宇宙开一家数字体验店成本很低，但有可能面对不亚于全球开门店的用户访问量。对企业来说，这十分诱人。可以预测，元宇宙将给人类未来的工作和生活方式、人与人之间的关系甚至人类存在的本身带来巨大的变革。

从市场的角度满足消费产业的需求是元宇宙容易做到的。但是从制造的角度满足生产类产业的需求难度就大许多。这需要将物联网连入元宇宙。显然，这又是一个崭新的发展阶段。

在这个阶段到来之时，生产行为将通过元宇宙的虚拟现实来完成跨空间的集成，不仅仅是车间现场操作，还包括设计、研发、测试、预生产、质量管理等各个环节。重要的是，人们可以通过化身与机器人形成密切契合的共同体，在地球的另一端完成跨洲际远程操作，可以极大地拓展人们的操控范围。

信息时代让人们能够实时感知全球。元宇宙时代让人们能够全球实时操作。

这种技术在军事领域带来的应用可能更为明显。机甲和外骨骼是科幻和游戏中追捧的元素，并且已经逐渐向实现发展。

通过化身操控机器人远距离实地操作将是元宇宙进入第三阶段的标志之一。

7.3.2　结构化和体系化

当元宇宙收纳了第三产业和第二产业后，第一产业其实也将不可避免地进入元宇宙。这些产业不是在虚拟空间种小麦、棉花或者养奶牛，而是除这类活动之外的其他相关活动，比如商业管理、生态养殖场自动化监控维护、机器人操作等。

这个时候，元宇宙作为现实世界的工具载体，有三大功能，分别对应了对人的眼、手、脚的无限延伸。

- 眼：通过互联网信息高速公路将全球信息跨时空传递给当事人，其中还包含人工智能辅助处理后的信息输出；
- 手：通过物联网和化身传感器以及设备-化身 API 跨越全球控制任何一个被授权的机器人/设备执行所需功能，进行远距离实地操作；
- 脚：通过元宇宙对空间距离的省略，随时到达或者访问全球任何地方。

上面所说的全球实时操作的"全球"是个举例，实际上元宇宙的这种方式可以到达信息所能到达的任何地方，包括比全球远得多的浩瀚宇宙深处。

以上还仅仅是个体层面的增强。等到元宇宙设备大量生产普及后，每个个体都将具有这种能力之时，该如何协调和规范这些超能力，以形成更为强大和有益的价值输出，这势必将成为一个重要的课题。

届时，元宇宙将成为这个新文明体系机制的载体，元宇宙因其无限的空间、无限的维度、无限的流动性、无须信赖的可信度，将与现实世界一起重新塑造出一个规模化、结构化、体系化的崭新世界。体系化的其中一个含义是有规则、有序、有约束。对于已经"手眼通天"的人类个体，只有元宇宙才有这个能力凭借"代码及法律"来约束他们形成共同发展的合力。在规则的无可篡改方面，元宇宙天生有这个特质。

到那时，元宇宙将发挥出其无穷的潜力。

7.3.3　进入下一代文明

说到这里，元宇宙的"虚"其实已经没有多少虚的含义了。现在说的"虚"，仅仅表示它存在于数字空间，没有实体而已。

从本书一开始，就给元宇宙进行了明确的定义：它是人类社会为了满足生产生活的需要，使用信息科技在数字空间对现实世界进行抽象模拟形成的新的世界社会系统。

事实上，这个定义已经说出了元宇宙最终要走向虚实结合的命运，人类社会的生产生活一定是要落在实处的。

为什么不在一开始就进行虚实结合呢？是因为虚实结合需要有很多条件。不仅需要元宇宙能够与现实世界接上轨道，还需要在功能上能够助力现实世界实现质的飞跃。

元宇宙必须一步一个脚印，脚踏实地地走好每一步。从实现 "沉浸感" 开始，到构建宇宙的 "内容"，再到 DAO、经济体、产业化的完善，经过标准化、规模化、结构化和体系化，最后成为虚实结合的生产力载体。

我们不知道这个历程需要多久，有可能是个百年级别的大工程。但人类科技和文明的发展一直是飞速前进的，同时也是加速前进的，如果元宇宙可以稳步推进的话，也许不到三十年便可以看到成效。

无论如何，元宇宙的发展应该到达虚实结合才算完美。到那时，新的技术时代出现，元宇宙也将成为历史，被更新的事物替代。

这就是元宇宙的发展逻辑。

参 考 文 献

[1] NEAL S.Snow Crash. [M]. New York: Bantam Books, 1992.

[2] 刘慈欣. 三体 1: 地球往事 [M]. 重庆：重庆出版社, 2008.

[3] VERNOR V.True Names [M].Dell Publishing, 1981.

[4] JON F.Iron Man [Y]. Marvel Studios, 2008.

[5] LOUIS L.The Incredible Hulk [Y]. Marvel Studios,Valhalla Motion Pictures, 2008.

[6] GENE R.Star Trek [Y]. Desilu Productions, 1966.

[7] HUGO G. Ralph 124C 41+ [M]. Mansfield Centre, CT：Martino Fine Books, 2014.

[8] JULES V. Robur the Conqueror [M]. 1886.

[9] STANLEY W. Pygmalion's Spectacles [M]. 1935.

[10] EDWARD B. Looking Backward [M]. 1888.

[11] WILLIAM G. Neuromancer New York: Ace Books [M]. 2000.

[12] The Wachowskis.The Matrix [Y]. Warner Bros, etc, 1999.

[13] JOSEF R. The Thirteenth Floor [Y]. Columbia Pictures, etc, 1999.

[14] DAVID C.Existenz [Y]. The Movie Network, etc, 1999.

[15] DUNCAN J. Source Code[Y]. Universal Pictures, etc, 2011.

[16] JAMES C.Avatar [Y]. 20th Century Fox, etc. 2009.

[17] Linden Lab.Second Life. [EB/OL].（2003-06-23）[2022-08-23]. https://secondlife.com/.

[18] Roblox Corporation.Roblox. [EB/OL]. (2006-09-01) [2022-08-23]. https://www.roblox.com/.

[19] Decentraland Foundation.Decentraland. [EB/OL]. (2020-02-20) [2022-08-23]. https://decentraland. org/.

[20] Animoca Brands.The Sandbox. [EB/OL]. (2021-11-29)[2022-08-23]. https://www.sandbox. game/.

[21] Nolan Consulting Limited.Voxels. [EB/OL]. (2018-11-01) [2022-08-23]. https://www.voxels.com/.

[22] Devin Finzer.OpenSea. [EB/OL]. [2022-08-23]. https://opensea.io/.

[23] 百度 VR：希壤. [EB/OL]. 2022-8-1 [2023-03-08].https://vr.baidu.com/product/xirang.

[24] MetaMask: A crypto wallet & gateway to blockchain apps. [EB/OL]. 2022-11-23 [2023-03-08]. https://metamask.io/.

[25] Sky Mavis.Axie Infinity. [EB/OL].（2018-03-01）[2022-08-23]. https://axieinfinity.com/.

[26] Meta. The Facebook Company Is Now Meta. [EB/OL]. （2021-10-28）[2022-08-23]. https://about.fb.com/news/2021/10/facebook-company-is-now-meta/.

[27] NAKAMOTO S. Bitcoin: a peer-to-peer electronic cash system. [R/OL].（2008-11-01）[2022-08-19]. https://bitcoin.org/bitcoin.pdf.

[28] BUTERIN V. A next-generation smart contract and decentralized application platform [EB/OL]. (2013-11-27)[2022-8-19].https://github.com/ethereum/wiki/white-paper.

[29] Ethereum Foundation, Ethereum Whitepaper. [EB/OL].（2022-08-19）[2022-08-23]. https://ethereum.org/ en/whitepaper/.

[30] BENET J. IPFS—content addressed, versioned, P2P file system. [J]. arXiv，2014:1407.3561.

[31] Protocol Labs. Filecoin: a decentralized storage network. [EB/OL].（2017-07-19）[2022-08-23]. https:// filecoin.io/filecoin.pdf.

[32] Meta. The potential global economic impact of the Metaverse. [EB/OL]. (2022-04-11)[2022-08-23]. https://www.analysisgroup.com/globalassets/insights/publishing/2022-the-potential-global-economic-impact-of-the-metaverse.pdf.

[33] Simon Figures. White Paper: the metaverse–an overview. [EB/OL]. (2022-04-29)[2022-08-23]. https://scventures.io/white-paper-the-metaverse-an-overview/.

[34] Deloitte. The Metaverse overview: vision, technology, and tactics. [EB/OL]. (2022-05-27)[2022-08-23]. https://www2.deloitte.com/content/dam/Deloitte/cn/Documents/technology-media-telecommunications/ deloitte- cn-tmt-metaverse-report-en-220304.pdf.

[34] J P MORGAN. Understanding the Metaverse. [EB/OL]. (2022-03-23)[2022-08-23]. https://www. jpmorgan.com/insights/research/understanding-the-metaverse.

[36] Wikipedia. Metaverse. [EB/OL]. (2022-08-16) [2022-08-23]. https://en.wikipedia.org/wiki/Metaverse.

[37] Wikipedia. Blockchain. [EB/OL]. (2022-08-15) [2022-08-23]. https://en.wikipedia.org/wiki/Blockchain.

[38] Wikipedia. Bitcoin. [EB/OL]. (2022-08-23) [2022-08-23]. https://en.wikipedia.org/wiki/Bitcoin.

[39] Wikipedia. Proof of work. [EB/OL]. (2022-08-05) [2022-08-23]. https://en.wikipedia.org/wiki/Proof_ of_work.

[40] Wikipedia. Proof of stake. [EB/OL]. (2022-06-27)[2022-08-23]. https://en.wikipedia.org/wiki/Proof_ of_stake.

[41] Wikipedia. Ethereum. [EB/OL]. (2022-08-21)[2022-08-23]. https://en.wikipedia.org/wiki/

Ethereum.

[42] Wikipedia. Smart contract. [EB/OL]. (2022-07-29)[2022-08-23]. https://en.wikipedia. org/wiki/Smart_ contract.

[43] Wikipedia. Turing completeness. [EB/OL]. (2022-08-18)[2022-08-23]. https://en.wikipedia. org/ wiki/Turing_completeness.

[44] Wikipedia. EOS.IO. [EB/OL]. (2022-08-09)[2022-08-23]. https://en.wikipedia.org/wiki/ EOS.IO.

[45] Wikipedia. Non-fungible token. [EB/OL]. (2022-08-21)[2022-08-23]. https://en.wikipedia.org/ wiki/ Non- fungible_token.

[46] Wikipedia. Decentralized autonomous organization. [EB/OL]. (2022-08-20)[2022-08-23]. https://en.wikipedia.org/wiki/Decentralized_autonomous_organization.

[47] Wikipedia. GitHub. [EB/OL]. (2022-08-16)[2022-08-23]. https://en.wikipedia.org/wiki/GitHub.

[48] Wikipedia. Decentralized finance. [EB/OL]. (2022-08-21)[2022-08-23]. https://en. wikipedia. org/wiki/Decentralized_finance.

[49] Wikipedia. Digital twin. [EB/OL]. (2022-08-21)[2022-08-23]. https://en.wikipedia.org/ wiki/Digital_twin.

[50] Wikipedia. InterPlanetary File System. [EB/OL]. (2022-08-13)[2022-08-23]. https://en. wikipedia.org/ wiki/InterPlanetary File System.

[51] Wikipedia. Hypertext Transfer Protocol. [EB/OL]. (2022-08-18)[2022-08-23]. https://en. wikipedia. org/wiki/Hypertext_Transfer_Protocol.

[52] Wikipedia. Web3. [EB/OL]. (2022-08-18)[2022-08-23]. https://en.wikipedia.org/wiki/Web3.

[53] Wikipedia. Zero-knowledge proof. [EB/OL]. (2022-08-11)[2022-08-23]. https://en.wikipedia. org/wiki/ Zero-knowledge_proof.

[54] Wikipedia. Meta. [EB/OL]. (2022-08-14)[2022-08-23]. https://en.wikipedia.org/wiki/Meta.

[55] Merriam-Webster. Meta-prefix. [EB/OL]. (2022-08-14)[2022-08-23]. https://www.merriam-webster. com/dictionary/ meta.

[56] POAP Inc. POAP—The bookmarks of your life. [EB/OL]. （2022-07-07） [2022-08-23]. https:// poap.xyz/.

[57] TOBIN A, REED D. The inevitable rise of self-sovereign identity. [EB/OL]. （2017-03-28） [2022-07-21]https://sovrin.org/wp-content/uploads/2017/06/The-Inevitable-Rise-of-Self-Sovereign-Identity.pdf

[58] PREUKSCHATA, REED D. Self-sovereign identity—decentral ized digital identity and

verifiable credentials. [M]. New York: Manning Publications, 2022.

[59] WANG Q, Li R, WANG Q, et al. Non-fungible token (NFT): overview, evaluation, opportunities and challenges. [J]. arXiv, 2021:2105.07447.

[60] KUGLER L. Non-fungible tokens and the future of art. [J].Communications of the ACM, 2021, 64(9):19-20.

[61] GOLDREICH O, OREN Y. Definitions and properties of zero-knowledge proof systems. [J]. Journal of cryptology. 1994, 7(1):1-32.

[62] RACKOFF C, SIMON D R. Non-interactive zero-knowledge proof of knowledge and chosen ciphertext attack. [C]. //Annual International Cryptology Conference. Berlin: Springer, 1991.

[63] EL FAQIR Y, ARROYO J, HASSAN S. An overview of decentralized autonomous organizations on the blockchain. [C]. //Proceedings of the 16th International Symposium on Open Collaboration. New York: ACM, 2020.

[64] DIALLO N, SHI W, XU L, et al. eGov-DAO:a better government using blockchain based decentralized autonomous organization. [C]. //2018 International Conference on eDemocracy & eGovernment (ICEDEG). New York: IEEE, 2018.

[65] TEUTSCH J, BUTERIN V, BROWN C. Interactivecoin offerings[J]. arXiv, 2019:1908.04295.

[66] SOMIN S, GORDON G, PENTLAND A, et al. ERC20 transactions over Ethereum blockchain: network analysis and predictions. [J]. arXiv, 2020: 2004. 08201.

[67] SHIROLE M, DARISI M, BHIRUD S. Cryptocurrency token: an overview. [C]. //Proceedings of the IC-BCT 2019. Berlin: Springer, 2019.

[68] BUTERIN V, GRIFFITH V. Casper the friendly finality gadget. [J]. arXiv, 2017: 1710.09437.

[69] POON J, BUTERIN V. Plasma: Scalable autonomous smart contracts. [EB/OL][2022-11-23]. https://www.docin.com/p-2088646882.html.

[70] SCHREPEL T, BUTERIN V. Blockchain code as antitrust. [EB/OL]. [2022-11-23]. https://ssrn.com/abstract=3597399.

[71] WEYL E G, OHLHAVER P, BUTERIN V. Decentralized society: finding Web3's soul. [EB/OL]. [2022-05-11]. https://papers.ssrn.com/so13/cf_dev/AbsByAuth. cfm?per_id=3112539.

[72] DIONISIO J D, BURNS W G, GILBERT R. 3D virtual worlds and the Metaverse: current status and future possibilities. [J].ACM computing surveys (CSUR). 2013, 45(3):1-38.

[73] LEE L H, BRAUD T, ZHOU P, et al. All one needs to know about Metaverse: a

complete survey on technological singularity, virtual ecosystem, and research agenda. [J]. arXiv, 2021:2110.05352.

[74] YANG Q, ZHAO Y, HUANG H, et al. Fusing blockchain and AI with Metaverse: a survey. [J].IEEE Open Journal of the Computer Society, 2022, 3: 122-136.

[75] PARK S M, KIM Y G. A Metaverse: taxonomy, components, applications, and open challenges. [J].IEEE Access. 2022, 10: 4209-4251.

[76] XI N, CHEN J, GAMA F, et al. The challenges of entering the Metaverse: an experiment on the effect of extended reality on workload. [J]. Information systems frontiers. 2022, 12:1-22.

[77] DAMAR M. Metaverse shape of your life for future: a bibliometric snapshot. [J].Journal of Metaverse, 2021, 1(1): 1-8.

[78] SEOK W H. Analysis of Metaverse business model and ecosystem. [J]. Electronics and Telecommunications Trends, 2021, 36(4):81-91.

[79] WOLPAW J R, BIRBAUMER N, MCFARLAND D J, et al. Brain-computer interfaces for communication and control. [J]. Clinical neurophysiology, 2002, 113(6):767-791.

[80] NICOLAS-ALONSO L F, GOMEZ-GIL J. Brain computer interfaces, a review. [J]. sensors. 2012, 12(2):1211-1279.

[81] TOYGAR A, ROHM C E, ZHU J. A new asset type: digital assets. [J]. Journal of International Technology and Information Management, 2013, 22(4):7.

[82] ARRUNADA B, GARICANO L. Blockchain: the birth of decentralized governance. [J]. Pompeu Fabra University, Economics and Business Working Paper Series, 2018, 10: 1608.

[83] POTTS J, ALLEN D W, BERG C, et al. An economic theory of blockchain foundations. [EB/OL]. [2022-11-23]. https://ssrn.com/abstract=3842281.

[84] McKinsey& Company. Value creation in the Metaverse. [EB/OL]. [2022-08-23]. https://www.mckinsey.com/business-functions/growth-marketing-and-sales/our-insights/value-creation-in-the-metaverse.

[85] Decentraland Foundation. Decentraland documentation. [EB/OL]. (2020-02-20) [2022-08-23]. https://docs. decentraland.org/.

[86] Decentraland Foundation. Decentraland DAO. [EB/OL]. (2022-08-22) [2022-08-23]. https:// dao.decentraland. org/.

[87] 経済産業省. 仮想空間の今後の可能性と諸課題に関する調査分析事業. [EB/OL]. (2021-

07-13) [2022-08-23]. https://www.meti.go.jp/press/2021/07/20210713001/20210713001.html.

[88] 서울특별시. 메타버스서울. [EB/OL]. (2022-05-06) [2022-08-23]. https://news. seoul.go.kr/gov/archives/539004.

[89] 前瞻产业研究院. 无锡滨湖:《太湖湾科创带引领区元宇宙生态产业发展规划》正式发布. [EB/OL]. (2022-01-01) [2022-08-23]. https://f.qianzhan.com/chanyeguihua/detail/220110-53b75dae.html.

[90] 上海市经济和信息化委员会. 上海市经济和信息化委员会关于印发《上海市电子信息产业发展"十四五"规划》的通知. [EB/OL]. (2021-12-24) [2022-08-23]. https://www.shanghai.gov.cn/cmsres/ae/ae2c2ca7e2e44cd59466480c06718cae/dfa03a29f99372f1bf32db9032ff11c1.pdf.

[91] 厦门市工业和信息化局, 厦门市大数据管理局. 厦门市元宇宙产业发展三年行动计划(2022—2024 年). [EB/OL]. (2022-03-18) [2022-08-23]. https://www.hnzm.vip/policy/content/3463.

[92] 赛迪智库. 元宇宙产业链生态白皮书. [R].北京:中国电子信息产业发展研究院,2022.

[93] 袁园, 杨永忠. 走向元宇宙: 一种新型数字经济的机理与逻辑[J]. 深圳大学学报(人文社科版), 2021, 39(1):84-94.

[94] 李沃墙. 元宇宙新经济模式的商机与挑战[J]. 会计研究月刊. 2022, 1(435):16-21.

[95] 元宇宙内参. 2022 年数字孪生产业技术白皮书[EB/OL]. (2022-07-09) [2022-08-23]. https:// www.yuanyuzhouneican.com/article-141425.html.

[96] 陈洋宇. 探究区块链智能合约的法律定位[J]. 商业 2.0(经济管理), 2022(4): 0201-0203.

[97] 赵国栋, 徐远重, 易欢欢. 元宇宙[M]. 北京: 中国出版集团中译出版社, 2021.

[98] 唐江山. 认识元宇宙: 缘起、现状、未来[M]. 北京: 机械工业出版社, 2022.

[99] 郭全中. 元宇宙的缘起, 现状与未来. [M].郑州:新闻爱好者. 2022.

[100] 通证一哥. 元宇宙时代. [M]. 北京: 人民邮电出版社, 2022.